명심보감

明心寶鑑 이한우의 고전 읽기

명심보감

이한우 지음

해냄

『명심보감(明心寶鑑)』을 누가 편찬했는지에 대해서는 이런저런 논란이 있다. 원래는 명나라 범입본(范立本)이 상하 2권에 모두 20편으로 분류한 것을 고려 충렬왕 때 예문관 제학을 지낸 추적(秋適)이 『명심보감초(明心寶鑑抄)』 19편으로 펴냈다는 것이 대체적인 정설이다. 책은 원래 계선편(繼善篇), 천명편(天命篇) 등 모두 20편으로 되어 있었으나 뒤에 와서 효행편속(孝行篇續), 염의편(廉義篇), 권학편(勸學篇)을 증보하여 보강한 것이 있는가 하면, 팔반가(八反歌) 한 편을 보완한 증보판도 있다. 여기서는 범입본의 20편을 기본으로 하여 옮기고 풀이했다.

이 책은 고려 말부터 조선 시대 내내 한문을 처음 배우는 사람이 『천자문(千字文)』을 익힌 후 기초 과정으로 『동몽선습(童蒙先習)』과 함께 공부함으로써 학습 교재로 널리 쓰였다. 그 내용은 경서(經書)를 비롯해서 사서(史書), 제자(諸子), 시문집(詩文集) 등 여러 책에서 취사

선택했으며, 유가에만 한정되지 않고 도가나 불가의 글도 일부 포함되어 있다. 책에 대한 소개는 이 정도로 그치고 이미 시중에는 다양한 버전의 『명심보감』이 차고 넘치는데 왜 또 하나의 번역·해설판을 냈는가에 대해 해명을 해야겠다.

우선 지난 15년간의 한문 공부를 통해 좀 더 현대어에 맞는 번역에 노력해온 결과를 바탕으로 누구나 쉽고 정확하게 읽을 수 있는 번역본을 내고 싶은 욕심이 첫째 이유다. 그런 욕심은 '마음을 공명정대하게 밝혀주는 보배로운 거울[明心寶鑑]'이라는 책 제목의 번역에서도
명심보감
알 수 있을 것이다. 불가피한 경우를 제외하고는 최대한 우리말로 풀어내는 번역을 시도했다.

두 번째 이유는 한문에 관심이 있는 독자들에게 현대적인 우리말과 한문이 어떻게 연결되는지를 보여주고 싶었다. 적어도 이 점에서는 기존의 책들과 분명히 차별화하리라 생각한다. 한자 밑에 단어를 단위로 하여 한글 토를 달아 초보적인 한문 읽기에 도움을 주려 했다. 동시에 번역된 문장이 각각 어떤 한자를 옮긴 것인지를 축자(逐字) 형식으로 보여줌으로써 한 자 한 자 음미할 수 있도록 배려했다. 이런 성격의 책은 눈으로 훑어 읽어서는 그 본뜻을 제대로 새기기가 힘들다. 조금 느리더라도 충분히 의미를 되새길 수 있게 하는 것이 좋겠다고 생각했다.

또 하나 개인적인 바람이 있다. 우리는 흔히 가치관의 혼란 운운한다. 그러면서 그 이유로 전통적 가치관의 붕괴와 새로운 가치관의 미정립을 든다. 그런데 이런 말을 하는 사람들 중에 전통적 가치관의 핵심

을 제대로 검토한 결과를 바탕으로 이런 말을 하는 경우는 거의 본 적이 없다. 사실상 전통에 대한 무지(無知)를 슬쩍 은폐하기 위해 손쉽게 전통적 가치관의 붕괴 운운하는 경우가 많다.

물론 우리는 전통적 가치를 그대로 이을 수는 없다. 끊임없는 혁신은 불가피하다. 그러나 그 전제 조건은 전통적 가치관에 대한 충분한 연구와 검토다. 물론 이 책이 전통적 가치관을 오롯이 담고 있는 책은 아니다. 좀 더 정확히 말하면 그런 가치관으로 들어가는 하나의 관문일 뿐이다. 따라서 이런 관문을 통과해 안으로 들어가서 좀 더 많은 조상들의 성취를 캐내어 제대로 음미한 다음에 취사선택의 문제를 고민하는 것이 순서일 것이다. 이 책이 이 같은 정신적 움직임에 조그마한 기여라도 한다면 필자로서는 큰 보람이다.

이 작업을 하는 데 많은 사람들의 격려가 있었다. 먼저 가족들이 큰 힘이 됐고, 2016년 2월 조선일보사를 그만둔 이후에는 논어 공부를 함께 해온 논어등반학교 식구들이 늘 응원을 해주었다. 또 페이스북에 한 꼭지씩 연재할 때마다 응원해준 많은 페친들에게도 이 자리를 빌려 감사드린다. 해냄출판사 송영석 사장님과 직원 여러분들께도 깊은 감사를 표한다.

2017년 10월
서울 상도동 보심서실(普心書室)에서
탄주(灘舟) 이한우(李翰雨) 삼가 쓰다

차례

1장
繼善篇
계선 편

남들에게 도움을 주는 일을 이어나간다

子曰 爲善者 天報之以福 爲不善者 天報之以禍

漢昭烈 將終 勅後主曰 勿以善小而不爲 勿以惡小而爲之

莊子曰 一日不念善 諸惡皆自起

太公曰 見善如渴 聞惡如聾 又曰 善事須貪 惡事莫樂

馬援曰 終身行善 善猶不足 一日行惡 惡自有餘

司馬溫公曰 積金以遺子孫 未必子孫能盡守 積書以遺子孫 未必子孫能盡
讀 不如積陰德於冥冥之中 以爲子孫之計也

景行錄曰 恩義廣施 人生何處不相逢 讐怨莫結 路逢狹處難回避

莊子曰 於我善者 我亦善之 於我惡者 我亦善之 我既於人 無惡 人能於我
無惡哉

東嶽聖帝垂訓曰 一日行善 福雖未至 禍自遠矣 一日行惡 禍雖未至 福自
遠矣 行善之人 如春園之草 不見其長 日有所增 行惡之人 如磨刀之石 不見
其損 日有所虧

子曰 見善如不及 見不善如探湯

子曰 爲善者 天報之以福 爲不善者 天報之以禍
자왈 위선자 천 보지 이 복 위불선자 천 보지 이 화

공자는 말했다. "(남들에게) 좋은 일을 하는 사람은 하늘이 그에게 복으로써 갚아주고, 안 좋은 일을 하는 사람은 하늘이 그에게 화로써 되갚아준다."

🌸   이 인용은 중국 삼국시대 위나라 왕숙이 편찬한 『공자가어(孔子家語)』에 나온다. 이 책은 각종 경전에 나오는 공자의 어록과 행적을 한데 모은 것이다.

子는 선생 등 존칭의 의미를 갖는다. 여기서는 공자를 의미한다. 공자의 말은 대구를 이루고 있다. 하나는 남들에게 도움을 베푸는 자〔爲善者〕는 하늘〔天〕이 그에게〔之〕 복을 내려〔以福〕 보답한다〔報〕는 것이고, 또 하나는 남들에게 해악을 끼치는 자〔爲不善者〕는 하늘〔天〕이 그에게〔之〕 화를 내려〔以禍〕 되갚는다〔報〕는 말이다. 원문상으로는 善과 不善, 福과 禍가 각각 대조를 이루고 있다.

여기서 짚고 넘어가야 할 한자는 善과 天이다. 우리는 흔히 善을 '착할 선'이라고 하기 때문에 善만 보면 무조건 착하다고 옮긴다. 그러나 엄밀하게 보면 善은 '착하다'보다는 '좋다'에 가깝다. 여기서도 善을 '좋은 일', 不善을 '안 좋은 일'이라고 옮기는 것이 훨씬 좋다. 착하다, 악하다는 사람의 성품과 관계되는 데 반해 좋다, 안 좋다는 외적인 일과 관계되기 때문이다. 게다가 착하다는 식의 번역은 자칫 유치한 뉘앙스

를 갖기 때문에 고전을 유치하게 만드는 경향이 있어 가능한 한 피해야 한다.

그리고 天도 고전 번역의 경우 대부분 천체의 하늘을 가리키는 경우보다는 명명백백한 이치를 뜻하는 경우가 많다. 여기서도 마찬가지다. 세상사의 이치를 뜻하는 것이지 진짜 하늘의 누군가가 복을 내리거나 화를 내린다는 의미는 아니다.

之는 한문 번역에서 그것, ~의, 가다 등의 의미를 갖는데 여기서는 그것, 즉 爲善者나 爲不善者를 가리킨다. '~로써'의 의미를 갖는 以는 단어나 구절의 앞이나 뒤 어디에든 놓일 수 있다. 즉 ~以일 경우도 있고 以~일 경우도 있다. 여기서는 후자이기 때문에 '복으로', '화로' 등으로 풀이된다.

漢昭烈 將終 勅後主曰 勿以善小而不爲 勿以惡小而爲之
한 소열 장종 칙 후주 왈 물 이 선 소 이 불위 물 이 악 소 이 위 지

한나라 소열 황제는 죽음에 임박하여 뒤를 이을 아들에게 신신당부하였다. "선한 일인데 (그것이) 사소하다 해서 (가벼이 여기고 그것을) 행하지 않는 일이 있어서는 결코 아니 되며, 또 악한 일인데 (그것이) 사소하다 해서 (가벼이 여기고) 그것을 행하는 일이 있어서는 결코 아니 된다."

14

❀　　　이 글의 후반부는 『소학(小學)』에도 나온다.

소열(昭烈)은 우리에게 유비(劉備)로 잘 알려져 있는 촉한의 창업군주의 시호(諡號)다. 유비가 곧〔將〕 죽으려 하면서〔終〕 뒤를 이을 군주〔後主〕에게 황제의 명을 내려〔勅〕 다음과 같이 말했다〔曰〕는 것이다. 덕치를 이루었다는 평가를 듣는 유비의 말이기에 귀 기울일 만하다.

"선한 일〔善〕이 사소하다〔小〕는 이유로〔以〕 (그것을) 행하지 않아서는〔不爲〕 결코 아니 된다〔勿〕. 또 악한 일〔惡〕이 사소하다〔小〕는 이유로〔以〕 그것을〔之〕 행해서는〔爲〕 결코 아니 된다〔勿〕."

통상 '~로써', '~때문에'를 뜻하는 以는 앞이나 뒤에 단어가 오는데 여기서는 절('선한 일이 사소하다', '악한 일이 사소하다')이 왔다. 그리고 勿은 나머지 문장 전체, 특히 不爲나 爲之를 부정한다는 점에 유의해야 한다. 而은 접속사로 순접이나 역접으로 쓰이는데 여기서는 순접의 의미이기는 하나 굳이 번역하지 않아도 된다.

우리가 이 구절에서 주목해야 할 점은 정확한 번역 그 이상의 것이다. 유비의 당부를 과연 後主, 즉 그의 아들 유선(劉禪, 207~271년)이 제대로 계승했는지를 살펴야 한다. 진나라 학자 진수의 『삼국지(三國志)』 '촉서'에는 "유선은 현명한 승상에게 정치를 맡겼을 때는 도리를 따르는 군주였지만, 환관에게 미혹됐을 때는 우매한 군주였다"고 나온다. 즉 아버지의 신하였던 제갈량에게 국정을 맡겼을 때는 그런대로 정치를 펼쳤지만 말기에 환관 황호(黃皓)를 총애하면서 환락에 빠져들어 결국 위나라에 항복하며 나라를 넘겨주었다. 아버지 유비의 뼈에 사무치는 경계의 유언을 무시한 결과라고밖에 볼 수가 없다. 새삼 유비의 말이 가슴에 와서 닿는다.

莊子曰 一日不念善 諸惡皆自起
장자 왈 일일 불념 선 제악 개 자기

장자는 말했다. "하루만 선함을 떠올리지 않아도 온갖 나쁜 생각들이 다 생겨난다."

장자가 말했다고 쓰여 있지만, 정작 이 글은 『장자(莊子)』에 나오지 않는다.

장자의 말은 곱씹어봐야 그 의미가 드러난다. 一日不念善은 두 가지 해석이 가능한데 뜻은 같다. 하나는 '하루만 선함을 떠올리지 않아도'이고, 또 하나는 '하루라도 선함에 대해 떠올리지 않는다면'이다. 필자는 의미의 명확성 차원에서 전자를 택한다. 諸는 흔히 '여러 제'라고 푸는데 '온갖', '모든'의 뜻도 자주 사용된다. 여기서도 '온갖 나쁜 생각들[諸惡]'로 옮긴다. 惡(주어)~起(술어)의 구조인데 惡을 그냥 악으로 옮기면 '악이 생겨난다'고 해서 조금 비약된다. 皆은 '모두', '다'라는 뜻이다.

만일 우리 인간의 본성이 선하다면 굳이 선한 생각을 하려고 의도적으로 노력하지 않아도 그런 쪽으로 흘러갈 것이다. 그렇다고 장자의 이 말이 성악설을 주장하는 것으로 봐서도 안 된다. 본성은 중간적인 것일 수 있지만 그냥 내버려둘 경우 주변 상황과 내면의 욕심 등으로 인한 나쁜 생각들에 점차 영향을 받기 마련이다. 따라서 의식적인 노력을 통해 선한 생각을 하려고 할 때 자연스럽게 마음속에서 나쁜 생각이 머리를 쳐드는 것을 어느 정도 막을 수 있다. 마음의 심연(深淵)이 품고 있는 악을 통찰할 때 이 같은 권고는 보다 생생한 현실적 의미를 갖는다고 할 수 있다.

太公曰 見善如渴 聞惡如聾 又曰 善事須貪 惡事莫樂
태공 왈 견선 여 갈 문 악 여 농 우 왈 선사 수 탐 악사 막 낙

태공은 말했다. "선한 일을 봤을 때는 갈급(渴急)이 난 사람처럼 하고, 나쁜 일을 들었을 때는 귀머거리처럼 해야 한다."

태공은 또 말했다. "(남들에게) 좋은 일은 마땅히 탐해야 하고, 안 좋은 일은 즐겨서는 안 된다."

이 글의 출전은 불분명하다.

태공(太公)은 우리가 흔히 말하는 '강태공'이다. 주나라 초기의 현인으로 위수(渭水) 가에서 낚시를 하다가 문왕에 의해 발탁된 것으로 전해진다. 중국의 대표적인 병서인 『육도삼략(六韜三略)』의 저자로 추정되기도 한다.

먼저 태공이 말한다. "선한 일[善]을 봤을 때[見]는 갈급(渴急)이 난 사람[渴]처럼 (달려들려 해야) 하고[如] 나쁜 일[惡]을 들었을 때[聞]는

귀머거리[聾]처럼 (못 들은 척) 해야 한다[如]." 如는 흔히 '~처럼', '~같이'로 풀지만 동사적 의미를 포함해 '~처럼 하다'는 뜻도 있다. 한자는 거의 모든 품사로 변용될 수 있다는 점을 염두에 두어야 한다.

이어 태공은 말한다. 여기서 동사는 각각 貪과 樂이다. "(남들에게) 좋은 일[善事]은 마땅히[須] 탐해야[貪] 하고, 안 좋은 일[惡事]은 즐겨서는[樂] 안 된다[莫]."

莫은 부정조동사이지만 勿보다는 조금 약한 의미다. 즉 절대 ~해서는 안 된다는 뜻보다는 조금 약하다는 말이다.

선과 악에 대해 무덤덤한 태도를 취해서는 안 된다는 말이다. 선에 대해서는 목마른 사람이 급히 물을 구하듯 열렬하게 나아가야 하고 악에 대해서는 귀머거리가 전혀 관심을 두지 않듯 단호하게 관심을 끊어야 한다는 말이다. 태공의 두 번째 발언은 첫 번째 발언에 대한 보충이다.

馬援曰 終身行善 善猶不足 一日行惡 惡自有餘
마원 왈 종신 행선 선 유 부족 일일 행악 악 자 유여

마원은 말했다. "평생토록 좋은 일을 행해도 (행해야 할 좋은 일은 너무나도 크고 많기 때문에) 그 좋은 일을 다하기에는 오히려 부족하지만, 단 하루만 나쁜 일을 행해도 (나쁜 일이란 깊고 넓은 영향을 미치기에) 그로 인

한 나쁜 결과는 그 자체만으로 흘러넘치게 된다."

❀　　　이 글은 『후한서(後漢書)』 '마원열전(馬援列傳)'에 나온다.

마원(馬援)은 중국 후한의 장군으로 광무제 하에서 장군으로 서쪽(티베트), 북쪽(흉노), 남쪽(베트남) 변방을 정벌하는 데 큰 공을 세웠다. 따라서 우리는 마원의 말 자체보다는 그 말을 한 사람이 평생 동안 충심으로 광무제를 받들며 나라에 큰 공을 세운 인물이라는 점에 주목하고서 그의 말을 읽어야 한다. 내용만 놓고 보면 앞의 장자나 태공의 말을 잘 합쳐놓은 듯하다.

우선 기존의 번역 하나를 먼저 보자. "몸을 마치도록 선을 행하더라도 선은 오히려 부족하고, 단 하루 악을 행하여도 악은 저절로 남음이 있다." 흔히 우리 한학자들이 보여주는 번역이다. 틀렸다고는 할 수 없지만 딱 들어맞는 것도 아니다. 이런 번역을 나는 암역(暗譯)이라 부른다. 모호함이 문장을 감싸고 있는 번역이다. 우리는 명역(明譯)을 지향한다. 명역은 어두운 곳이 단 한 곳도 없는 번역을 말한다. 암역이나 명역은 필자가 만든 말이다.

사실 첫 문장은 큰 문제가 안 된다. 그냥 '평생토록 좋은 일을 행해도 (행해야 할 좋은 일은 너무나도 크고 많기 때문에) 그 좋은 일을 다 하기에는 오히려 부족하다'는 것이다.

문제는 두 번째 문장이다. 핵심은 두 가지다. 첫째는 自^자를 어떻게 풀이할 것인가 하는 것이고, 둘째는 두 문장의 관계를 어떻게 볼 것인가 하는 것이다. 기존의 번역은 두 문장을 단순 병렬로 처리하고 있다.

먼저 自^자를 염두에 두면서 두 번째 문장을 조심스레 옮겨보자. "단

하루만 나쁜 일을 행해도 (나쁜 일이란 깊고 넓은 영향을 미치기에) 그로 인한 나쁜 결과는 그 자체만으로 흘러넘치게 된다."

앞에서 보았던 自는 쉽게 말해 起라는 동작과 관련된 것인 반면 여기서의 自는 有餘라는 상태와 관련된 것이다. '저절로'라는 부사는 이미 동작과 관련된 것이기 때문에 여기서는 어울리지 않는다.

두 문장의 관계는 이미 어느 정도 드러났다. 눈여겨봐야 할 것은 선과 악의 특성 비교다. 즉 선은 쉽게 그 공효(功效)가 드러나지 않는 데 비해 악은 너무나도 쉽게 그 공효가 드러난다는 점이다. 이 점을 인식하지 못할 경우 두 문장을 병렬로 번역한 것의 잘못을 깨닫기 힘들다. 이처럼 단어 하나하나의 뉘앙스까지 파헤쳐 들어가서 풀어 옮기는 것을 필자는 졸저『논어로 중용을 풀다』(해냄)에서 '각역(覺譯)'이라고 이름 붙인 바 있다. 깨우쳐 옮긴다는 뜻이다.

필자는 두 문장의 관계를 대비로 옮긴다. 두 번째 문장에 더 강조를 두기 위함이다. 이런 번역은 終身과 一日의 대비를 통해서도 지지된다.

司馬溫公曰 積金以遺子孫 未必子孫能盡守 積書以遺子孫 未必
사마온공 왈 적금 이유 자손 미필 자손 능진 수 적서 이유 자손 미필
子孫能盡讀 不如積陰德於冥冥之中 以爲子孫之計也
자손 능진 독 불여 적 음덕 어 명명지중 이위 자손지계 야

사마온공은 말했다. "큰 돈을 자손에게 물려준다고 해서 그 자손이 반

드시 제대로 다 지킬 수 있는 것은 아니고, 수많은 책을 자손에게 물려준다고 해서 그 자손이 반드시 (그 책들을) 제대로 다 읽을 수 있는 것도 아니다. (그렇게 하는 것은) 아무도 모르게 은연중에 음덕을 쌓음으로써 자손들을 위한 계책을 만들어주느니만 못한 것이다."

❀　　이 글은 사마온공(司馬溫公)의 개인 문집에 전하는 것으로 추정된다. 사마온공 혹은 사마광(司馬光)에 대한 기존 자료를 보자.

사마광은 속수선생(涑水先生)이라고도 불리며, 죽은 뒤 온국공(溫國公)에 봉해져 사마온공(司馬溫公)이라고도 한다. 20세에 진사가 되고, 1067년 신종(神宗)이 즉위한 해에 한림학사(翰林學士), 이어서 어사중승(御史中丞)이 되어 출세가도를 달렸다. 그러나 신종이 왕안석(王安石)으로 하여금 신법(新法 – 革新政策)을 단행하게 하자, 이에 반대하여 1070년에 지방으로 갔다. 그는 당시 편년체(編年體)의 역사 『자치통감(資治通鑑)』을 쓰고 있었다. 신종도 그 책을 크게 기대하여 여러 편의를 제공, 그의 뜻대로 뤄양(洛陽)에 거주하며 편집을 계속할 수 있도록 돌봐주는 등 아낌없는 원조를 베풀었다. 마침내 1084년 전 20권의 『자치통감』을 완성하였다. 이듬해 신종이 죽은 뒤 어린 나이의 철종(哲宗)이 즉위, 조모인 선인태후(宣仁太后)가 섭정을 하게 되자, 신법을 싫어하는 태후에게 발탁되어 중앙에 복귀, 정권을 담당하였다.

재상이 되자 왕안석의 신법을 폐지하고 구법(舊法 – 保守政策)으로 대체하여, 구법당(舊法黨)의 수령으로 활약하는가 하였으나, 몇 달 안 되어 죽었다. 그 뒤로 신법당(新法黨)이 세력을 얻자 '원우의 당적(黨籍)'(블랙리스트)에 올라 냉대를 받았으나, 북송 말부터는 명신(名臣)으로 추존되었다."

무엇보다 학식과 경륜을 겸비한 인물의 말이라는 데 주목하며 이 글을 풀이해야 한다. 積金은 큰 돈, 積書는 수많은 책으로 푸는 게 좋다. 以는 여기서는 '~로써' 혹은 '~를 갖고서'이다. 즉 큰 돈이나 수많은 책을 갖고서 자손들에게 유산으로 남긴다〔遺〕는 말이다.

未必은 영어문법에 흔히 나오는 부분부정이다. 즉 '반드시 ~하는 것은 아니다'는 말이다. 즉 '큰 돈을 자손에게 물려준다고 해서 그 자손이 반드시 제대로〔能〕 다〔盡〕 지킬 수 있는 것은 아니고, 수많은 책을 자손에게 물려준다고 해서 그 자손이 반드시 제대로 다 읽을 수 있는 것은 아니다'는 말이다.

不如는 말 그대로 '~같지 않다'이므로 두 가지 해석이 가능하다. '~보다 낫다'가 될 수도 있고 '~보다 못하다'가 될 수도 있다. 이는 문맥에 따라 결정되는데 여기서는 문맥상 후자로 봐야 한다. 음덕을 쌓느니만 못하다〔不如〕는 말이다. 冥冥之中은 '눈에 보이거나 귀에 들리지 않는 은연중에'라는 뜻이다. 저승 세계를 의미하기도 하는데 여기서는 동떨어진 뜻이라 택하지 않는다. 게다가 바로 앞에 陰德이라는 말이 나와 있다.

그다음에 이어지는 以는 不如積陰德於冥冥之中 전체를 받는다. 즉 '아무도 모르게 은연중에 음덕을 쌓음으로써〔以〕'가 되는 것이다. 子孫之計는 한 덩어리로 봐서 자손들의 (믿을 만한) 계책 정도로 풀이할 수 있다.

景行錄曰 恩義廣施 人生何處不相逢 讐怨莫結 路逢狹處難回避
경행록 왈 은의 광시 인생 하처 불 상봉 수원 막 결 노봉 협처 난 회피

『경행록』에 이런 말이 있다. "(그 사람이 누구건 간에) 은혜로운 일과 좋은 일은 널리 베풀어라! 사람이 어디에서 살건 서로 만나지 않겠는가? (그 사람이 누구건 간에) 원수나 원한을 맺지 않도록 하라! 길을 가다가 (외나무 다리 같은) 좁은 곳에서 만나면 에둘러 피하기가 어렵지 않겠는가?"

이 글은 중국 송나라 때 저술된 『경행록(景行錄)』에 실려 있었던 것 같은데 이 책은 전하지 않는다고 한다. 경행(景行)은 큰 길이나 뛰어난 행실을 뜻하니 『경행록』이란 뛰어난 언행을 기록했던 책으로 보인다. 이 책은 뒤에도 자주 등장한다.

여기서는 '그 사람이 누구건 간에'라는 말이 두 문장 첫 부분에 빠져 있다고 보고서 풀이를 해야 한다. 즉 첫 문장은 "(그 사람이 누구건 간에) 은혜로운 일[恩]과 좋은 일[義=善]은 널리[廣] 베풀어라[施]! 사람[人]이 어디에서[何處] 살건[生] 서로 만나지[相逢] 않겠는가[不]?"라고 옮길 수 있다. 義에는 선량하다는 뜻도 포함돼 있기 때문에 여기서는 옳다거나 의롭다보다는 좋다, 선량하다로 옮기는 게 문맥에 어울린다.

두 번째 문장도 마찬가지다. "(그 사람이 누구건 간에) 원수[讐]나 원한[怨]을 맺지[結] 않도록[莫] 하라! 길을 가다가[路] (외나무 다리 같은) 좁은 곳[狹處]에서 만나면 에둘러 피하기[回避]가 어렵지[難] 않겠는가?" 첫 문장 끝부분과 리듬을 맞추기 위해 의문문으로 풀이했다.

즉 상대방이 누구이건 간에 현 상황과 그 사람의 지위만을 고려해 행동을 달리하지 말고 상대가 누구이든 최선을 다하고 악연을 맺어서는 안 된다는 점을 강조하고 있다.

莊子曰 於我善者 我亦善之 於我惡者 我亦善之 我旣於人 無惡 人
장자 왈 어 아 선 자 아 역 선 지 어 아 악 자 아 역 선 지 아 기 어 인 무 악 인

能於我 無惡哉
능 어 아 무 악 재

장자는 말했다. "나에게 잘 해주는 사람이 있으면 나 역시 그 사람에게 잘 해줘야 한다. 나에게 못되게 하는 사람이 있어도 나는 역시 그 사람에게 잘 해줘야 한다. 내가 이미 다른 사람에게 잘못한 바가 없으면 다른 사람들은 나에게 결코 잘못을 행하지 않는다."

❀　　　이 글도 『장자』에는 나오지 않는다.

짧지만 대단히 논리적인 글이기 때문에 꼼꼼하게 음미하며 읽어볼 필요가 있다.

於는 '~에게', '~에서'를 뜻하는데 여기서는 전자다. 즉 첫 문장은 '나[我]에게[於] 잘 해주는[善] 사람[者]이 있으면 나 역시[亦] 그 사람[之]에게 잘 해줘야 한다'는 것이다.

그런데 더 중요한 것은 두 번째 문장이다. "나에게 못되게 하는[惡] 사람이 있어도 나는 역시 그 사람에게 잘 해줘야 한다." 즉 '눈에는 눈, 이에는 이'의 직접 응징 논리를 허물고 있다. 이는 분명 쉬운 일이 아니다.

이처럼 쉽지 않은 길을 선택한 이유는 바로 다음에 이어진다. 길게 보면 결국 그것이 자신에게 나쁘지 않음을 보여주는 내용이 나오기 때문이다.

"내가 이미[旣] 다른 사람에게 잘못한 바가 없으면[無惡] 다른 사람들은 나에게 결코[能] 잘못을 행하지 않는다." 이 문장에서 惡은 두 번 다 동사 역할을 하고 있다.

장자에 따르면 남들이 나에게 잘못을 행하거나 못되게 행동하는 것은 어쩌면 내가 무심결에 그 원인을 제공했을 수 있다는 것이다. 상당한 수양을 전제로 한 인생의 통찰이라 할 수 있다.

東嶽聖帝垂訓曰 一日行善 福雖未至 禍自遠矣 一日行惡 禍雖未至
동악 성제 수훈 왈 일일 행선 복 수 미지 화 자원 의 일일 행악 화 수 미지

福自遠矣 行善之人 如春園之草 不見其長 日有所增 行惡之人 如
복 자원 의 행선지인 여 춘원지초 불견 기 장 일유 소증 행악지인 여

磨刀之石 不見其損 日有所虧
마도지석 불견 기 손 일유 소휴

동악성제가 내려준 훈계는 이렇게 말한다. "단 한 번 좋은 일을 한다고 해서 복이 비록 (곧장) 찾아오는 것은 아니겠지만 (적어도) 화는 절로 멀

어진다. 단 한 번 나쁜 일을 한다고 해서 화가 비록 (곧장) 찾아오는 것은 아니겠지만 (적어도) 복은 절로 멀어진다. 좋은 일을 행하는 사람은 봄 동산의 풀과 같아서 (쑥쑥 자라는 듯해도) 정작 그것이 자라나는 것을 볼 수는 없지만 (분명) 하루하루 커감이 있다. 나쁜 일을 행하는 사람은 숫돌과 같아서 정작 그것이 갈려나가는 것을 볼 수는 없지만 (분명) 하루하루 쪼그라듦이 있다."

✺   동악은 유교나 도교 등에서 신성시하는 산이다. 성제는 아마도 그곳을 다스렸던 뛰어난 제왕이었던 것 같은데 더 이상 상세한 정보는 없다. 따라서 이 글의 출처는 도교 계통의 문헌으로 추정될 뿐 확실치가 않다.

수훈은 흔히 기독교에서 예수가 산 위에서 내려준 교훈을 언급할 때 산상수훈이라고 하는 데 바로 그 '수훈'과 같은 의미다. 垂는 '드리우다', '내려주다', '베풀다'는 뜻이다. 따라서 '동악성제의 수훈에 따르면'이라고 해도 되고 '동악성제가 내려준 훈계에 따르면'으로 풀어서 번역해도 된다.

앞의 두 문장은 개인이 행하는 善惡과 그로 인해 받게 되는 禍福의 관계를 논하고 있는데 상당히 미묘하다. 단순히 善을 행하면 福을 받고 惡을 행하면 禍를 입게 된다는 식의 단순 논리가 아니다.

여기서 一日은 하루라는 의미보다는 오히려 '단 한 번'으로 풀이할 때 문장의 뉘앙스가 제대로 살아난다.

"단 한 번〔一日〕 좋은 일을 한다고 해서 복이 비록〔雖〕 (곧장) 찾아오는 것은 아니겠지만〔未至〕 (적어도) 화는 절로 멀어진다.

단 한 번 나쁜 일을 한다고 해서 화가 비록 (곧장) 찾아오는 것은 아니겠지만 (적어도) 복은 절로 멀어진다."

이어 꾸준함의 문제가 가미된다.

"좋은 일을 행하는 사람〔行善之人〕은 봄 동산의 풀〔春園之草〕과 같아서〔如〕 (쑥쑥 자라는 듯해도) 정작 그것이 자라나는 것〔長〕을 볼 수는 없지만 (분명) 하루하루〔日〕 커감〔所增〕이 있다.

나쁜 일을 행하는 사람은 숫돌〔磨刀之石〕과 같아서 정작 그것이 갈려나가는 것〔損〕을 볼 수는 없지만 (분명) 하루하루 쪼그라듦〔所虧〕이 있다."

따라서 작은 선행 하나, 작은 악행 하나라도 우습게 알아서는 안 된다는 말이다.

子曰 見善如不及 見不善如探湯
자왈 견 선 여 불급 견 불선 여 탐탕

공자는 말했다. "좋은 일을 보았을 때는 (당장 거기에) 못 미치면 어떡하나 하는 마음으로 해야 하고, 좋지 않은 일을 보았을 때는 펄펄 끓는 물에 손을 대는 것처럼 (두려운 마음으로) 해야 한다."

❀ 이 글은 『논어』 '계씨' 편에 나온다.

그런데 여기서 不及_{불급}의 문제부터 짚고 넘어가야 한다. 비교적 괜찮은 번역서들도 공자의 첫 마디를 흔히 이렇게 번역한다.

"선함을 보거든 미치지 못할 것과 같이 하고……."

不及_{불급}의 정확한 의미를 모르고 그냥 직역했기 때문에 이런 비문이 나오는 것이다. 이를 정확히 이해하려면 『논어』 '태백 17'을 참조해야 한다.

공자는 말했다. "배움은 마치 내가 (거기에) 못 미치면 어떡하나 하는 마음으로 해야 하고, 또 (그것에 미쳤을 때는) 혹시 그것을 잃으면 어떡하나 두려워하는 마음으로 해야 한다〔學如不及 猶恐失之〕." _{학 여 불급 유 공 실 지}

여기서 보듯 不及_{불급}은 '못 미친다'는 뜻이 아니라 '못 미치면 어떡하나 하는 마음'이다. 애쓰고 절절한 마음 자세를 뜻하는 것이다. 이는 우리의 문맥에서도 마찬가지다. 이제 이런 풀이를 바탕으로 공자의 말을 옮겨보자.

"좋은 일을 보았을 때는 (당장 거기에) 못 미치면 어떡하나 하는 마음〔不及〕_{불급}으로 해야 하고, 좋지 않은 일을 보았을 때는 펄펄 끓는 물에 손을 대는 것〔探湯〕_{탐탕}처럼 (두려운 마음으로) 해야 한다."

2장
天命篇
천명　편

하늘과도 같은 천하의 이치가 명하는 바를 이해한다

天命篇

孟子曰 順天者存 逆天者亡

康節邵先生曰 天聽寂無音 蒼蒼何處尋 非高亦非遠 都只在人心

玄帝垂訓曰 人間私語 天聽若雷 暗室欺心 神目如電

益智書云 惡鑵若滿 天必誅之

莊子曰 若人作不善 得顯名者 人雖不害 天必戮之

種瓜得瓜 種豆得豆 天網恢恢 疎而不漏

子曰 獲罪於天 無所禱也

孟子曰 順天者存 逆天者亡
맹자 왈　순천자 존　역천자 망

맹자는 말했다. "하늘의 이치를 따르는 자는 살아남고 거스르는 자는 패망한다."

❀　　　이 글은 『맹자(孟子)』 '이루장구(離婁章句) 상(上) 7'에 나온다. 그 문맥을 먼저 살펴볼 필요가 있다.

"천하에 도리가 (살아) 있을 때에는 덕이 작은 자가 덕이 큰 자의 부림을 받고 덜 현능한 자가 크게 현능한 자의 부림을 받는 반면 천하에 도리가 (죽어) 없어지면 작은 자가 큰 자의 부림을 받고 약자가 강자의 부림을 받는다. 이 두 가지는 하늘의 이치(天−天理)이니 하늘천　천리의 이치를 따르는 자는 살아남고 거스르는 자는 패망한다(順天者存순천자 존逆天者亡)."
역천자 망

천하에 도리가 있으면 다움(德)이 표준이 되고 도리가 없으면 힘(力)덕이 표준이 된다. 이때 중요한 것은 특정 시기가 도리가 있는 세상인지 없는 세상인지를 판단하는 일이다. 그에 따라 행동 방식도 달라질 것이기 때문이다.

여기서 하늘은 그냥 천체의 하늘이 아니라 하늘과도 같은 천하의 이치를 뜻한다.

강조점은 후자에 있다. 이런 이치를 저버리고서는 살아남을 수 없다는 일종의 경고로 읽힌다.

康節邵先生曰 天聽寂無音 蒼蒼何處尋 非高亦非遠 都只在人心
강절소 선생 왈 천청 적 무음 창창 하처 심 비고 역 비원 도 지 재 인심

소강절 선생이 말했다. "하늘과도 같은 명명백백한 세상사의 이치는 고요하여 아무런 소리도 없어 아득하기만 하니 어디서 찾을 수 있겠는가? (그렇지만 천청은) 한없이 높기만 한 것도 아니고 또 한없이 멀기만 한 것도 아니며 모두가 단지 사람의 마음에 있을 뿐이다."

이 글은 소강절(邵康節)의 『이천격양집(伊川擊壤集)』 권12 「천청음(天聽吟)」이다. 康節邵는 중국 송나라의 사상가로 이 책 외에 『황극경세서(皇極經世書)』로도 유명하다. 이름은 옹(雍), 시호가 강절(康節)이다. 그래서 우리는 흔히 소옹(邵雍) 혹은 소강절이라고 부른다. 대단히 높은 수준의 학문과 수양을 이룩한 인물로 평해진다는 점을 고려하면서 그의 말을 풀어보자.

여기서 풀이의 관건은 天聽이다. 당연히 天命과 연결돼 있다. 흔히 '하늘의 들으심'으로 직역하는데 그래서는 무슨 뜻인지 알 수가 없다.

무책임한 번역이라 하겠다. 즉 전형적인 암역(暗譯)이다. 『조선왕조실록』에서는 임금의 판단력을 지칭할 때 天聽이라는 말을 썼다. '천청을 어지럽히다'는 용례가 바로 그런 경우다. 또 '법의 천청'이라는 용례도 있다. 법의 공명정대한 판단력이라는 뜻이다. 즉 '하늘과도 같은 명명백백한 세상사의 이치'가 天聽이다. 하늘은 비유인 것이다. 이제 첫 문장을 풀어보자. 동사는 '찾다'라는 뜻의 尋임을 염두에 두어야 한다.

"하늘과도 같은 명명백백한 세상사의 이치〔天聽〕는 고요하여〔寂〕 아무런 소리도 없어〔無音〕 아득하기만 하니〔蒼蒼〕 어디서〔何處〕 찾을 수 있겠는가?"

즉 天聽은 눈에 보이지도 않고 귀에 들리지도 않아서 쉽게 알 수가 없다는 말이다. 그러나 다음 문장은 반전이다.

"(그렇지만 천청은) 한없이 높기만 한 것도 아니고〔非高〕 또 한없이 멀기만 한 것도 아니며〔非遠〕 모두가〔都〕 단지〔只〕 사람의 마음〔人心〕에 있을〔在〕 뿐이다."

그렇다고 人心이 곧 天聽은 아니다. 사람의 마음을 갈고닦을 때 공명정대함이 넓어지면서 하늘과도 같은 명명백백한 세상사의 이치에 조금씩 조금씩 다다를 수 있다는 뜻이다. 수양이 뒷받침되지 않은 人心은 獸心과 다를 바 없기 때문이다.

玄帝垂訓曰 人間私語 天聽若雷 暗室欺心 神目如電
현제 수훈 왈 인간 사어 천청 약뢰 암실 기심 신목 여 전

현제가 내려준 훈계는 이렇게 말한다. "사람들끼리 남들이 못 듣도록 지극히 비밀스럽게 주고받는 말도 하늘의 귀에는 우레처럼 (크게) 들리고, 어두운 방에서 (아무도 몰래) 자기 마음을 속이는 짓도 귀신의 눈에는 번개처럼 (훤히) 보인다."

❀　　현제는 앞서 보았던 성제와 마찬가지로 도가의 현인으로 보이는데 정확히 누구인지는 알 수가 없다. 수훈도 앞에서 보았던 그대로다.

여기서는 두 문장이 짝을 이루기 때문에 첫 문장만 제대로 풀면 두 번째 문장은 절로 풀린다. 먼저 人間私語가 관건이다. 흔히 '인간의 사사로운 말'로 옮기는데 틀렸다고는 할 수 없지만 엄밀한 의미에서 정확한 번역은 아니다. 여기서 人間은 人生世間의 줄임말로 '사람들끼리'로 옮기는 게 낫다. 私語도 그냥 사사로운 말이라기보다는 '남들이 못 듣게 지극히 비밀스럽게 주고받는 말(秘語)'로 풀어야 문맥이 명확해진다. 天聽은 바로 앞에서 본 바 있다. 若은 주로 '만일 ~라면'인데 여기서는 '~처럼'이라는 의미여서 뒤에 있는 如와 같은 뜻이다.

"사람들끼리 남들이 못 듣도록 지극히 비밀스럽게 주고받는 말도 하늘의 귀(天聽)에는 우레처럼 (크게) 들린다."

뒤에 나오는 귀신의 눈(神目)도 하늘의 귀와 같은 것이다.

"어두운 방에서〔暗室〕 (아무도 몰래) 자기 마음을 속이는 짓도 귀신의 눈〔神目〕에는 번개처럼 (훤히) 보인다."

그렇기 때문에 우리는 홀로 있더라도 늘 남이 지켜보는 것 이상으로 삼가는 마음을 잃지 않아야 한다. 愼獨과 통한다.

益智書云 惡鑵若滿 天必誅之
익지서 운 악관 약 만 천 필 주 지

『익지서』에 이런 말이 있다. "(우리 마음속의) 나쁜 두레박이 만약에 가득하게 된다면 세상 이치에 따라 반드시 그것에 대한 응징을 당하게 된다."

❀ 이 글은 『익지서(益智書)』라는 중국 송나라 때의 책에 나오는 것이라 하는데 그 책은 전승되지 않는다. 내용은 말 그대로 지혜를 더하는 것이다. 책에서 인용할 때는 云이라고도 한다. 예를 들면 『시경(詩經)』을 인용할 때 詩曰이라고도 하고 詩云이라고도 한다.

우선 鑵 자를 살펴보자. 이는 두레박이라는 뜻이다. 우리 마음속에는 어쩌면 善鑵과 惡鑵이 함께 있는지 모른다. 좋은 일을 하면 善鑵이 채워지는 것이고 나쁜 일을 하면 惡鑵이 채워지는 식이다. 그래서 각각 '좋은 두레박'과 '나쁜 두레박'으로 옮길 수 있다. 여기서 若은 '만약'

~하면'이다. 誅는 '베다', '주살하다', '토벌하다'라는 뜻이다. 응징의 의미가 들어 있다.

莊子曰 若人作不善 得顯名者 人雖不害 天必戮之
장자 왈 약 인 작 불선 득 현명 자 인 수 불해 천 필 륙 지

장자는 말했다. "만일 어떤 사람이 좋지 못한 짓을 저지르고서 명성을 얻는 일이 있다면 (다른) 사람이 비록 (그자를) 해치지 못하더라도 세상 이치에 따라 반드시 그것에 대한 응징을 당하게 된다."

❋ 이 말은 『장자』에는 나오지 않는다. 다만 그와 유사한 글이 있기는 한데 많이 차이가 난다.

이 말은 앞에 나온 『익지서』에 대한 정교한 보충으로 읽을 수 있다. 특히 天必戮之는 앞에 나온 天必誅之와 사실상 같은 뜻이다. 誅戮한 천 필 륙 지   천 필 주 지   주륙 다는 말에서도 그 공통점을 확인할 수 있다.

作은 爲와 같은 뜻으로 '하다', '행하다', '저지르다'는 의미를 갖는다. 작   위 우선 장자의 말을 풀어보자.

"만일(若) 어떤 사람(人)이 좋지 못한 짓(不善)을 저지르고서(作) 명성 약   인   불선   작 (顯名)을 얻는(得) 일(者)이 있다면 (다른) 사람(人)이 비록(雖) (그자를) 현명   득   자   인   수 해치지 못하더라도(不害) 세상 이치가 반드시 그것을 주륙할 것이다." 불해

種瓜得瓜 種豆得豆 天網恢恢 疎而不漏
종 과 득 과　종 두 득 두　천 망 회 회　소 이 불 루

오이 심은 데서 오이를 얻고 콩 심은 데서 콩을 얻는다. 하늘과도 같은 명명백백한 세상사의 이치는 넓디넓어서 엉성한 것 같아도 전혀 새지 않는다.

이 말은 『증광현문(增廣賢文)』에 거의 비슷한 표현이 나온다. 먼저 "오이〔瓜〕 심은 데서 오이를 얻고 콩〔豆〕 심은 데서 콩을 얻는다"고 말한다. 속담에 나오는 "콩 심은 데 콩 나고 팥 심은 데 팥 난다"는 말과 똑같다. 사람과 사람 사이에서도 자연과 같은 인과법칙이 엄연하게 작동하고 있다는 말이다.

天命과 연결되는 표현은 天網이다. 하늘의 망이라고 옮기기보다는 하늘과도 같은 명명백백한 세상사의 이치가 작용하는 방식으로 옮기는 게 낫다. 그런 방식이 넓디넓어서〔恢恢〕 엉성한〔疎=疎〕 것 같아도 전혀 새지 않는다〔不漏〕는 것이다. 즉 하늘과도 같은 세상사의 이치〔天網〕는 결국 빈틈없이 작동하고 있다는 말이다.

子曰 獲罪於天 無所禱也
자왈 획죄 어 천 무 소도 야

공자는 말했다. "하늘에게 죄를 얻게 되면 어디 가서 빌 곳도 없습니다."

❀   이 말은 『논어』 '팔일' 편에 나온다.

왕손가는 (자신의 임금 영공을 알현하고 나오는) 공자에게 이런 질
문을 던졌다. "아랫목신에게 잘 보이는 것보다는 차라리 부뚜막신
에게 잘 보이라는 말이 있는데 무슨 뜻입니까〔與其媚於奧 寧媚於竈
                                여기 미 어 오 영 미 어 조
何謂也〕?"
하위 야
공자는 말했다. "그렇지 않습니다. 하늘에게 죄를 얻게 되면 어디 가
서 빌 곳도 없습니다〔獲罪於天 無所禱也〕."
            획죄 어 천 무 소도 야

먼저 왕손가(王孫賈)는 위(衛)나라 대부(大夫)이다. 왕손가가 던진
질문의 의미가 심상찮다. 그 뜻을 정확히 파악하려면 왕손가가 어떤
인물이고, 『논어』에서는 몇 차례나 등장해 어떤 질문들을 던졌으며,
특히 이 질문은 구체적으로 어떤 상황에서 왕손가가 공자에게 던진
것인지를 상세하게 알아야 한다.
그럼 먼저 『논어』에 등장하는 왕손가 관련 대목을 먼저 정리해 보자.
'헌문 20'에서 공자는 한 제자가 위나라 군주 영공(靈公)이 무도(無
道)한데도 어찌 그 지위를 잃지 않을 수 있느냐고 묻자 "중숙어(仲叔

圍)는 외교를, 축타(祝佗)는 종묘를 다스리고 왕손가는 군사를 다스리니 어찌 그 지위를 잃겠느냐"고 답한다. 참고로 주희(朱熹)는 중숙어, 축타, 왕손가 3인은 어진 자라고 할 수는 없으나 각기 맡은 바 일에는 재주가 뛰어났고 무도한 위나라 군주도 이 점은 제대로 살펴 사람을 썼으니 지위를 잃지 않은 것이라고 풀이했다. 『논어』에서 왕손가와 관련된 구절은 이게 전부다.

왕손가는 병권(兵權)을 잡고 있었으니 당대의 실력자라고 할 수 있다. 여기서 왕손가는 위나라 영공을 알현하고 나오는 공자에게 속담을 빌려 은근히 회유하고 있다. 與其는 '~하기보다는(than)'으로 풀 수 있다. 奧는 '깊다', '그윽하다', '흐려지다', '속', '깊숙한 안쪽', '구석', '아랫목' 등의 뜻을 갖고 있는데 여기서는 아랫목의 뜻이다. 寧은 여기서 부사로 '차라리'라는 뜻이다. 媚는 '아첨하다', '잘 보이다'라는 뜻이다. 竈는 '부엌', '부뚜막신(神)', '조왕신(竈王神)'으로 부엌 자체보다는 부뚜막신으로 해석해야 한다. 그래서 奧도 여기서는 아랫목신(神)으로 풀이하는 게 좋다. 왕손가는 공자에게 "아랫목신에게 잘 보이는 것보다는 차라리 부뚜막신에게 잘 보이라는 말이 있는데 무슨 뜻입니까?"라며 넌지시 떠보고 있다. 당연히 아랫목신은 위령공, 부뚜막신은 자신을 염두에 둔 질문이었다.

奧와 竈를 각각 집안의 노부인과 밥하는 여인으로 풀이하는 견해도 있다. 정약용도 이런 견해를 따른다. "음식의 권한이 불을 때어 밥하는 여인에게 있고 주부에게 있지 않으니 차라리 아랫사람에게 아첨하여 밥을 얻어먹는 것이 낫다는 데 비유한 것이다." 그러나 결론은 같을 뿐만 아니라 바로 뒤에 하늘[天神]에 죄를 얻는다는 대목이 나오므로 아랫목신, 부뚜막신으로 풀이하는 게 좋을 듯하다.

주희의 보충설명이다. "그러므로 당시 세속의 말에 따르면 奧는 항상 높음이 있으나 제사의 주체가 아니요, 竈는 비록 낮고 천하나 당시에 일을 주관하므로 직접 임금에게 결탁하는 것이 권신(權臣)에게 아부하는 것만 못함을 비유하였다."

실제 상황에서 우리가 이런 협박성 회유가 담긴 질문을 받는다면 대답하기가 여간 어렵지 않다. 공자는 일단 "그렇지 않다[不然]"고 답한 다음 하늘[天]을 끌어들인다. 여기서 하늘은 천리(天理)이다. 아랫목신, 부뚜막신과는 비교도 되지 않는 천신(天神)에게 죄를 짓게 되면 어디 가서 빌 곳이 없다는 것이다. 결국 우리가 제사를 지내는 궁극적인 객체, 대상은 제사의 종류와 관계없이 하늘임을 밝히고 있다. 은근하면서도 강력한 반박이었다.

獲罪는 得罪와 같은 뜻이다.

3장
順命篇
순명 편

하늘과도 같은 천하의 이치를 거스르지 않고 따른다

順命篇

子曰 死生有命 富貴在天

萬事分已定 浮生空自忙

景行錄云 禍不可倖免 福不可再求

時來風送滕王閣 運退雷轟薦福碑

列子曰 癡聾瘖瘂 家豪富 知慧聰明 却受貧 年月日時 該載定 算來由命不由人

子曰 死生有命 富貴在天
자왈　사생　유명　부귀　재천

공자는 말했다. "죽고 사는 것은 이미 정해진 숙명에 달려 있고 부귀는
하늘에 달려 있다."

이 말은 『논어』 '안연' 편에 나온다. 먼저 그 문맥을 살펴볼 필
요가 있다.

걱정 가득한 사마우가 이렇게 말했다. "사람들은 다 형제가 있는데
나만 홀로 없구나!"
이에 자하가 위로했다. "내가 들으니 죽고 사는 것은 이미 정해진
숙명〔命－天命〕에 달려 있고 부귀는 하늘에 달려 있다 했다〔死生有命
　　명　　천명　　　　　　　　　　　　　　　　　　　　사생　유명
富貴在天〕. 군자가 늘 공경하는 마음을 가져 잘못을 저지르지 않고 사
부귀　재천
람들과 어울릴 때는 공손하여 예를 갖춘다면 온 세상 안이 다 형제이
니 군자가 어찌 형제가 없다고 걱정하겠는가?"

여기서 보듯 이 말은 공자의 말이 아니라 제자 자하(子夏)의 말이다.
정확히 말하면 자하가 스승 공자의 말을 인용한 것이다.
걱정에 가득한 사마우(司馬牛)가 어떤 자리에서 신세 한탄을 하듯
이렇게 말한다. "사람들은 다 형제가 있는데 나만 홀로 없구나!" 물론
사마우에게는 형제가 있었다. 그런데 왜 이런 말을 했을까? 주희의 풀

이다. "사마우에게 형제가 있었는데도 이렇게 말한 것은 그들이 난을 일으켜 장차 죽게 될까 봐 걱정해서이다." 공자뿐만 아니라 다른 제자들도 사마우의 이런 사정을 잘 알고 있었다.

이에 자하가 위로를 한다. "내[商]가 들으니 죽고 사는 것은 이미 정해진 숙명[命]에 달려 있고 부귀는 하늘에 달려 있다 했다. 군자가 늘 공경하는 마음을 가져 잘못을 저지르지 않고 사람들과 어울릴 때는 공손하여 예를 갖춘다면 온 세상[四海] 안이 다 형제이니 군자가 어찌 형제가 없다고 걱정하겠는가?" 왜 하필 많은 제자들 중에서 자하가 사마우의 걱정에 답을 했을까?

'옹야 11'에서는 공자가 일방적으로 자하에게 말한다. "너는 군자의 유자가 되어야지 소인의 유자가 되지 마라." 이에 대해 사량좌(謝良佐)는 그 의미를 이렇게 풀이한 바 있다. "자하가 문학은 비록 뛰어났지만 생각건대 그 원대한 것에는 혹 어두운 듯하다. 그러므로 공자께서 이 말씀으로 가르쳐주신 것이다."

이런 지적을 받았던 자하인 때문인지 사마우에 대한 조언에서도 그의 이 같은 단점이 고스란히 드러난다. 호인(胡寅)의 지적이다. "자하가 말한 사해가 다 형제라는 말은 다만 사마우의 마음을 너그럽게 하려고 한 말이니, 뜻은 원만하나 말은 막힌다. 오직 성인(聖人)은 이러한 병통이 없다. 또 자하는 이것을 알았으나 아들의 상(喪)에 곡하여 실명하였으니 이는 사랑에 가려 이치에 어두웠던 것[惑]이다. 이 때문에 그 말을 실천하지 못한 것이다." 자하의 경우 말의 경중(輕重)을 제대로 가리지 못했음을 지적하고 있다. 그리고 불혹(不惑)의 경지에도 제대로 이르지 못했다고 할 수 있다.

공자가 등장하지 않는 상황에서 두 사람 모두 조금씩 수준 낮은 이야기를 하고 있는 것이다. 정약용의 총괄적 풀이다. "사마우가 스스로 마음 아파한 것은 같은 핏줄의 형제에 관한 것인데, 자하가 광범위한 범주의 말을 만들어 그를 위로하려 하였으니, 이는 어진 사람이 할 수 있는 말이 아니다." 왜냐하면 그것이야말로 공자가 중시하는 형제의 우애를 근본적으로 무시하는 것이기 때문이다.

萬事分已定 浮生空自忙
만사 분 이 정 부생 공 자망

세상 모든 일에는 각각의 분수가 이미 정해져 있다. 그런데도 자신의 분수를 모른 채 살아가는 사람은 쓸데없이 그냥 바쁘기만 하다.

이 글은 편찬자를 알 수 없는 『명현집(名賢集)』에 나온다. 여기서 풀이의 관건은 浮生이다. 이를 흔히 '덧없는 인생'으로 풀이
부생
하는데 좀 더 정교한 풀이가 필요하다. 먼저 앞 문장을 보자.

'세상 모든 일(萬事)에는 각각의 분수(分)가 이미(已=旣) 정해져 있다
만사   분   이 기
(定)'는 것이다. 그런데 자신에게 주어진 이런 분수를 모르고 둥둥 떠
정
다니듯(浮) 사는 사람(生=人)은 쓸데없이(空) 절로 바쁘기만 하다(自忙).
부   생 인   공   자망
즉 '덧없는 인생'으로 풀게 되면 너나없이 모든 사람의 인생이 덧없

는 것이 된다. 그러나 맥락 속에서 풀면 모든 사람의 삶이 다 그렇다는 뜻이 아니라 분수를 아는 삶과 분수를 모르고 살아가는 삶을 구분하여 후자에만 국한되어야 한다. 따라서 浮生은 '덧없는 인생'이 아니라 '분수를 모른 채 살아가는 사람'으로 옮겨야 정확한 번역이 된다.

景行錄云 禍不可倖免 福不可再求
경 행 록 운 화 불 가 행 면 복 불 가 재 구

『경행록』에 이런 말이 있다. "불행이란 요행으로 피하거나 벗어날 수 없다. 행운이나 행복은 두 번 찾아오지 않는다."

앞서 본 『경행록』에서 인용한 것이다. 여기서 주목해야 할 것은 禍와 福의 특성 차이다.
화 복

첫째, 불행[禍]이라는 게 찾아오게 되면 요행[倖]으로 피하거나 벗어
화 행
날[免] 수 없다[不可]는 것이다. 나쁜 일이 누적된 결과 천명(天命)에 의
면 불가
해 화(禍)를 당하게 되는 것이라 피할 수 없는 것이다.

둘째, 행운이나 행복[福]은 정말 운 좋게 찾아올 수는 있다. 그러나 의
복
식적으로 행운이나 행복을 추구한다고 해서 두 번은 찾아오는 것이 아니라는 것이다. 이는 두 가지 해석이 가능하다. 미리 충분히 대비하고 있어

46

야 처음 찾아온 행운이나 행복을 쥐고서 누릴 수 있다는 뜻으로 봐도 되고, 행운이나 행복은 오직 그것만을 추구한다고 해서 손에 쥘 수 있는 것이 아니라는 뜻으로 봐도 된다. 물론 두 가지 다 포함해서 풀이해도 된다.

그렇기 때문에 억지로 불행을 피하거나 행운 혹은 행복을 추구할 것이 아니라 누가 보건 보지 않건 묵묵히 하늘과도 같은 천하의 이치〔天理-天命〕를 따르는 삶〔愼獨〕을 살라는 말이다.

時來風送滕王閣 運退雷轟薦福碑
시 래 풍 송 등왕각 운 퇴 뇌 굉 천복비

시운이 찾아와 바람이 등왕각으로 불어주었다. 시운이 다하여 벼락이 천복비에 내리쳤다.

이 글은 당나라 때 시다. 시운이 딱 맞아떨어진 경우와 시운이 사라져버린 경우를 대비한 것으로 그 출처는 불분명하다.

두 문장의 첫 글자인 時와 運은 같은 뜻으로 둘 다 時運이다. 하늘의 이치〔天命〕와도 통한다. 이제 첫 문장부터 보자.

'시운이 찾아와 바람이 등왕각(滕王閣)으로 불어주었다'는 말이다. 주동사는 送이다. 뒷 문장의 주동사도 轟이다.

이제 등왕각을 둘러싼 의문만 풀어내면 된다. 등왕각은 중국 당(唐)나라 고조(高祖) 이연(李淵)의 막내아들 원영(元嬰)이 홍주자사(洪州刺史)로 있을 때, 강서성(江西省) 남창현(南昌縣)에 지은 전각(殿閣)이다. 원영이 등왕에 봉작(封爵)되어 있었기로 등왕각이라 부른다. 왕발(王勃)이 아버지를 뵈러 가는 길에, 꿈속에서 강신(江神)이 나타나 말하기를 "내일 등왕각을 중수한 낙성식이 있으니 참석해 글을 지어 이름을 내라" 하기에, 왕발이 "여기서 남창까지는 7백 리인데 하룻밤 사이에 당도할 수 있습니까?" 하니, "배에 오르기만 하면 내가 바람을 빌려주리라"고 했다. 그리고 실제로 왕발은 하룻밤 사이에 등왕각에 이르러 등왕각 시와 서문을 지어 문명을 떨치게 됐다는 이야기가 전한다. 하늘의 도움으로 큰 행운을 누렸다는 말이다. '시운이 찾아와서 바람이 등왕각으로 불어주었다'는 말이 바로 그것이다.

이어 두 번째 문장을 보자. "시운이 나하여 벼락이 천복비(薦福碑)에 내리쳤다." 여기서도 천복비에 대한 궁금증만 풀어내면 된다. 천복비는 강서성(江西省) 양현(陽縣) 요주(饒州)의 천복사(薦福寺) 경내에 있던 비석이다. 당나라 이북해(李北海)가 비문을 짓고 구양순(歐陽詢)이 그 비문을 썼는데, 당시 구양순의 서체(書體)가 크게 존중받아 이 비문의 탁본이 비싸게 팔렸다. 송(宋)의 범중엄(范仲淹)이 요주 태수로 있을 때, 한 가난한 서생이 천복사의 비문을 탁본하는 것을 허락받아 종이와 먹물을 마련해 가려고 했더니, 그날 밤 벼락이 떨어져 비석이 깨어져버려서 뜻을 이루지 못했다. 그 서생에게는 그런 복이 없었던 것이다.

여기서는 禍福(화복)을 다루기보다는 福(복)이 이루어지고 이루어지지 않음의 대비를 보인다. 시운의 도움이 있을 때 福(복)은 가능하고 시운의 도움이 없으면 눈앞의 福(복)도 사라질 수 있다는 것이다.

列子曰 癡聾瘖瘂 家豪富 知慧聰明 却受貧 年月日時 該載定 算來
열자 왈 치 롱 음 아 가 호 부 지혜 총 명 각 수 빈 연월일시 해 재 정 산 래

由命不由人
유 명 불 유 인

열자는 말했다. "바보 귀머거리 벙어리도 (운명을 잘 타고나면) 그 집이
큰 부자가 될 수 있고 (반대로) 사람에 밝고 일에 밝고 귀 밝고 눈 밝은 사
람이라도 도리어 가난해질 수 있다. (천명이 드러나는) 연월일시는 모두 처
음부터 정해져 있다. (그래서) 잘 생각해보면 (부귀는) 하늘의 이치에서
비롯되는 것이지 사람으로부터 비롯되는 것은 아니다."

　　　　　이 말은 중국 전국시대 노장 계통의 사상가 열자(列子)의
말인데 정작 『열자』에는 나오지 않는다.

다소 낯선 한자들이 많다. 癡(=痴)는 어리석다[愚], 미치광이[狂] 등
을 뜻한다. 모양상으로는 의심할 줄 모른다는 뜻인데 한마디로 바보를
말한다. 聾은 귀머거리다. 瘖瘂는 말 못 하는 사람, 즉 벙어리다. 장님
[盲]은 빠져 있다. 따라서 첫 문장은 '바보 귀머거리 벙어리도 그 집이
큰 부자가 될 수 있다'는 말이다. 반면에 知慧聰明을 갖춘 사람도 가
난해질 수 있다[受貧]고 말한다. 却은 여기서 '도리어'라는 뜻이다.

그런데 知慧聰明을 그냥 지혜로운 자와 총명한 자로 옮겨서는 안 된
다. 기존의 번역서들은 대부분 그렇게 옮기는데 이는 한문 해독의 깊
은 이치를 망각한 결과다. 이 점을 『중용(中庸)』의 한 구절과 비교해
보고자 한다.

기존의 대표적인 번역서들 중에는 도무지 무슨 말인지 알 수 없는 번역들이 허다했다. 그중 한 가지만 예를 들어보겠다. 제31장의 첫 문장은 이렇다.

唯天下至聖 爲能聰明睿知 足以有臨也.
유천하지성   위능총명예지   족이유임야
"오직 천하의 지극한 성인이어야 총명예지(聰明睿知)가 족히 임할 수 있다."

이런 식의 번역이 갖는 문제점은 제31장 강의에서 자세하게 밝혀놓았기 때문에 여기서는 필자의 번역을 보여주는 것으로 대신하겠다.

"오직 천하 제일의 성스러운 임금만이 능히 귀 밝고(聰) 눈 밝고(明) 사리에 밝고(睿) 사람에 밝아(知) 족히 '제대로 된 다스림(臨)'이 있을 수 있다."

해석이나 입장의 차이를 떠나 '총명예지가 족히 임할 수 있다'는 말은 이 문장에서는 나올 수가 없는 번역이다. 직역을 하면 능히(能) 총명예지(聰明睿知)하게 되어(爲) 족히(足) 통치함(臨)이 있게(有) 해준다(以=使)는 말이기 때문이다.

자, 사정이 이러한데 "오직 천하의 지극한 성인이어야 총명예지가 족히 임할 수 있다"는 문장만을 읽고서 그것을 '이해'한 사람이 있다면 그 사람이 이해한 것은 무엇일까?

참고로 얼마 전 우리 사회에 '중용' 붐을 일으킨 김용옥은 이 문장을 어떻게 번역했는지 살펴보자.

"오로지 우리의 스승 중니(仲尼)와 같으신 천하의 지극한 성인이라 야 능히 총명예지할 수 있어서 족히 임할 수 있다."

총명예지는 여전히 번역되지 않고 있음을 확인할 수 있다. 흥미롭게도 慧와 睿는 똑같이 '사리에 밝다(통달하다)'는 뜻을 갖고 있다. 즉 聰明睿知와 知慧聰明은 똑같은 것이다.

이제 두 번째 문장을 풀어보자. 年月日時는 때를 의미한다. 該는 '그', '갖춰지다', '모두' 등의 뜻이 있는데 여기서는 '모두'를 의미하고, 載는 통상 '싣다'라는 뜻인데 여기서는 '비롯하다(始)'는 뜻으로 '처음부터'로 풀이한다. 즉 '(천명이 드러나는) 연월일시는 모두 처음부터 정해져 있다'는 말이다. 그래서 '잘 생각해보면(算來) (부귀는) 하늘의 이치(命)에서 비롯되는(由) 것이지 사람으로부터 비롯되는 것은 아니다'는 것이다. 來는 여기서 어조사로 특별한 의미는 없다.

4장
孝行篇
효행   편

효도를 행한다

孝行篇

詩曰 父兮生我 母兮鞠我 哀哀父母 生我劬勞 欲報深恩 昊天罔極

子曰 孝子之事親也 居則致其敬 養則致其樂 病則致其憂 喪則致其哀 祭則致其嚴

子曰 父母在 不遠遊 遊必有方

子曰 父命召 唯而不諾 食在口則吐之

太公曰 孝於親 子亦孝之 身旣不孝 子何孝焉

孝順還生孝順子 忤逆還生忤逆兒 不信 但看簷頭水 點點滴滴不差移

詩曰 父兮生我 母兮鞠我 哀哀父母 生我劬勞 欲報深恩 昊天罔極
시왈 부 혜 생 아 모 혜 국 아 애 애 부모 생 아 구로 욕 보 심은 호천 망극

『시경』은 노래한다.

"아버지시여! 저를 세상에 나게 해주셨습니다. 어머니시여! 저를 사랑으로 길러주셨습니다."

"생각만 해도 가슴 아픈 부모님! 저를 키우시느라 온갖 힘듦을 다 겪으셨습니다."

"그 깊은 은혜 갚으려 해도 (그 은혜는) 저 넓디넓은 하늘과도 같아 그 끝이 없습니다."

＊ 이 글은 『시경』에 나오는 시들 중에서 관련된 부분을 각각 모은 것이다.

첫 구절은 '아버지시여! 저를 세상에 나게[生] 해주셨습니다. 어머니시여! 저를 사랑으로 길러주셨습니다[鞠]'이다. 兮는 주로 시 등에서 감탄의 의미를 갖는다. 鞠에는 '가죽공', '국화', '궁벽하다', '굽히다', '국문하다', '고하다', '사랑하다', '기르다' 등 다양한 의미가 있는데 여기서는 '사랑하다'와 '기르다'를 함께 취해 번역했다.

哀哀는 '아주 슬프고 가슴 아프다'는 뜻이다. 哀哀切切이라는 표현도 있다. "생각만 해도 가슴 아픈[哀哀] 부모님! 저를 키우시느라[生] 온갖 힘듦을 다 겪으셨습니다[劬勞]." 자주 안 쓰는 한자인 劬는 '수고롭다', '자주 ~하다', '바쁘게 일하다' 등의 뜻을 갖고 있다.

"그 깊은 은혜[深恩]를 갚으려[報] 해도[欲] (그 은혜는) 저 넓디넓은 하늘[昊天]과도 같아 그 끝이 없습니다[罔極]." 내용이 명확하여 별도의 풀이는 필요 없다.

子曰 孝子之事親也 居則致其敬 養則致其樂 病則致其憂 喪則致
자왈 효자 지 사친 야 거 즉 치 기경 양 즉 치 기락 병 즉 치 기우 상 즉 치

其哀 祭則致其嚴
기애 제 즉 치 기엄

공자는 말했다. "진정한 효자가 부모를 섬기는 것이란, (첫째) 부모님이 집 안에 계실 때는 삼가는 마음을 남김없이 다해야 하고, (둘째) 부모님을 봉양할 때는 진실로 마음속에서 즐거움이 다 우러나오도록 해야 하고, (셋째) 부모님께서 병환이 나시면 자식은 근심과 걱정을 다해 병을 돌봐드려야 하고, (넷째) 부모님께서 돌아가셔서 상을 치를 때는 슬픔을 한시도 잊어서는 안 되고, (다섯째) (부모님) 제사를 지낼 때는 그 엄숙함을 다해야 한다."

✽   이 글은 『효경(孝經)』 '전(傳) 7장'에 나온다.

孝子之事親也는 직역하면 '효자의[之] 부모 섬김[事親]이란[也]'이다.
효자 지 사친 야   지   사친   야
그래서 조금 풀면 '부모를 섬김에 (무릇) 효자란'이 된다.

본격적인 풀이에 앞서 이 내용을 한마디로 압축한 표현이 『논어』에 나오기 때문에 먼저 살펴볼 필요가 있다. '학이 7'이다.

자하는 말했다. "어진 이를 어질게 여기기를 여색(女色)을 좋아하는 마음과 바꿔서 하고, 부모 섬기기를 기꺼이 온 힘을 다하며[事父母能竭其力], 임금 섬기기를 기꺼이 온몸을 다 바쳐 하고, 벗과 사귀기를 일단 말을 하면 반드시 책임을 져 믿음을 주는 식으로 하는 사람이 있다면 그 사람이 비록 배우지 않았더라도 나는 반드시 그 사람이 배웠다고 말할 것이다."

여기서 핵심은 事父母能竭其力, 즉 '부모 섬기기를 기꺼이 온 힘을 다하라'이다. 바로 이 能竭其力, 즉 '기꺼이 온 힘을 다하라'는 것이 구체적으로 무엇인지를 보여주는 것이 지금 우리가 세부적으로 살펴보게 될 내용이다.

첫째, 居則致其敬이다. 居는 '집 안에서 함께 산다'는 정도로 풀면 된다. 즉 부모님이 집 안에 계실 때는 '삼가는 마음[敬=愼]'을 남김없이 다[致=盡] 하라는 말이다.

둘째, 養則致其樂이다. 여기서 관건은 其樂의 樂을 어떻게 풀이할 것인가이다. 일단 직역을 하면 '부모님을 봉양할 때는 그 즐거움이 다하도록 하라' 정도가 된다. 문제는 부모님이 즐거워하는 것인지 봉양하는 자식이 즐거운 마음을 다하라는 것인지이다. 그 풀이의 단서도 『논어』에서 찾을 수 있다.

공자에게는 자식이 부모에게 가져야 할 예(禮) 중에서 대표인 효(孝)란 어떤 사람이 진정으로 어진[仁] 사람인지의 여부를 판단하는 결정적인 지표였다. '위정 5'에서는 맹의자(孟懿子)라는 노(魯)나라의 대부가 효에 대해 묻자 공자는 '무위(無違)'라고 간단하게 답한다. (인간의 도리를) '어기지 않는 것'이라고 한마디로 답한 것이다. 여기서는 효에 관한 소극적인(negative) 일반 원칙을 말했다. 여전히 추상적이다. 다행스럽게도 '위정' 5, 6, 7, 8은 주제가 모두 효에 집중돼 있다. 여기서 우리는 공자가 생각하는 효의 실마리나마 얻을 수 있다.

'위정 5'에서는 번지(樊遲)라는 제자가 공자에게 왜 맹의자에게 '무위'라고 답했는지, 즉 무엇을 어기지 말아야 하는 것인지를 묻는다. 이에 대해 공자는 "아버지 살아계실 적에는 예로써 섬기고, 돌아가시면 예로써 장사 지내고, 예로써 제사를 지내는 것을 말한다"고 답한다. 뒤에 다시 보게 되겠지만 이런 경우 공자의 발언은 대개 맹의자가 아버지를 모시는 태도가 예에 합당하지 못했기 때문에 그 점을 지적하고 있다고 보아야 한다. 질문자가 처해 있는 구체적인 상황을 실마리로 삼아서 그에 적합한 답변을 주는 방식이다. 여기서 공자의 답은 간단하다. 아버지에 대한 예를 다하는 것이 바로 효라고 말하고 있다. 이를 사람을 알아보는 것(知人)의 차원에서 확장하면 이렇게 된다. 어떤 사람이 예를 알고서 행하는 사람인지를 알려면 그가 자신의 부모에게 효를 어떻게 행하고 있는지를 살피면 된다.

'위정 6'에서 맹의자의 아들인 맹무백(孟武伯)이 또 효에 관해 묻자 공자는 "부모는 오로지 자식이 병들면 어떻게 하나라는 것만을 걱정하신다"라고 답한다. 일차적으로는 맹무백이라는 사람이 부모에게 우리 자식 병나면 어쩌나라는 걱정을 끼칠 만큼 몸을 함부로 굴리며 살고 있는 데 대한 경계(警戒)의 말로 읽힌다. 이어 그것을 조금만 확장하면 '부모의 마음이 어떤지를 헤아려 매사 행동을 할 때 조심하라'고 읽을 수 있다. 앞에서는 효를 그 직접 대상인 부(모)를 향해 어떻게 해야 하는지의 맥락에서 설명을 했다. 여기서는 자식의 중요한 행동과 마음가짐 자체가 부모의 걱정하는 마음과 직접 연결되어 있음을 보여줌으로써 효가 영향을 미치는 범위를 크게 넓힌다.

'위정 7'에서는 자유(子游)라는 제자가 효에 관해 묻는다. 이에 공자는 "오늘날의 효라는 것은 물질적으로 잘하는 것에만 그치고 있다. 개나 말도 모두 그런 정도[養]는 챙길 줄 안다. 봉양하는 데만 힘쓰고 공경하는 마음이 없다면 무엇으로써 (개나 말과) 구별하겠는가?"라고 직설적으로 답한다. 자유가 실제로 이런 잘못을 저질렀거나 평소의 성정으로 보아 그럴 가능성이 높다고 보고서 공자가 일깨움을 주기 위해 던진 답변이다. 이는 예의 문제에 그대로 적용된다. 예를 행함에 진정한 마음이 뒤따르지 않는다면 그것은 겉치레일 뿐 공자가 말하고자 하는 예일 수는 없다.

'위정 8'에서는 제자인 자하(子夏)가 효에 관해 묻는다. 공자는 어버이를 섬길 때 "얼굴빛을 온화하게 갖는 것이 어렵다[色難]"고 답한다. 이것은 그 자체만으로 독립해서 해석해도 훌륭하지만 '위정 7'과 연결해서 읽으면 그 뜻이 더 잘 살아난다. 즉 봉양에만 신경 쓰고 공경하는 마음이 함께하지 않는다면 효를 제대로 다하고 있다고 할 수 없고, 또 봉양과 공경이 함께하더라도 그런 공경의 마음이 얼굴에 제대로 나타나야지 (어쩔 수 없이 한다는 듯) 무뚝뚝한 표정으로 봉양과 공경을 해봤자 효에 이르렀다고 할 수 없다.

따라서 養則致其樂은 '부모님을 봉양할 때는 진실로 마음속에서 즐거움이 다 우러나오도록 하라'는 뜻이다.

셋째, 病則致其憂다. 부모님께 병환이 생기면 자식은 근심을 다해 병을 돌봐드려야 한다는 것이다.

넷째, 喪則致其哀다. 부모님께서 돌아가셔서 상을 치를 때는 슬픔을
한시도 잊어서는 안 된다는 말이다. 이는 '위정 7'의 연장선에서 겉치
레에 치중해서는 안 된다는 경계로 읽힌다.

다섯째, 祭則致其嚴이다. '제사를 지낼 때는 그 엄숙함을 다해야 한
다'는 말인데 약간의 보충이 필요하다. 이 또한 겉치레만 신경 써서는
안 되고 마치 부모님이 앞에 계신 듯한 마음으로 제사를 지내야 한다
는 말이다. 『논어』 '팔일 12'가 바로 그런 뜻이다.

"(공자께서는) 제사를 지내실 적에는 (선조가) 계신 듯이 하였으며 신
을 제사 지낼 적에는 신이 계신 듯이 하였다."

子曰 父母在 不遠遊 遊必有方
자왈 부모 재 불 원유 유 필 유방

공자는 말했다. "부모가 살아계시거든 먼 데서 놀지 아니하며, 놀 때는
반드시 일정한 곳이 있어야 한다."

이 말은 『논어』 '이인 10'에 나온다.

이는 부모가 살아계실 때 어겨서는 안 되는[不違] 예(禮) 중의 하나
라 할 수 있다. 부모가 살아계실 때에는 먼 곳으로 가지 말라고 했다.
여기서 遊는 '놀다', '여행하다', '취학하다', '취직하다' 등이 모두 포함된
다. 그리고 어쩔 수 없어서 멀리 가게 될 때에는 그 가는 곳[方]이 일정
하여 반드시 그 부모가 알도록 해야 한다는 것이다.

이 글이 말하고자는 하는 핵심은 범조우(范祖禹)의 풀이 그대로다.
"자식이 능히 부모의 마음을 자신의 마음으로 삼는다면 효(孝)가 될
것이다." 자기 안에서 스스로 성찰하여[內自省] 부모의 자식 사랑하는
마음을 제대로 알지 못하고서는 효를 행하기가 어렵다는 뜻이다.

子曰 父命召 唯而不諾 食在口則吐之
자왈 부 명소 유이 불락 식 재 구 즉 토 지

공자는 말했다. "아버지께서 부르시거든 즉시 대답하고 머뭇거려서는
안 되며, 음식을 입안에 머금고 있었다면 그것을 즉시 내뱉어야 한다."

※　　　이 글은 『예기(禮記)』 '옥조 17장'에 나온다.
원래 원문은 이보다 조금 길다.

공자가 말하기를 "아버지께서 부르시거든 즉시 대답하고 머뭇거려서는 안 되며 손에 일거리를 쥐고 있다면 그것을 내던지고 (명을 따라야 하며), 음식을 입안에 머금고 있었다면 그것을 내뱉고 달려가야지 총총걸음[趨]으로 가서는 안 된다"고 했다.

이 구절은 앞에서 보았던 『논어』 '학이 7'에 나오는 事父母能竭其力, 즉 '부모 섬기기를 기꺼이 온 힘을 다하라'에 대한 또 다른 구체적인 사례라 할 수 있다. 入則孝, 즉 '집에 들어와서는 효도해야 한다'는 것은 기본[質]에 속하고 보다 중요한 것은 최선을 다하는 것[文], 즉 能竭其力이며 지금 우리는 能竭其力한다는 것이 어떻게 한다는 것인지를 생생하게 보고 있는 것이다. 이런 큰 맥락에서 이해할 때 이 구절은 훨씬 명확하게 그 의미가 드러날 수 있다.

太公曰 孝於親 子亦孝之 身旣不孝 子何孝焉
태공 왈 효 어 친 자 역 효 지 신 기 불효 자 하 효 언

태공은 말했다. "(그 자신이) 부모에게 효를 다하면 자식도 역시 그에게 효를 다하게 되고, 그 자신이 애당초 불효를 저지른다면 자녀가 과연 어떻게 효를 행할 수 있는가?"

이 글도 앞서 보았던 태공의 말과 마찬가지로 출전은 분명치 않다. 아마도 어느 사서에서 인용한 듯하다.

내용은 어쩌면 지극히 간단하다. (그 자신이) 부모에게 효를 다하면 자식도 역시[亦] 그[之]에게 효를 다하게 되고, 그 자신[身=躬]이 애당초[旣] 불효를 저지른다면 자녀가 과연 어떻게 효를 행할 수 있는가라는 것이다.

핵심은 말이 아니라 실천, 즉 率先垂範의 중요성이다. 그런데 간단한 진리임에 비해 실천이 쉽지 않다.

孝順還生孝順子 忤逆還生忤逆兒 不信 但看簷頭水 點點滴滴不差移
효순 환생 효순 자 오역 환생 오역 아 불신 단 간 첨두 수 점점 적적 불 차이

(어떤 사람이) 부모에게 효도를 다하고 윗사람에게 공손하다면 다시 그 사람은 효심 깊고 공손한 자식을 갖게 될 것이고, 부모를 거스르고 윗사람에게 불손하다면 다시 그 사람은 불효하고 불손한 자식을 갖게 될 것이다. 믿지 못하겠으면 잠깐이라도 저 처마 끝에서 떨어지는 물을 보라. 한 방울 한 방울 떨어지는 것이 조금의 어긋남도 없지 않은가?

이 글은 중국의 유명한 처세격언집 『증광현문』에 나온다.

뜻은 콩 심은 데 콩 나고 팥 심은 데 팥 난다는 것과 통한다.

우선 어려운 한자들이 좀 있다. 이 부분부터 푼 다음에 본문으로 들어가는 것이 순서일 듯하다. 忤는 '거스르다', '거역하다', '어지럽히다' 등의 뜻을 갖는다. 한마디로 빗나간다는 뜻이다. 簷頭는 '처마 끝'이다.

孝順을 그냥 '효도하고 순한 사람'이라고 하는데 이는 順을 단순 직역한 결과다. 이때의 順은 성품이 순하다라기보다는 질서를 거스르지 않는다는 의미에서 弟와 통한다. 즉 孝順은 孝弟와 같은 뜻이다. 이렇게 이해한 다음에 『논어』 '학이 2'를 보자.

유자는 말했다. "그 사람됨이 효도하고 공경하면서 윗사람을 범하기를 좋아하는 자는 드물다. (또) 윗사람을 범하기를 좋아하지 않으면서 난을 일으키기를 좋아하는 자는 없다. 군자는 근본에 힘쓰니, 근본이 서야 도(道)가 생겨난다. 효와 제는 인을 행하는 근본이라 할 만하다."

대체적으로 『논어』에서 공자의 언명은 주지(主旨)를 밝히는 것이고 그에 이어지는 제자들의 언급은 부연 설명에 가깝다. 유자(有子)는 공자의 제자로 원래 이름은 유약(有若)이다. 외모가 공자를 닮았다는 평을 들었고, 윤리와 질서를 중시하며 백성들의 삶을 풍요롭게 하는 것을 정치가의 임무로 여겼다고 한다. 자(子)를 붙인 것으로 볼 때 공자의 제자들 중에서도 특히 존경을 받았던 인물들 중의 한 명이었음을 알 수 있다.

참고로 『논어』를 보다 정밀하게 읽기 위해서는 특히 제자들의 특성에 대한 기본적인 정보를 아는 것이 필수적이다. 공자는 제자들이 똑같은 질문을 해도 묻는 제자들에 따라 답을 달리할 만큼 각각의 사람됨을 중요하게 여겼다. 요즘식으로 말하자면 맞춤형 답변을 줬다고 할 수 있다. 그리고 여기에서처럼 공자에게 묻는 것이 아니라 제자들이 말한 것을 그대로 실은 경우에는 바로 앞에 나온 공자의 발언을 정확하게 이해하는 단서를 던져주는 높은 수준의 글이라고 보면 크게 문제는 없을 것이다.

유자가 말한 첫 대목 '그 사람됨이 효도하고 공경하면서 윗사람을 범하기를 좋아하는 자는 드물다'는 사람을 판별하는 방법[知人之鑑]을 구체적으로 제시한다. 우리가 어떤 사람을 제대로 안다는 것은 곧 그[其] 사람의 사람됨[爲人]을 안다는 뜻이다. 유자는 바로 그 이야기를 하고 있다. 즉 그 사람됨으로 보아 (집안과 마을에서) 부모에게 효도[孝]하고 형이나 윗사람을 공경[弟]하면서 (오늘날의 용어로 치자면 직장이나 사회에 나가) 윗사람[上]에게 대들거나 거슬리는 행동을 하는[犯=忤] 사람은 드물다[鮮]는 것이다. 이어 윗사람을 범하는 것을 좋아하지 않으면서 (나라나 임금을 배반하는) 반역이나 반란을 일으키기를 좋아하는 사람은 없다고 단언한다. 이는 뒤집어 해석하면 부모와 친지에게 공근(恭謹)을 다하지 않는 사람은 어떤 조직에서 제대로 조화를 이뤄 일할 수 없으며 그런 사람은 결국은 나라의 일에 대해서도 부정적인 생각을 품고 있다가 화란(禍亂)을 일으키거나 그것에 휩쓸릴 가능성이 크다는 뜻이다.

효도하고 공경하면서[孝弟] 윗사람 범하기를 좋아하지 않고[不好犯上] 난을 일으키기를 좋아하지 않는 자[不好作亂者]라야 군자(君子)라는 뜻이다. 그중에서도 특히 중요한 것이 孝弟다. 이를 보다 구체적으로 인(仁)과 연결지어 풀어낸 것이 두 번째 대목이다. "군자는 근본에 힘쓰니[務本], 근본이 서야 도(道)가 생겨난다. 효와 제는 인을 행하는 근본이라 할 만하다."

군자는 근본(本)에 힘을 써야 한다. 이렇게 해서 근본이 확립되고 나면 마침내 도리(道)가 자연스럽게 생겨나게 된다. 그런데 바로 孝와 弟가 인(仁)을 행함(爲仁)의 근본이다. 추상적일 수 있는 인에 도달하는 길은 바로 가장 가까운 이들을 향한 孝弟에서 출발한다는 것이다. 근본에 힘쓴다는 務本은 學而時習의 習을 풀어낸 것으로 볼 수 있다.

그런데 이 글은 뒤에서부터 다시 읽어보면 그 말하고자 하는 바가 훨씬 분명해진다. 국가의 최고 지도자는 사람을 쓰면서 누가 배신을 하지 않고 반란을 일으키지 않을 것인지를 알고자 온갖 노력을 다한다. 제대로 사람을 쓰려면(用人) 그 사람을 알아야 한다. 그래서 우선은 그 사람이 해당 조직이나 분야에서 윗사람을 함부로 범하는 사람인지 아닌지 살피는 것이 중요하다. 그리고 다시 그 사람이 윗사람을 함부로 범할지 아닐지는 결국 그가 일상생활에서 부모에게 효도를 다하고 형이나 주변의 가까운 연장자들에게 공손한지를 눈여겨볼 때 어느 정도 미리 알 수 있다.

點滴은 '한 방울 한 방울 떨어지다'는 말이다. 따라서 點點滴滴은 點滴을 강조한 표현으로 볼 수 있다.

5장

正己篇
정기   편

자기 자신을 바르게 한다

正己篇

性理書云 見人之善而尋己之善 見人之惡而尋己之惡 如此方是有益

景行錄云 大丈夫當容人 無爲人所容

太公曰 勿以貴己而賤人 勿以自大而蔑小 勿以恃勇而輕敵

馬援曰 聞人之過失如聞父母之名 耳可得聞口不可言也

康節邵先生曰 聞人之謗未嘗怒 聞人之譽未嘗喜 聞人之惡未嘗和 聞人之善則就而和之 又從而喜之

其詩曰 樂見善人 樂聞善事 樂道善言 樂行善意 聞人之惡如負芒刺 聞人之善如佩蘭蕙

道吾善者 是吾賊 道吾惡者 是吾師

太公曰 勤爲無價之寶 愼是護身之符

景行錄曰 保生者寡慾 保身者避名 無慾易無名難

子曰 君子有三戒 少之時血氣未定戒之在色 及其長也血氣方剛戒之在鬪 及其老也血氣既衰戒之在得

孫眞人 養生銘云 怒甚偏傷氣 思多太損神 神疲心易役 氣弱病相因 勿使悲歡極 當令飲食均 再三防夜醉 第一戒晨嗔

景行錄曰 食淡精神爽 心淸夢寐安

定心應物雖不讀書可以爲有德君子

近思錄云 懲忿如救火 窒慾如防水

夷堅志云 避色如避讐 避風如避箭 莫喫空心茶 少食中夜飯

荀子曰 無用之辯 不急之察 棄而勿治

子曰 衆好之 必察焉 衆惡之 必察焉

酒中不語眞君子 財上分明大丈夫

萬事從寬 其福自厚

太公曰 欲量他人先須自量 傷人之語還是自傷 含血噴人先汚其口

凡戲無益 惟勤有功

太公曰 瓜田不納履 李下不整冠

景行錄曰 心可逸 形不可不勞 道可樂 身不可不憂 形不勞則怠惰易弊 身不憂則荒淫不定 故 逸生於勞而常休 樂生於憂而無厭 逸樂者憂勞其可忘乎

耳不聞人之非 目不視人之短 口不言人之過 庶幾君子

蔡伯喈曰 喜怒在心言出於口 不可不愼

宰予晝寢 子曰 朽木不可雕也 糞土之墻不可圬也

紫虛元君誠諭心文曰 福生於淸儉德生於卑退 道生於安靜命生於和暢 患生於多慾禍生於多貪 過生於輕慢罪生於不仁 戒眼莫看他非 戒口莫談他短 戒心莫自貪嗔 戒身莫隨惡伴 無益之言莫妄說 不干己事莫妄爲 尊君王 孝父母 敬尊長 奉有德 別賢愚 恕無識 物順來而勿拒 物旣去而勿追 身未遇而勿望 事已過而勿思 聰明多暗昧 算計失便宜 損人終自失 依勢禍相隨 戒之在心 守之在氣 爲不節而亡家 因不廉而失位 勸君自警於平生 可歎可驚而可畏 上臨之以天鑑 下察之以地祇 明有王法相繼 暗有鬼神相隨 惟正可守 心不可欺 戒之戒之

性理書云 見人之善而尋己之善 見人之惡而尋己之惡 如此方是
성리서 운 견 인지선 이심 기지선 견 인지악 이심 기지악   여차 방시

有益
유익

한 성리학 책은 이렇게 적고 있다. "다른 사람들의 좋은 점을 보거들랑 곧장 자신의 좋은 점(은 과연 있는 것인지 있다면 그것이 어떤 것인지를)을 찾아보고, 다른 사람들의 나쁜 점을 보거들랑 곧장 자신의 나쁜 점(은 과연 없는지 있다면 그것이 어떤 것인지를)을 찾아보라. (그렇게 하면서 좋은 점은 더 키워나가고 나쁜 점은 줄여가야 한다.) 이렇게 한다면 바야흐로 제대로 (덕을) 키워감이 있을 것이다."

일단 성리학 책에 나오는 말이라고 하는데 정확히 어떤 책인지는 불분명하다. 하지만 사서(四書) 곳곳에는 이와 같은 정신을 일깨우는 내용이 여러 차례 나온다.

우선 우리가 주목해야 할 것은 正己, 즉 자기 자신을 바르게 한다
                                         정기
는, 다소 추상적일 수 있는 과제를 풀어가는 첫 번째이자 가장 중요한 방법의 하나로 이것이 제시되고 있다는 점이다.

우리는 愼獨이나 正己=修己라고 하면 홀로 외진 계곡이나 골방에서
      신독   정기 수기
면벽수도를 해야 가능한 것으로 보는 경향이 있다. 그러나 愼獨이나
                                                   신독
正己는 사람들이 운집한 광장이나 시장 한복판에서도 얼마든지 할 수 있
정기
다. 아니 어쩌면 그래야 더 홀로 삼갈 수 있고〔愼獨〕 자기 자신을 바르게
                                        신독
닦을 수 있는 것〔正己〕인지도 모른다. 우선 성리학 책의 내용을 보자.
          정기

"다른 사람들의 좋은 점〔人之善〕을 보거들랑 곧장〔而〕 자신의 좋은
점〔己之善〕(은 과연 있는 것인지 있다면 그것이 어떤 것인지를)을 찾아보
고, 다른 사람들의 나쁜 점〔人之惡〕을 보거들랑 곧장 자신의 나쁜 점
〔己之惡〕(은 과연 없는지 있다면 그것이 어떤 것인지를)을 찾아보라. (그렇
게 하면서 좋은 점은 더 키워나가고 나쁜 점은 줄여가야 한다.) 이렇게 한
다면〔如此〕 바야흐로〔方〕 제대로〔是〕 (덕을) 키워감〔德〕이 있을 것이다."

기존 번역들의 문제점은 두 가지다. 첫째는 늘 그렇지만 善을 무조
건 '착하다'로 옮긴다는 점이다. 惡도 '악하다'로만 옮긴다. 善은 그보다
는 '좋다', '잘하다'로 볼 때 원래의 뜻에 근접한다. 둘째는 有益을 '유익
하다'로 무성의하게 옮기는 것이다. 그렇게 되면 무슨 利益이나 탐하는
꼴이 된다. 여기서 益은 말 그대로 '쌓아간다〔積德〕', '높여간다〔崇德〕'는
뜻이며 그것이 바로 자기 자신을 바르게 하는 법〔正己〕이다. 이 글이
'자기 자신을 바르게 하는 편'의 첫 번째 자리에 위치하는 이유다.

이 글은 특히 『논어』 '술이 21'과 정확하게 뜻이 통한다.

공자는 말했다. "세 사람이 가면 (그중에) 반드시 나의 스승이 있다.
그 착한 것을 가려서 그것을 따르고, 그 좋지 못한 것을 가려서 (내 안
에 있는 그 같은 좋지 못한 것을) 고친다."

오히려 '술이 21'이 우리가 살펴본 성리학 책의 글보다 조금 더 구체
적인 지침을 담고 있다. '어떻게'가 제시되어 있기 때문이다.

景行錄云 大丈夫當容人 無爲人所容
경행록 운 대장부 당 용인 무위 인 소용

『경행록』에 이런 말이 있다. "대장부는 마땅히 다른 사람들을 용서해 주어야 하지만 남들로부터 용서를 구하는 짓을 하는 사람이 되어서는 안 된다."

❋　이 글은 『경행록』에 나온다. '대장부는 마땅히[當] 다른 사람들[人]을 용서해주지만 남들로부터 용서받는 사람[所容]이 되지는 않는다'는 말이다. 여기서 대장부란 군자와 비슷한 뜻이라고 할 수 있다. 참고로 『맹자』 '등문공장구(滕文公章句) 하'에는 대장부에 대한 정의가 나온다.

"천하에서 가장 넓은 집[仁]에서 살고 천하에서 가장 바른 자리[禮]에 서며 천하에서 가장 큰 길[義]을 가면서 뜻을 펼 수 있을 때는 백성들과 더불어 그 길을 가고 뜻을 펼 수 없을 때는 홀로 그 길을 가야 한다. 부귀(富貴)는 (그 마음을) 어지럽히지 못하고 빈천(貧賤)은 지조를 바꾸지 못하며 위압과 무력[威武]도 그 뜻을 꺾을 수 없다. 이런 마음을 가진 사람을 일러 대장부(大丈夫)라 하는 것이다."

얼핏 보면 지당한 말씀처럼 들린다. 그러나 음미해보면 문장의 후반부에 강조점이 있음을 알게 된다. '남들로부터 용서받는 사람이 되어

서는 안 된다'가 핵심이다. 대장부의 길을 벗어났을 때 우리는 허물[過]
을 짓고 남들에게 용서를 구하게 된다. 따라서 말 그대로 용서를 구하
지 말라는 뜻이라기보다는 용서를 빌어야 하는 짓을 애당초 해서는
안 된다는 뜻으로 읽을 때 그 취지를 제대로 이해할 수 있다.

太公曰 勿以貴己而賤人 勿以自大而蔑小 勿以恃勇而輕敵
태공 왈 물 이 귀기 이 천인 물 이 자대 이 멸소 물 이 시용 이 경적

태공은 말했다. "자신을 소중히 하느라고 남들을 낮춰 생각하지 말라.
자신을 (너무) 크게 생각하느라고 (남들을) 작다 하여 업신여기지 말라.
(자신의) 용감함만을 믿느라고 적을 가벼이 여기지 말라."

태공은 세 가지 메시지를 강조한다. 여기서 以는 '~로써'이
다. 따라서 첫째는 자신을 소중히 하느라고[而] 남들을 낮춰 생각하면
안 된다는 것이다. 그냥 안 된다는 것이 아니라 절대 안 된다[勿]는 뜻
이다. 이는 역으로 생각하면 우리들 대부분이 알게 모르게 자신만을
생각하느라[貴己] 다른 사람들에 대해서는 하등의 관심을 두지 않는
[賤人] 현실을 통렬하게 비판하고 있는 것이다. 賤人을 그냥 '사람을 천
하게 여긴다'로 옮기는 것은 너무도 천박한 번역이다.

둘째와 셋째는 첫째에 대한 보충 풀이라 할 수 있다. "자신을[自] (너무) 크게 생각[大]하느라고[以] (남들을) 작다 하여 업신여기지 말라", "(자신의) 용감함만을 믿느라고 적을 가벼이 여기지 말라." 별도의 풀이는 필요 없다.

馬援曰 聞人之過失如聞父母之名 耳可得聞口不可言也
마원 왈 문 인 지 과실 여문 부모 지 명 이 가득 문구 불가 언 야

마원은 말했다. "다른 사람이 저지른 잘못이나 실수를 듣는 것을 마치 부모님의 이름을 듣는 것처럼 해야 한다. (어쩔 수 없이) 귀로 들을 수는 있지만 입으로 말을 해서는 안 된다."

이 글은 『후한서』 '마원열전'에 나온다. 먼저 다른 사람이 저지른 잘못이나 실수[過失]를 듣는 것을 마치 부모님의 이름을 듣는 것처럼[如] 해야 한다고 말한다. 부모님의 이름은 입에 담을 수 없는 것이다. 즉 다른 사람의 잘못이나 실수를 듣게 될 경우 절대 입으로 옮겨서는 안 된다는 말이다. 이것이 앞에서 보았던 타인에 대한 용서[容]의 진정한 모습이다.

이어지는 문장은 그 이유에 대한 풀이다. 즉 귀로 들을 수는 있지만 입으로 말을 해서는 안 된다는 것이다.

사람들은 흔히 타인의 결점을 이야기하기를 즐긴다. 바로 이 점의 위험성을 지적하고 있는 것이다. 말은 말로 옮겨져 결국 타인의 원망을 부를 수밖에 없다. 이 점을 염두에 둔 경계의 말이라고 할 수 있다.

康節邵先生曰 聞人之謗未嘗怒 聞人之譽未嘗喜 聞人之惡未嘗和
강절소 선생 왈 문 인지방 미상 로 문 인지예 미상 희 문 인지악 미상 화
聞人之善則就而和之 又從而喜之
문 인지선 즉 취 이 화지 우 종이 희지

其詩曰 樂見善人 樂聞善事 樂道善言 樂行善意 聞人之惡如負芒刺
기 시 왈 낙 견 선인 낙 문 선사 낙 도 선언 낙 행 선의 문 인지악 여 부 망자
聞人之善如佩蘭蕙
문 인지선 여 패 난혜

소강절은 말했다. "다른 사람들이 자신을 헐뜯는 것을 듣게 되더라도 애당초 화를 내서는 안 된다. 다른 사람들이 자신을 높이는 것을 듣게 되더라도 애당초 기뻐해서는 안 된다. 다른 사람들의 나쁜 점을 듣게 되더라도 애당초 거기에 동조해서는 안 된다. 다른 사람들의 좋은 점을 듣게 되면 즉시 나아가 동조하고 또한 그것을 따르며 기뻐해야 한다."

그의 시에서는 이렇게 말했다. "좋은 사람을 만나보기를 즐겨하고 좋은 일에 관한 이야기를 듣기를 즐겨하라! 좋은 말을 하는 것을 즐겨하고 좋은 뜻을 행하는 것을 즐겨하라! 남들의 나쁜 점을 듣는 것은 마치 가시 돋친 덤불을 등에 지고 있는 듯이 하고 남들의 좋은 점을 듣는 것은 마치

아름다운 난초를 몸에 지니고 있는 듯이 하라!"

✿　　　이 글은 『성리대전(性理大全)』 '황극경세서'에 나온다.

　먼저 소강절의 말을 찬찬히 살펴보자. 일단 未嘗의 뜻부터 풀어야
한다. 흔히 이는 '일찍이 ~한 적이 없다'로 해석한다. 여기서는 조금 더
응용하여 '처음부터 ~해서는 안 된다'로 풀어야 문맥에 적합하다.

　"다른 사람들이 자신을 헐뜯는 것(人之謗)을 듣게 되더라도 애당초
화를 내서는 안 된다." 그렇다고 이 말이 그냥 좋은 게 좋은 것이라는
뜻은 아닐 것이다. 오히려 그런 비방의 단서를 혹시라도 내가 제공한
것은 아닌지를 살핌으로써 결과적으로 자신을 바로잡는 데(正己) 유
용한 단서로 삼는다면 그것이 훨씬 효과적이라는 말이다.

　"다른 사람들이 자신을 높이는 것(人之譽)을 듣게 되더라도 애당초 기
뻐해서는 안 된다." 자칫 가장 경계해야 할 교만이 싹틀 수 있기 때문이다.

　이번에는 반대로 "다른 사람들의 나쁜 점(人之惡)을 듣게 되더라도
애당초 거기에 동조해서는 안 된다." 오히려 앞서 본 대로 이런 경우에
도 혹시 나에게는 그 같은 점들이 없는지를 반성하는 계기로 삼아야
한다. 대신 "다른 사람들의 좋은 점(人之善)을 듣게 되면(則) 즉시 나아
가 동조하고 또한 그것을 따르며 기뻐해야 한다." 이 네 가지를 통해
결국은 자신의 다움(德)을 닦아나가게(修=崇) 된다.

　이와 거의 비슷한 내용을 소강절은 짧은 시로 다시 한 번 표현한다.

　"좋은 사람을 만나보기를 즐겨하고 좋은 일에 관한 이야기를 듣기
를 즐겨하라! 좋은 말(善言=昌言)을 하는(道) 것을 즐겨하고 좋은 뜻을
행하는 것을 즐겨하라! 남들의 나쁜 점을 듣는 것은 마치 가시 돋힌

덤불을 등에 지고 있는 듯이 하고 남들의 좋은 점을 듣는 것은 마치 아름다운 난초를 몸에 지니고 있는 듯이 하라!"

道吾善者 是吾賊 道吾惡者 是吾師
도 오선자 시오적 도 오악자 시오사

나의 좋은 점을 말해주는 자는 곧 나를 해치는 자요, 나의 나쁜 점을 말해주는 자는 곧 나의 스승이다.

✤　　　이 글은 원래 『진확별집(陳確別集)』 '문과(聞過)'에 나오는 말을 변형한 것으로 원문은 다음과 같다.

나의 잘못된 바를 따지는 자〔訟〕는 나의 스승이고 나의 잘하는 바를 빌미로 아양을 떠는 자는 나를 망치는 자〔賊〕다〔訟吾過者是吾師 諛吾善者是吾賊〕.

여기서 道는 '말하다'는 뜻으로 바로 앞에 나온 樂道善言의 道와 뜻이 같다.

"나의 좋은 점〔吾善〕을 말해 주는〔道〕 자는 곧〔是〕 나를 해치는 자요,

나의 나쁜 점〔吾惡〕을 말해 주는 자는 곧 나의 스승이다."
앞의 것은 아첨〔諂〕이고 뒤의 것은 용기 있는 지적〔諫〕이다.

太公曰 勤爲無價之寶 愼是護身之符
태공 왈 근 위 무가지보 신 시 호신지부

태공은 말했다. "부지런함은 값을 매길 수 없는 보배이고, 삼가는 마음
은 자신을 지켜주는 부적과도 같다."

내용 자체는 간단하다. 부지런함〔勤〕과 삼가는 마음〔愼〕의
중요성을 강조하고 있다. 爲나 是는 여기서 둘 다 영어의 be동사처럼
'~이다'는 뜻이다.

"부지런함은 값을 매길 수 없는 보배이고, 삼가는 마음은 자신을 지
켜주는 부적과도 같다."

별도의 풀이는 필요 없을 듯하다.

景行錄曰 保生者寡慾 保身者避名 無慾易無名難
경행록 왈 보생자 과욕 보신자 피명 무욕 이 무명 난

『경행록』에 이런 말이 있다. "생명을 지키려고 하는 사람은 욕심을 적게 해야 하고, 몸을 지키려고 하는 사람은 명예에 집착해서는 안 된다. (생명을 지키기 위해) 욕심을 부리지 않는 것은 (오히려) 쉽고 명예에 집착하지 않는 것은 어렵다."

여기서는 대비의 의미를 잘 파악하는 것이 핵심이다. 먼저 생명을 지키려고 하는 사람은 욕심을 적게 해야 하고, 몸을 지키려고 하는 사람은 명예(名)에 집착해서는 안 된다고 말한다. 이는 거꾸로 이야기하면 욕심을 부리려다가 생명을 잃을 수 있고 명예를 얻으려다가 몸을 망칠 수 있다는 뜻이다.

그런데 중요한 것은 뒷부분이다. (생명을 지키기 위해) 욕심을 부리지 않는 것은 (오히려) 쉽고(易) 명예에 집착하지 않는 것은 어렵다는 것이다. 즉 몸을 지키는 일이 생명을 지키는 일보다 더 어렵다는 것이 이 글의 핵심 주제다. 그만큼 사람다운 사람이 되는 일(正己)은 각고의 노력으로도 쉽게 도달하기 힘든 것임을 역설적으로 강조하는 내용이라고 할 수 있다.

子曰 君子有三戒 少之時血氣未定戒之在色 及其長也血氣方剛戒
자왈 군자 유 삼계 소지시 혈기 미정 계 지 재색 급 기 장 야 혈기 방강 계

之在鬪 及其老也血氣旣衰戒之在得
지 재 투 급 기 로 야 혈기 기쇠 계 지 재 득

공자는 말했다. "군자에게는 세 가지 경계함이 있다. 어릴 때는 혈기가
정해지지 않아 여색을 경계해야 하고, 장성해서는 혈기가 한창 강하니 다
툼을 경계해야 하고, 나이가 들어서는 혈기가 이미 쇠하였으니 얻음을 경
계해야 한다."

이 글은 『논어』 '계씨 7'에 나온다. 원래는 孔子曰로 돼 있
                                      공자 왈
는데 여기서는 그냥 子曰이라고 했다.
                자왈

먼저 공자는 군자가 경계해야 할 세 가지〔三戒〕를 말한다. "어릴 때는
                                            삼계
혈기가 정해지지 않아 여색〔色〕을 경계해야 하고, 장성해서는 혈기가
                        색
한창 강하니 다툼〔鬪〕을 경계해야 하고, 나이가 들어서는 혈기가 이미
              투
쇠하였으니 얻음〔得〕을 경계해야 한다."
          득

풀이에 앞서 之의 두 가지 용법을 살펴보자. 少之時의 之는 관형격
          지   소지시   지
이다. 그래서 少之는 '어린'으로 옮겨야 한다. 반면 戒之在色의 之는 주
          소 지   계 지 재색 지
격이다. 따라서 '경계해야 할 바〔戒〕는〔之〕'으로 옮긴다.
                        계   지

다소 모호한 점이 있기 때문에 우선 주희가 인용한 범조우의 풀이
부터 보자. "성인(聖人)이 일반인과 같은 것은 혈기(血氣)이고 일반인
과 다른 것은 지기(志氣)이니, 혈기는 때에 따라 쇠함이 있으나 지기
는 때에 따라 쇠함이 없다. 젊을 때엔 정해지지 않고 장성해서는 강하

80

고 늙어서는 쇠하는 것은 혈기이며, 여색을 경계하고 싸움을 경계하고 얻음을 경계하는 것은 지기이다. 군자는 지기를 기르므로 혈기에 동요당하지 않는다. 이 때문에 나이가 많을수록 다움[德]이 높아지는 것이다.”

이를 주희는 간략하게 다음과 같이 정리한다. “혈기는 형체가 의지해서 살아가는 것이니, 혈(血)은 음(陰)이고 기(氣)는 양(陽)이다. 득(得)은 얻기를 탐하는 것이다. 때에 따라 경계할 줄 알아서 이치[理]로써 혈기를 이기면 혈기에게 부림을 당하지 않을 것이다.”

즉 범조우는 지(志)로, 주희는 이(理)로 혈기를 다스려야 한다고 말하고 있다. 이에 대해서는 정약용의 풀이가 상세하다. “범조우의 이른바 ‘지(志)’와 주자의 이른바 ‘이(理)’는 모두 도심(道心)을 두고 하는 말이다. 예의가 비록 존립해 있더라도 내가 진실로 도심으로써 이를 따르지 않으면 어떻게 예의를 행할 수 있겠는가? 또 무릇 천하의 사물은 허(虛)한 것이 귀하고 실(實)한 것이 천하며, 형체 없는 것이 귀하고 형체 있는 것이 천하다. 도덕과 인의(仁義)와 예법과 정교(政敎)는 모두 허로써 실을 다스리고 무형으로써 유형을 다스리는 것이다.”

또 정약용은 이렇게 말한다. “천지 만물의 본성은 꽉 차면 새어 나가기를 생각하기 때문에 매양 뿜어내고, 텅 비면 채우기를 요구하기 때문에 매양 빨아들인다. 이는 만물이 스스로 그러한 것인데도 만물은 그 소이연(所以然 - 그렇게 존재하게 된 까닭)을 알지 못한다. 젊어서는 색(色)을 생각하고 장년에는 싸움을 생각하니 이는 꽉 차서 새어 나가기를 생각하는 것이다. 노년에는 혈(血)이 허하고 기(氣)가 모자라 항상 보충하기를 생각하기 때문에 그 심정은 음식을 좋아하고 재물에 애착을 가지는 것이니, 이는 두려워할 만한 것이다.”

孫眞人 養生銘云 怒甚偏傷氣 思多太損神 神疲心易役 氣弱病
손 진인 양생 명운 노심편상기 사다태손신 신피심이역 기약병

相因 勿使悲歡極 當令飲食均 再三防夜醉 第一戒晨嗔
상인 물사비환극 당령음식균 재삼방야취 제일계신진

손진인이 지은 「양생명」에는 이런 말이 나온다. "성내는 것이 지나치면 특히 정기를 상하게 하고 생각이 많으면 정신을 갉아먹는다. 정신이 (갉아먹혀서) 피로해지면 마음이 쉽게 움직이게 되고, 정기가 (상하여) 약해지면 (몸에) 병이 서로 원인이 되어 생겨난다. 슬퍼하거나 기뻐하는 것이 지나치도록 내버려두어서는 절대 안 되고 음식은 마땅히 골고루 잘 섭취해야 한다. 밤늦도록 술을 먹어 만취하는 것은 재삼 막아야 하고 (하루가 시작하는) 새벽부터 화를 내는 것은 가장 경계해야 한다."

※　　손진인(孫眞人)은 眞人이라는 말이 나오는 것으로 봐서 도교 계통의 인물로 보이는데 상세한 정보는 없다. 眞人은 도교에서 도를 깨달은 사람을 뜻한다. 養生銘은 말 그대로 생명이나 삶을 잘 보살피고 키우는 데 명심해야 할 바(銘)를 뜻한다. 아무래도 개인에게 집중하는 것이라 자기 자신을 바르게 하는(正己) 기본이라고 할 수 있겠다.

먼저 성내는 것이 지나치면 특히(偏) 정기(氣)를 상하게 하고 생각이 많으면 정신(神)을 갉아먹는다고 말한다. 하나는 감정이고 또 하나는 이성이다. 둘 다 지나침(過)을 경계하고 있다.

둘째, 이번에는 그 이유를 역으로 설명한다. 정신이 (갉아먹혀서) 피로해지면 마음이 쉽게(易) 움직이게(役) 되고, 정기가 (상하여) 약해지

면 (몸에) 병이 서로 원인이 되어 생겨난다. 결국 화를 조절하지 못하고 쓸데없는 생각을 많이 하면 몸과 마음이 피폐해진다는 것이다.

셋째, 그 해법이 제시된다. 따라서 슬퍼하거나 기뻐하는 것[感情]이 지나치도록 내버려두어서는 절대 안 되고[勿] 음식은 마땅히[當] 골고루 잘 섭취해야 한다.

넷째, 그 해법이 훨씬 구체화된다. 밤늦도록 술을 먹어 만취하는 것[夜醉]은 재삼 막아야 하고 (하루가 시작하는) 새벽부터 화를 내는 것[晨嗔]은 가장 경계해야 한다. 번역만 정확히 하면 별도의 풀이는 필요 없을 만큼 내용은 명확하다.

景行錄曰 食淡精神爽 心淸夢寐安
경 행 록 왈   식 담 정 신 상   심 청 몽 매 안

『경행록』에 이런 말이 있다. "음식을 담소하게 먹으면 정신이 상쾌해진다. (평소 낮에) 마음이 깨끗해야 (밤에) 꿈자리도 편안하다."

　자기를 바르게 하기 위해서는 몸과 마음을 바로 해야 하는데 그 구체적인 방법이 소개된다. 상당히 도교적인 분위기가 드러난다.

첫째, 음식을 담소하게[淡] 먹으면 정신이 상쾌해진다[爽]고 말한다.

담소(淡素)하게 먹는다는 말은 싱겁게 그리고 적게 먹는다는 뜻이다. 산해진미(山海珍味)만을 추구하고 절제를 잃어버려서는 안 된다는 말이다. 그러나 소식(素食)이라고 해서 아무거나 적게 먹으라는 뜻은 아닐 것이다. 적정한 식사, 맛있게 하는 식사 정도로 받아들이면 될 듯하다.

둘째, 마음이 깨끗하면 꿈자리[夢寐]도 편안하다고 말한다. 꿈자리는
몽매
결국 낮 생활의 반영이라는 점에서 밤낮없이 편안한 마음을 지키려면 일상생활에서 마음을 깨끗하게 유지하는 것이 중요하다는 점을 강조하는 구절이다.

定心應物雖不讀書可以爲有德君子
정심 응물 수 부 독서 가이 위 유덕 군자

온 마음을 다하여 일의 근본과 그 끝까지 파악하여 잘 처리한다면 굳이 책을 읽어서 배우지 않았다 하더라도 그 군자다움[德]을 갖춘 군자가
덕
될 수 있다.

✽   이 글은 유가의 핵심 사상을 요약한 것으로 보이는데 정확한 출전은 불명확하다. 그런데 이 글을 그냥 직역하면 여기에 담긴 깊

은 뜻을 제대로 음미할 수가 없다. 기존의 우리 한문 풀이는 대부분 그 수준에 머물고 있어 그 문제점을 살펴볼 겸 깊이 있는 해석을 시도해 볼까 한다. 먼저 기존 행태대로 일단 직역을 해보자.

"마음을 정하고 사물(혹은 일)에 대응하면 비록 글을 읽지 않았다고 하더라도 덕이 있는 군자라 할 수 있다."

우선 定心應物이 풀이의 관건이다. 이걸 그냥 '마음을 정하고 사물(혹
　　　정심　응물
은 일)에 대응하면'으로 옮겼을 때 그 뜻이 정확히 전달될 수 있을까? 마음을 정하고 사물에 대응한다는 것은 과연 어떻게 한다는 것인가?

그 실마리는 사서의 하나인 『대학(大學)』에서 찾을 수 있다. '경 1장'의 한 부분이다. 이 구절이 사실상 『대학』이라는 책 전체를 요약하고 있다고 할 수 있다.

사물의 이치를 깨우친 후에야 앎이 지극해지고, 앎이 지극해진 후에야 뜻이 성실해지고, 뜻이 성실해진 후에야 마음이 바로잡히고, 마음이 바로잡힌 후에야 몸이 닦이고, 몸이 닦인 후에야 집안이 가지런해지고, 집안이 가지런해진 후에야 나라가 제대로 다스려지고, 나라가 제대로 다스려진 후에야 천하를 평정할 수 있다.

이 중에서 전반부가 '마음을 바로잡는(正心)' 방법과 관련된 것으
　　　　　　　　　　　　　　　　　　　　　　정심
로 '사물의 이치를 깨우친 후에야 앎이 지극해지고(物格而後知至＝
　　　　　　　　　　　　　　　　　　　　　물 격 이후 지 지
格物致知)'는 應物에 해당되고, '앎이 지극해진 후에야 뜻이 성실해지
격물치지　　　응물
고, 뜻이 성실해진 후에야 마음이 바로잡히고(知至而後意誠 意誠而後
　　　　　　　　　　　　　　　　　　　　지 지 이후 의 성 의 성 이후
心正＝誠意正心)'는 定心에 해당한다.
심 정　　성의정심　　정심
따라서 定心은 그냥 가만히 있으면서 마음을 정한다는 것이 아니라
정심

어떤 일에 최선을 다하기 위해 온 힘을 다하여 마음을 쓴다는 뜻이다. 應物 또한 한가로이 어떤 일에 그냥 대응한다는 것이 아니라 그 일 자
응물
체에 맞도록 최선을 다해 그 일의 성격을 파악하고 先後本末을 알아
선후 본말
서 그 일을 잘 처리해낸다는 뜻이다. 定心應物에 대한 풀이는 일단 이
정심 응물
정도로 마칠까 한다.

두 번째 관건은 雖不讀書를 어떻게 볼 것인가 하는 것이다. 통상적
수 부 독서
인 번역대로 하자면 정말 책을 보지 않아도 되는 것처럼 읽힌다. 그러
나 이 문장은 결코 그렇지 않다. 오히려 책을 읽고 배움을 갖춰야 하
는 이유가 다름 아닌 定心應物에 있음을 역설적으로 강조하는 문장구
정심 응물
조다. 즉 定心應物에 능한 사람이 있으면 책을 안 읽어도 된다는 것이
정심 응물
아니라 대부분의 사람은 定心應物에 능할 수 없기 때문에 책을 읽고
정심 응물
배움으로써 定心應物하는 법을 배워야 한다는 말이다.
정심 응물
이와 같은 문장구조는 『논어』 '학이 7'에 그대로 보인다.

자하는 말했다. "뛰어난 인재를 알아보고 좋아하기를 여색을 좋아
하듯이 하고〔易色〕 부모 섬기기를 기꺼이 온 힘을 다하며〔能竭其力〕, 임
역색   능 갈 기력
금 섬기기를 기꺼이 온 몸을 다 바쳐 하고〔能致其身〕, 벗과 사귀기를 일
능 치 기신
단 말을 하면 반드시 책임을 져 믿음을 주는〔言而有信〕 식으로 하는
언 이 유신
사람이 있다면 그 사람이 비록 배우지 않았더라도〔雖曰未學〕 나는 반
수 왈 미학
드시 그 사람이 배웠다고 말할 것이다."

雖曰未學은 그대로 雖不讀書에 조응하고 뜻도 같다. 결국 책에서 배
수 왈 미학   수 부 독서
워야 하는 것은 易色, 能竭其力, 能致其身, 言而有信이다. 이 네 가지가
역색 능 갈 기력 능 치 기신 언 이 유신
바로 열렬함〔文=誠〕이다. 따라서 여기서도 바로 이 네 가지를 배워야
문 성

함을 이런 문장구조로 표현하고 있는 것이다.

可以는 '~할 수 있다'는 뜻이다. 이때의 以는 行과 같은 뜻이다.

近思錄云 懲忿如救火 窒慾如防水
근사록 운 징분 여 구화 질욕 여 방수

『근사록』은 이렇게 가르친다. "끓어오르는 분노를 다스리는 것은 불을 끄듯이 하고, 넘치는 욕심을 막아내는 것은 물을 막듯이 해야 한다."

※　『근사록(近思錄)』은 송나라의 주희와 여조겸(呂祖謙)이 함께 편찬한 책으로『논어』'자장 6'에 나오는 近思라는 말을 취해서 책 제목으로 삼은 것이다. 近思란 (일반적이고 추상적일 수 있는 여러 원리들을) 가까운 주변 일에 제대로 적용하고 생각을 한다는 말이다. 그래서 이 책도 일상생활에 긴요한 622조목을 골라 14개 항목으로 분류한 것인데『명심보감』은 어쩌면 이『근사록』의 축약판이라고도 할 수 있다.

『근사록』에는 정확히 '懲忿如救火 窒慾如防水'라는 표현은 나오지 않는다. 대신 '극기' 편 1장과 9장에 懲忿窒慾이 한 덩이가 돼 나온다. 정확한 이해를 위해 이 두 장을 먼저 살펴보자. 1장은 주렴계(周濂溪)의 말을 인용하며 나온다.

군자는 종일토록 힘쓰고 또 힘써야 하니(乾乾) 열렬함(誠)을 향해 나
아감에 조금의 쉼도 있어서는 안 된다(不息). 그러기 위해서는(然) 반
드시 끓어오르는 분노를 다스리고(懲忿) 넘치는 욕심을 막아야 하며
(窒慾), 좋은 쪽으로 옮겨가(遷善) 허물을 고친(改過) 이후에야 (비로
소) 제대로 힘쓰고 또 힘씀에 이를 수 있다.

9장은 『주역(周易)』에 대한 풀이인데 문맥은 1장과 비슷하다. 절(節)
괘의 효를 풀어내면서 이렇게 말한다.

　이 효(九二爻)는 바르지 못한(不正) 절제다. 원래는 견고하게 중심을
바로잡아야 하는 것인데 이는 곧 끓어오르는 분노를 다스리고(懲忿)
넘치는 욕심을 막는 것(窒慾), 지나침을 덜고 넘치는 것을 억제하는
것, 그것을 말한다. (반면에) 바르지 못한 절제란 인색한 자가 재물을
씀(用)에 절제를 하는 것이고 나약한 자가 행함에 절제를 하는 것, 그
것을 말한다.

따라서 『근사록』의 본문은 『명심보감』에 실린 이 구절을 이해하는
데 직접적인 도움을 주지는 못하고 배경 설명에 그치고 있다고 봐야
한다. 다시 우리의 관심 구절로 돌아가보자.
　懲忿은 불을 끄듯이(救火), 窒慾은 물을 막듯이(防水) 하라고 했다.
이 비유는 적절하다. 분노는 순간적이다. 불이 영향을 미치는 범위가
한정돼 있는 것과 상통한다. 반면 욕심은 항시적이다. 물이 영향을 미
치는 범위가 광대무변한 것과 상통한다. 분노는 그때그때 적절하게 제
어해야 하고 욕심이나 욕망은 수시로 억제해야 한다.

夷堅志云 避色如避讐 避風如避箭 莫喫空心茶 少食中夜飯
이견지 운 피색 여 피수 피풍 여 피전 막 끽 공심 다 소 식 중야 반

『이견지』에 이런 말이 있다. "여색을 피하기를 원수를 피하는 것처럼 하고, 바람을 피하기를 화살을 피하는 것처럼 하고, 빈속에 차를 마셔서는 절대 안 되고, 한밤중에 식사는 적게 먹어야 한다."

※　『이견지(夷堅志)』는 중국 송나라의 홍매(洪邁)가 엮은 설화집이다. 신선과 귀신 등에 대한 이야기를 통해 인생의 교훈을 전하는 내용들이 담겨 있다. 내용으로 보면 도교풍의 양생술과 관련돼 있다. 우선 축역을 해보자.

"여색을 피하기〔避色〕를 원수를 피하는 것〔避讐〕처럼〔如〕 하고, 바람을 피하기〔避風〕를 화살을 피하는 것〔避箭〕처럼 하고, 빈속〔空心=空腹〕에 차〔茶〕를 마셔서는〔喫〕 절대 안 되고〔莫〕, 한밤중에〔中夜〕 식사는〔飯〕 적게 먹어야 한다〔少食〕."

여기서 약간의 논란이 될 수 있는 것은 避風이다. 바람을 남녀 문제로 볼 것인지 찬바람을 피해 감기에 걸리지 않도록 하라는 것으로 볼 것인지의 여부다. 바로 앞에서 避色의 문제를 이야기했기 때문에 여기서는 후자의 문제로 보는 것이 적당할 듯하다.

荀子曰 無用之辯 不急之察 棄而勿治
순자 왈 무용 지변 불급 지찰 기 이 물치

순자는 말했다. "아무짝에 쓸모없는 논변이나 급할 게 없는 데 쓰는 마음 씀씀이는 내버리고서 거들떠보지도 말라!"

✽　　　이 글은 『순자(荀子)』 '천론 10장'에 나온다. 순자는 잘 아는 대로 유가 계통의 학자이면서도 맹자와 달리 성악설을 주장함으로써 도통론에서는 배제되었다. 정통 유학자로 간주되지 않았다는 뜻이다. 그 같은 논의는 학계의 몫이고 우리는 여기서 순자의 말을 정확하게 이해하는 데 집중해 보자. 본문을 풀어본다.

"아무짝에 쓸모없는 논변이나 급할 게 없는 데 쓰는 마음 씀씀이는 내버리고서 거들떠보지도 말라!"

그냥 이대로 읽으면 참으로 뻔한 소리다. 정확한 이해를 위해서는 이 말의 맥락을 제대로 잡아야 한다. 우선 『순자』에서는 이 말 앞에 다음과 같은 글이 나온다.

전해 내려오는 말에 따르면 '온갖 기괴한 일〔萬物之怪〕은 책에서 언급하지 않았다'고 한다.
만물지괴

쓸모없는 논변이나 급할 게 없는 일이란 바로 이 기괴한 일을 말한다. 이는 『논어』 '술이 20'과 직접 연결이 된다.

공자께서는 괴이한 일과 힘쓰는 일과 도를 어지럽히는 일과 귀신에 관한 일[怪力亂神]은 말씀하지 않으셨다.

'온갖 기괴한 일'이란 다름 아닌 '怪力亂神'을 가리키는 것이다. 인간사의 일은 인간사의 범위 내에서 풀고 그렇게 풀 수 없는 것에 대해서는 천명에 맡겨야 한다는 것이 공자의 일관된 생각이다. 순자 또한 그 점에서는 다르지 않을 것이다. 그런데 사람들은 인간사의 일을 초인간적인 기운이나 존재 혹은 힘을 빌려 풀어보려고 한다. 그렇게 될 경우 쓸데없는 말을 하게 되고 현실에서는 완전히 벗어난 한가한 마음 씀씀이에 몰두하게 되는 것이다. 순자가 말하고자 하는 바는 바로 이 점이다.

子曰 衆好之 必察焉 衆惡之 必察焉
자왈 중 호 지 필 찰 언 중 오 지 필 찰 언

공자는 말했다. "여러 사람들이 그것을 좋아하더라도 반드시 살펴보며, 여러 사람들이 그것을 미워하더라도 반드시 살펴보아야 한다."

이 글은 『논어』 '위령공 27'이다. 원래는 衆好之와 衆惡之의
중 호 지   중 오 지
순서가 바뀌어 있다.

공자는 말한다. 여러 사람들이 그것을 미워하더라도 반드시 살펴보며, 여러 사람들이 그것을 좋아하더라도 반드시 살펴보아야 한다고.

우선 好惡의 문제이기 때문에 『논어』의 문맥에서 살펴볼 필요가 있다. 양시(楊時)는 이렇게 말한다. "오직 인자(仁者)만이 능히 사람을 좋아하고 미워할 수 있으니, 여러 사람들이 그를 좋아하고 미워한다고 해서 살펴보지 않는다면 혹 사(私)에 가리울 수 있다." 이 말은 '이인 3'에서 공자가 한 말을 떠올리게 한다.

　　오직 어진 사람(仁者)이라야 사람을 제대로 좋아하고 사람을 제대로 미워할 수 있다.

그런데 여기서는 여러 사람(衆)의 문제와 살피는 것(察)의 문제가 추가돼 있다. 衆은 '위령공 26'과 연결된다. 일반적으로 여러 사람들의 "교묘한 말은 덕을 어지럽히고 (여러 사람들의) 작은 것을 참지 못하는 것이 큰 계책을 어지럽"히기 때문이다. 이렇게 볼 수 있는 연결 고리가 바로 '위령공 16'이다.

　　여럿이 거처하면서 하루 종일 말이 의리에 미치지 않고 작은 지혜를 행하기를 좋아한다면 환란이 있을 것이다.

사람이 여럿 모일 경우 대부분 의리에 대한 이야기보다는 주변의 이익과 관련된 이야기에 관심이 집중된다. 이 점을 경계해야 한다는 말이다. 공사(公私) 분별의 문맥이 형성되고 있다.

이어 察의 문제를 살펴볼 차례다. 이에 관련해서는 '위정 10'을 봐야 한다.

92

공자는 말했다. "(사람을 알고 싶을 경우) 먼저 그 사람이 행하는 바를 잘 보고[視], 이어 그렇게 하는 까닭이나 이유를 잘 살피며[觀], 그 사람이 편안해하는 것을 꼼꼼히 들여다본다면[察] 사람들이 어찌 그 자신을 숨기겠는가? 사람들이 어찌 그 자신을 숨기겠는가?"

여기서 보듯 察은 보다[視]나 살피다[觀]보다 훨씬 깊고 꼼꼼하게 들여다본다는 뜻이다. 게다가 공자는 강조하는 의미에서 '반드시[必]'를 추가하고 있다.

酒中不語眞君子 財上分明大丈夫
주중 불어 진 군자   재 상 분명 대장부

술 취했을 때 말을 삼가는 것이야말로 진정한 군자요, 재산 문제 앞에서 명분을 분명하게 할 수 있어야 대장부다.

✷　　　이 글은 앞서 언급한 바 있는 『증광현문』에 나온다. 酒中은 醉中으로 보는 것이 더 정확하다. 上은 여기서는 서류 상(上), 신분 상(上) 할 때의 그 上으로 '~에 있어서' 정도의 의미로 보면 된다. 分明은 그냥 분명하다로 할 경우 뜻이 모호해진다. 오히려 문자 그대로 '명

분을 명확하게 하다'로 풀어야 모호성을 제거할 수 있다. 취했을 때나 재물의 문제가 눈앞에 놓였을 때 사람들은 평소의 지론을 잃어버리기가 쉽다는 뜻이다.

萬事從寬 其福自厚
만사 종 관 기복 자 후

모든 일을 하는 데 너그러움의 정신을 바탕으로 한다면 그 복은 (남이 아니라) 자기 자신을 두텁게 해준다.

※　이 글은 공자의 말이라는 주장도 있지만 출처는 불분명하다. 원래 너그러움〔寬〕은 공자에게는 윗사람이 반드시 갖춰야 할 다움〔德〕이다. 여기서 풀이의 관건이 될 수 있는 글자는 自다. 대부분의 번역서들은 그것을 '스스로', '저절로' 등으로 풀이한다. 그러나 필자는 조금 달리 봐서 '자기 자신'으로 풀고자 한다.

"모든 일을 하는 데〔萬事〕 너그러움의 정신을〔寬〕 따른다면〔從〕 그 복은〔其福〕 (남이 아니라) 자기 자신을〔自〕 두텁게 해준다〔厚〕."

이렇게 풀이할 때 너그러움의 진정한 혜택은 남에게 가는 것이 아니라 결국은 그 자신에게 돌아온다는 것을 더욱 분명하게 해준다.

太公曰 欲量他人先須自量 傷人之語還是自傷 含血噴人先汚其口
태공 왈 욕 량 타인 선 수 자 량 상인 지 어 환 시 자 상 함 혈 분 인 선 오 기 구

태공은 말했다. "다른 사람을 헤아리고 싶다면 먼저 자기 자신을 반드시 헤아려라. 다른 사람의 마음을 상하게 하는 말은 도리어 그 자신을 상하게 한다. 피를 머금고서 다른 사람에게 뿜으면 자신의 입이 먼저 더러워진다."

❋　　이 글은 나와 남의 관계에 관한 깊은 통찰을 보여준다. 내용상 특별히 어려운 부분은 없고 태공의 말을 정확하게 옮기기만 하면 된다.

"다른 사람[他人=人]을 헤아리고[量] 싶다면[欲] 먼저[先] 자기 자신을[自] 반드시[須] 헤아려라[量]. 다른 사람의 마음을 상하게[傷人] 하는[之] 말[語]은 도리어[還] 그[是] 자신[自]을 상하게 한다[傷]. 피를[血] 머금고서[含] 다른 사람[人]에게 뿜으면[噴] 자신의 입이[其口] 먼저[先] 더러워진다[汚]."

남을 알고자 하면 반드시 자기 자신에 비추어 생각해본 다음에 말하고 행동하라는 메시지다.

凡戲無益 惟勤有功
범 희 무 익　유 근 유 공

무릇 쓸데없이 시간만 보내며 노는 것은 백해무익하고 오직 부지런해야
만 성과를 이루게 된다.

※　　이 글은 중국 남송 시대의 학자 왕응린(王應麟)이 쓴 『삼
자경(三子經)』에 나온다.

凡은 '무릇'이라고 해도 좋고 '모든'으로 풀어도 좋다. 뜻은 거의 같
다. 戲는 연극이나 공연을 뜻하는 것이 아니라 무의미하게 논다는 뜻
으로 逸과 통한다. 굳이 풀자면 쓸데없이 시간만 보내며 노는 것을 뜻
한다. 부지런함을 뜻하는 勤과 대비되는 것이다.

太公曰 瓜田不納履 李下不整冠
태 공 왈　과 전 불 납 이　이 하 부 정 관

태공은 말했다. "(다른 사람의) 오이 밭에서는 신발을 고쳐 매지 말고,
(다른 사람의) 오얏나무 아래에서는 갓을 바로 고쳐 쓰지 말라."

✳ 　　유명한 말이다. (다른 사람의) 오이 밭에서는[瓜田] 신발을
[履] 고쳐 매지 말고[不納] (다른 사람의) 오얏나무 아래에서는[李下] 갓
을[冠] 바로 고쳐 쓰지 말라[不整]는 것이다.

그런데 우리는 흔히 이 말을 오해받을 짓을 하지 말라고 풀이한다.
틀린 말은 아니나 좀 더 깊이 생각해 볼 여지가 있다. 단순히 오해를
피하라는 말을 넘어 다른 사람의 마음은 늘 자기 자신을 부정적으로
지켜볼 수 있다는 점을 경계하라는 뜻까지 나아갈 수 있기 때문이다.
즉 자신을 다잡아서 빌미를 주지 말라는 뜻으로 읽는 것이 좀 더 깊
다. 그런 점에서 앞에 나왔던 "다른 사람을 헤아리고 싶다면 먼저 자
기 자신을 반드시 헤아려라[欲量他人先須自量]"와 연결해서 읽는 것도
좋은 독법(讀法)이다.

景行錄曰 心可逸 形不可不勞 道可樂 身不可不憂 形不勞則怠惰易
경행록 왈 심 가일 형 불가 불로 도 가락 신 불가 불우 형 불로 즉 태타 이

弊 身不憂則荒淫不定 故 逸生於勞而常休 樂生於憂而無厭 逸樂者
폐 신 불우 즉 황음 부정 고 일 생 어 노 이 상휴 낙 생 어 우 이 무염 　 일락 자

憂勞其可忘乎
우로 기 가망 호

『경행록』에 이런 말이 있다. "마음은 한가할 수 있지만 몸은 수고롭지
않으면 안 되고, 도리는 즐거울 수 있지만 사람은 근심을 하지 않으면 안

된다. 몸이 수고롭지 않으면 나태하고 게을러져서 쉽게 어그러지고, 사람이 근심을 하지 않으면 주색에 빠져 일정함을 잃게 된다. 그러므로 (마음의) 한가로움은 (몸의) 수고로움에서 생겨나니 오래가는 편안함이 있고, (도리의) 즐거움은 (사람의) 근심에서 생겨나니 싫증이 나지 않는다. (그러니) 한가로움과 즐거움이란 것이 근심과 수고로움을 어찌 잊을 수 있겠는가?"

✽　　　글이 조금 길다. 먼저 첫 문장부터 보자.

"마음은〔心〕 한가할 수 있지만〔可逸〕 몸은〔形〕 수고롭지 않으면〔不勞〕
　　심　　　　　　가일　　　　　형　　　　　　　불로
안 되고〔不可〕, 도리는〔道〕 즐거울 수 있지만〔可樂〕 사람은〔身〕 근심을 하
　　불가　　　도　　　　　　가락　　　　　신
지 않으면〔不憂〕 안 된다〔不可〕."
　　불우　　　　　불가

여기서는 形이 마음에 대비되는 몸이 되고, 身은 몸이라기보다는 道
　　　　　형　　　　　　　　　　　　신　　　　　　　　　도
와 대비되는 사람〔人〕으로 풀었다. 마음이나 도리는 때에 따라 여유를
　　　　　　인
즐길 수 있지만 몸과 사람은 늘 부지런히 수고하고 늘 뭔가를 대비하여
걱정하고 근심하여야 한다는 말이다. 바로 이어서 그 이유가 나온다.

"몸이〔形〕 수고롭지 않으면〔不勞〕〔則〕 나태하고 게을러져서〔怠惰〕 쉽게
　　형　　　　　　불로　즉　　　　　　　　　태타
〔易〕 어그러지고〔弊〕, 사람이〔身〕 근심을 하지 않으면〔不憂〕〔則〕 주색에 빠
이　　　　　폐　　　　　신　　　　　　　　불우　즉
져〔荒淫〕 일정함을 잃게 된다〔不定〕."
　　황음　　　　　　　　부정

이제 결론 부분이다.

"그러므로〔故〕 (마음의) 한가로움은〔逸〕 (몸의) 수고로움〔勞〕에서〔於〕
　　　고　　　　　　　　일　　　　　　노　어
생겨나니〔生〕 오래가는 편안함〔常休〕이 있고, (도리의) 즐거움은〔樂〕 (사
　　생　　　　　　　　상휴　　　　　　　　　　낙
람의) 근심〔憂〕에서〔於〕 생겨나니〔生〕 싫증이 나지 않는다〔無厭〕. (그러
　　우　　어　　생　　　　　　　　　　무염
니) 한가로움〔逸〕과 즐거움〔樂〕이란 것〔者〕이 근심과 수고로움을〔憂勞〕
　　일　　　　낙　　　자　　　　　　　　　우로

어찌[其=豈] 잊을 수[可忘] 있겠는가[乎]?"

한가로움과 수고로움, 즐거움과 근심은 이처럼 떼려야 뗄 수 없는 관계를 이루고 있으며, 한가롭고자 하거든 수고로워야 하고 즐겁고자 하거든 근심을 먼저 해야 한다는 것을 명쾌하게 보여준다.

耳不聞人之非 目不視人之短 口不言人之過 庶幾君子
이 불문 인지비 목 불시 인지단 구 불언 인지과 서기 군자

귀로는 다른 사람의 그릇된 일들에 관해 듣지 말고, 눈으로는 다른 사람의 단점을 보지 말고, 입으로는 다른 사람의 허물을 말하지 않는다면 (이런 사람은) 거의 군자라고 할 만하다.

이 글의 출처는 정확지 않다. 내용은 간단하다.

"귀로는[耳] 다른 사람의 그릇된 일들[人之非]에 관해 듣지 말고[不聞], 눈으로는[目] 다른 사람의 단점을[人之短] 보지 말고[不視], 입으로는[口] 다른 사람의 허물[人之過]을 말하지 않는다면[不言] (이런 사람은) 거의[庶幾] 군자라고 할 만하다."

타인에게 관대하고 자신에게 엄격해야 한다는 것이다.

蔡伯喈曰 喜怒在心言出於口 不可不愼
채백개 왈 희로 재 심 언 출 어 구 불가 불신

채백개는 말했다. "기쁨과 성냄은 (여전히) 마음속에 남아 있는데 말은 (벌써) 입에서 튀어 나간다. (그렇기 때문에 늘) 삼가지 않으면 안 된다."

❀　　채백개는 중국 후한 때의 사람이며 효자로 유명했다고 한다. 내용은 바로 앞에서 이어지는 것으로 볼 수 있다.

"기쁨과 성냄[喜怒]은 (여전히) 마음속에[心] 남아 있는데[在] 말은[言] (벌써) 입[口]에서[於] 튀어 나간다[出]. (그렇기 때문에 늘) 삼가지 않으면[不愼] 안 된다[不可]."

결국 이처럼 말이 앞설 경우 반드시 후회가 뒤따르게 된다.

宰予晝寢 子曰 朽木不可雕也 糞土之墻不可圬也
재여 주침 자왈 후목 불가 조야 분토 지장 불가 오야

재여가 낮잠을 자자 공자는 말했다. "썩은 나무는 조각할 수 없고, 거름흙으로 쌓은 담장은 손질할 수가 없다."

이 글은 『논어』 '공야장 9'의 일부다. 재여(宰予)는 공자의 제자로 말에는 뛰어났지만 게을렀다. 마침 어느 날 재여가 낮잠을 자자 공자는 질타하듯 말한다. 여기서 공자의 평가 잣대는 언행일치다. 그냥 낮잠 한번 잤다고 이렇게 심하게 비판할 수는 없다. 평소 말이 앞서고 행실이 뒤따르지 않는 데 대해 공자가 벼르고 있다가 강도 높은 비판을 한 것이라 할 수 있다. 일단은 본문 내용부터 살펴보자.

　　朽木은 썩은 나무이다. 雕는 '깎다', '새기다'는 뜻이다. 따라서 썩은 나무로는 조각을 만들거나 새길 수 없다는 것이고 糞土, 즉 거름흙으로 만든 담장(墻)은 꾸미거나 손질을 할 수가 없다는 것이다. 원래의 재질 자체에 문제가 있으면 고치려 해도 고칠 수 없다는 뜻이다. 한마디로 재여는 바탕에 문제가 있는 인물이라는 비판이다.

紫虛元君誠諭心文曰 福生於淸儉德生於卑退 道生於安靜命生於
자허 원군 성유심문 왈 복 생 어 청검 덕 생 어 비퇴 도 생 어 안정 명 생 어

和暢 患生於多慾禍生於多貪 過生於輕慢罪生於不仁 戒眼莫看他非
화창 환 생 어 다욕 화 생 어 다탐 과 생 어 경만 죄 생 어 불인 계안 막간 타비

戒口莫談他短 戒心莫自貪嗔 戒身莫隨惡伴 無益之言莫妄說 不干
계구 막담 타단 계심 막 자 탐진 계신 막수 악반 무익지언 막 망설 불간

己事莫妄爲 尊君王 孝父母 敬尊長 奉有德 別賢愚 恕無識 物順來而
기 사 막 망위 존 군왕 효 부모 경 존장 봉 유덕 별 현우 서 무식 물 순래 이

勿拒 物旣去而勿追 身未遇而勿望 事已過而勿思 聰明多暗昧 算計
물거 물 기 거 이 물추 신 미우 이 물망 사 이 과 이 물사 총명 다 암매 산계

失便宜 損人終自失 依勢禍相隨 戒之在心 守之在氣 爲不節而亡家
실 편의 손인 종 자실 의세 화 상수 계 지 재심 수 지 재기 위 부절 이 망가

因不廉而失位 勸君自警於平生 可歎可驚而可畏 上臨之以天鑑 下察
인 불렴 이 실위 권 군 자경 어 평생 가탄 가경 이 가외 상 임 지 이 천감 하 찰
之以地祇 明有王法相繼 暗有鬼神相隨 惟正可守 心不可欺 戒之戒之
지 이 지기 명 유 왕법 상계 암 유 귀신 상수 유 정 가수 심 불가 기 계 지 계 지

자허원군이 썼다는 '성유심문'에는 이런 말이 있다.

"인간사의 복은 청렴과 검소에서 생겨나고, 사람다움은 스스로를 낮추고 뒤로 물러서는 데서 생겨난다. 도리는 외물을 평안히 받아들임으로써 마음이 고요해지는 데서 생겨나고, 명운은 다른 사람들과 어울려 참으로 즐거워하는 것에서 생겨난다.

걱정은 욕심이 많은 데서 생겨나고, 재앙은 탐하는 것이 많은 데서 생겨난다. 허물이나 잘못은 경솔하고 오만한 데서 생겨나고, 죄악은 남을 사랑할 줄 모르는 데서 생겨난다.

눈을 경계하여 다른 사람의 그릇된 것을 보지 말고, 입을 경계하여 다른 사람의 단점을 말하지 말고, 마음을 경계하여 자기 스스로 욕심을 부리고 성내지 말고, 몸가짐을 경계하여 나쁜 친구들을 결코 따르지 말라.

쓸데없는 말은 결코 함부로 내뱉지 말고, 자기와 관련이 없는 일에는 결코 함부로 끼어들지 말라.

임금을 높이고 부모께 효도하고 나이나 지위가 자기보다 많거나 높은 사람을 공경하고 덕을 갖춘 사람을 잘 받들고 뛰어난 사람과 어리석은 사람을 잘 분별하고 무지한 사람을 너그럽게 감싸줘야 한다.

일이 순리대로 오거든 물리치지 말고, 일이 이미 지나가버렸거든 억지로 따라가지 말고, 그 자신이 (기회나 때를) 만나지 못했거든 (요행수를) 바라지 말며, 일이 이미 끝났거든 그에 관해 생각도 하지 말라.

제아무리 귀 밝고 눈 밝은 사람이라 할지라도 눈멀고 귀 어두울 때가 많

고, 제아무리 미리 재어보고 꾀를 잘 내는 사람이라 할지라도 원래의 계산에서 벗어날 수밖에 없다.

다른 사람을 상하게 하면 결국은 나 자신을 잃은 것이요, 세력에 의존하면 재앙이 서로 이어지며 따라온다. 이 점을 경계하는 것은 (내) 마음에 달려 있고, 그것을 지켜내는 것은 (내) 의지에 달려 있다. (따라서) 무절제한 짓을 하면 집안을 망치고 깨끗하지 못하면 지위를 잃게 된다.

그대들에게 권한다. 평상시에도 늘 스스로 경계하라! (이 이치는) 참으로 탄복할 만하고 놀랄만 하고 그리고 두려워할 만하다. (왜냐하면) 위로는 하늘의 거울로써 그대를 가까이 지켜보고, 아래로는 땅의 신령으로써 그대를 살피고 있다. 밝은 곳에서는 (지상을 제대로 다스리는) 임금의 법이 서로 이어지고, 어두운 곳에서는 귀신이 서로 따르고 있다. 오직 바름만이 (위에서 말한 이치를) 지켜낼 수 있고 마음은 그것을 속일 수 없으니 경계하고 또 경계해야 한다."

꽃 元君은 자유(自由)와 장생(長生)을 추구했던 도가에서 신
원군
의 경지에 이른 여성을 말하고, 眞人은 신의 경지에 이른 남성을 말한
진인
다고 한다. 이 글은 내용으로 볼 때도 도가 계통의 글로 보인다. 출처
는 불분명하다.

誠諭心文은 뜻 그대로 '온 열의를 다해[誠] 마음을[心] 깨우쳐주는
성유심문   성   심
[諭] 글귀[文]'이다. 본문을 나눠서 풀어보자.
유   문
"인간사의 복은[福] 청렴과 검소[淸儉]에서[於] 생겨나고[生], 사람다
복   청검   어   생
움은[德] 스스로를 낮추고 뒤로 물러서는[卑退] 데서[於] 생겨난다[生].
덕   비퇴   어   생
도리는[道] 외물을 평안히 받아들임으로써[安] 마음이 고요해지는[靜]
도   안   정

데서〔於〕 생겨나고〔生〕, 명운은〔命〕 다른 사람들과 어울려 참으로 즐거
워하는 것〔和暢〕에서〔於〕 생겨난다〔生〕."

　기존 번역들의 문제점을 잠깐 지적하고자 한다. 安靜을 그냥 우리말
로 안정이라고 하는데 그것은 安定이지 安靜의 번역어가 될 수 없다.
安靜은 安과 靜을 각각 풀어야 하고, 특히 靜은 動과 대비되어 마음이
일정한 지경에 이르러서 동요가 없는 고요한 상태를 말한다.

　또 命을 아마도 도가라는 이유 때문에 생명으로 풀이하는 번역서
들이 많은데 그렇게 되면 和暢과 전혀 어울리지 않는다. 命은 말 그대
로 운명, 천명, 명운 등을 뜻하는 것으로 풀어야 和暢의 정확한 의미도
함께 살아날 수 있다고 본다.

　"걱정은〔患〕 욕심이 많은〔多慾〕 데서〔於〕 생겨나고〔生〕, 재앙은〔禍〕 탐
하는 것이 많은〔多貪〕 데서〔於〕 생겨난다〔生〕. 허물이나 잘못은〔過〕 경솔
하고 오만한〔輕慢〕 데서〔於〕 생겨나고〔生〕, 죄악은〔罪〕 남을 사랑할 줄 모
르는〔不仁〕 데서〔於〕 생겨난다〔生〕."

　이런 내용은 비단 도가에만 국한된다고 할 수 없다. 이 구절만 독립
해서 볼 경우 유가의 주장이라 해도 전혀 손색이 없다.

　이상이 일종의 원칙론이었다면 이제 그 원칙들이 보다 구체화된다.

　"눈〔眼=보는 것〕을 경계하여〔戒〕 다른 사람의 그릇된 것〔他非〕을 보지
말고〔莫看〕, 입〔口=말하는 것〕을 경계하여〔戒〕 다른 사람의 단점〔他短〕
을 말하지 말고〔莫談〕, 마음〔心〕을 경계하여〔戒〕 자기 스스로〔自〕 욕심을
부리고 성내지〔貪嗔〕 말고〔莫〕, 몸가짐〔身〕을 경계하여〔戒〕 나쁜 친구들
〔惡伴〕을 결코 따르지 말라〔莫隨〕."

　우리는 이를 '네 가지 하지 말라〔四莫〕'라고 이름을 붙일 수 있는데
이를 공자의 四勿과 비교해 보면 더욱 흥미롭다. 『논어』 '안연 1'을 보자.

안연이 어짊[仁]에 관해 묻자 공자는 말했다. "자기(의 사사로운 바)를 이겨내고 예로 돌아가는 것이 곧 인(을 행하는 것)이니, 단 하루라도 극기복례를 행한다면 천하도 그런 사람을 인하다고 인정해줄 것이다. 인을 행하는 것은 자기 자신에서 비롯되는 것이지 어찌 남에게서 비롯되겠는가?"

안연은 이 점에 대해 보다 구체적인 사항들을 쉽게 설명해줄 것을 정중하게 청한다. 이에 공자는 다음과 같이 말했다. "예가 아니면 '절대' 보지도 말고[勿視] 듣지도 말며[勿聽] 말하지도 말고[勿言] 움직여서도 안 된다[勿動]." 이에 안연이 말했다. "회(回-안연)가 비록 불민하지만 그 말씀을 따르도록 노력하겠습니다."

대체적으로 겹친다는 것을 알 수 있을 것이다. 다시 본문이다.

"쓸데없는 말[無益之言]은 결코 함부로[忘] 내뱉지[說] 말고[莫], 자기와[己] 관련이 없는[不干] 일[事]에는 결코 함부로[妄] 끼어들지[爲] 말라[莫]."

여기까지는 '~해서는 안 되는' 것들이었다면 이번에는 적극적으로 행해야 할 바를 이야기한다.

"임금을[君王] 높이고[尊] 부모께[父母] 효도하고[孝] 나이나 지위가 자기보다 많거나 높은 사람[尊長]을 공경하고[敬] 덕을 갖춘 사람[有德]을 잘 받들고[奉] 뛰어난 사람과 어리석은 사람[賢愚]을 잘 분별하고[別] 무지한 사람[無識]을 너그럽게 감싸줘야 한다[恕]."

그리고 다시 경계해야 할 바를 이야기한다.

"일[物=事]이 순리대로[順] 오거든[來][而] 물리치지 말고[勿拒], 일[物]이 이미[旣] 지나가버렸거든[去][而] 억지로 따라가지 말고[勿追], 그 자신이(身) (기회나 때를) 만나지 못했거든(未遇)(而) (요행수를) 바라지 말며(勿望), 일이(事) 이미(已) 끝났거든(過)(而) 그에 관해 생각도 하지 말라(勿思)."

여기서도 일종의 四勿이 나온다. 勿拒, 勿追, 勿望, 勿思다. 이것들은 하나같이 분수를 어기지 말고 따르라는 뜻을 갖고 있다. 반면 공자의 四勿은 예를 철저하게 지켜야 한다는 말이었다. 다시 본문이다.

"제아무리 귀 밝고 눈 밝은 사람이라 할지라도(聰明) 눈멀고 귀 어두울 때가(暗昧) 많고(多), 제아무리 미리 재어보고 꾀를 잘 내는 사람이라 할지라도(算計) 원래의 계산(便宜)에서 벗어날 수밖에 없다(失)."

상당한 뜻풀이를 통해 풀어내야 하는 문장이다. 그냥 직역하듯이 '총명한 사람도 어두운 때가 많고 계산해 놓았어도 편의를 잃는다'는 식으로 옮기면 제대로 이해할 수 있는 사람이 얼마나 될까?

"다른 사람을 상하게 하면(損人) 결국은(終) 나 자신을 잃은 것(自失)이요, 세력에 의존하면(依勢) 재앙이(禍) 서로 이어지며 따라온다(相隨). 이 점을(之) 경계하는 것(戒)은 (내) 마음에(心) 달려 있고(在), 그것을(之) 지켜내는 것(守)은 (내) 의지에(氣) 달려 있다. (따라서) 무절제한 짓(不節)을 하면(爲)(而) 집안을(家) 망치고(亡) 깨끗하지 못하면(不廉)(因)(而) 지위를 잃게 된다(失位)."

이제 결론부에 이르렀다.

"그대들에게(君) 권한다(勸). 평상시(平生)에(於)도 늘 스스로 경계하라(自警)! (이 이치는) 참으로 탄복할 만하고(可歎) 놀랄만 하고(可驚) 그리고 두려워할 만하다(可畏). (왜냐하면) 위로는(上) 하늘의 거울(天鑑)로써(以) 그대를(之) 가까이 지켜보고(臨), 아래로는(下) 땅의 신령(地祇)으로써(以) 그대를(之) 살피고 있다(察). 밝은 곳에서는(明) (지상을 제

대로 다스리는) 임금의 법〔王法〕이 서로 이어지고〔相繼〕, 어두운 곳에서
는〔暗〕 귀신이〔鬼神〕 서로 따르고 있다〔相隨〕. 오직〔惟〕 바름〔正〕만이 (위
에서 말한 이치를) 지켜낼 수 있고〔可守〕 마음은〔心〕 그것을 속일〔欺〕 수
없으니〔不可〕 경계하고 또 경계해야 한다〔戒之戒之〕."

일부에서는 正이나 心을 목적어로 풀이하는데 필자는 주어로 풀이
했다.

6장
安分篇
안분 편

자기에게 주어진 상황을 기꺼이 편안하게 받아들이다

安分篇

景行錄云 知足可樂 務貪則憂

知足者 貧賤亦樂 不知足者 富貴亦憂

濫想徒傷神 妄動反致禍

知足常足 終身不辱 知止常止 終身無恥

書曰 滿招損 謙受益

安分吟曰 安分身無辱 知幾心自閑 雖居人世上 却是出人間

子曰 不在其位不謀其政

景行錄云 知足可樂 務貪則憂
경행록 운 지족 가락 무탐 즉 우

『경행록』에 이런 말이 있다. "만족할 줄 알게 되면 즐길 수 있게 되고, 탐욕에 힘을 쓰게 되면 (오히려) 근심 걱정에 사로잡히게 된다."

❀　　　만족할 줄 알게 되면(知足) 즐길 수 있게 되고(可樂), 탐욕에 힘을 쓰게(務貪) 되면(則) (오히려) 근심 걱정에 사로잡히게 된다(憂)는 말이다.

知足者 貧賤亦樂 不知足者 富貴亦憂
지족 자 빈천 역 낙 부지 족 자 부귀 역 우

만족할 줄 아는 사람은 가난하거나 지위가 낮아도 얼마든지 즐겁게 살아가지만 만족할 줄 모르는 사람은 부유하거나 지위가 높아도 늘 근심 걱정 속에 살아간다.

❀　　　이 글은 도가 계통의 글로 출전은 불분명하지만 앞의 글

과 일맥상통한다. 그런데 여기서 핵심은 貧賤이 아니라 知足과 不知足
에 있다. 척도가 貧賤은 아니라는 것이다. 뜻은 어렵지 않다.

　"만족할 줄 아는 사람은〔知足者〕 가난하거나 지위가 낮아도〔貧賤〕
얼마든지〔亦〕 즐겁게 살아가지만〔樂〕 만족할 줄 모르는 사람은〔不知
足者〕 부유하거나 지위가 높아도〔富貴〕 늘〔亦〕 근심 걱정 속에 살아
간다〔憂〕."

濫想徒傷神 妄動反致禍
남상 도 상신　망동 반 치 화

지나치게 생각을 많이 하면 한갓 정신을 상하게 할 뿐이요, 아무 생각
없이 행동을 하게 되면 도리어 재앙에 이르게 된다.

　이 글의 출전도 불분명하지만 앞의 글들과 비슷한 맥락이다.
　"지나치게 생각을 많이 하면〔濫想〕 한갓〔徒〕 정신을〔神〕 상하게 할 뿐
이요〔傷〕, 아무 생각 없이 행동을 하게 되면〔妄動〕 도리어〔反〕 재앙에〔禍〕
이르게 된다〔致〕."
　생각을 할 때는 실상에 맞도록 해야 하고 행동을 할 때는 충분히 생
각을 해서 후회가 없도록 해야 한다는 말이다.

知足常足 終身不辱 知止常止 終身無恥
지족 상족 종신 불욕 지지 상지 종신 무치

만족하는 법을 알아서 늘 만족하게 되면 평생토록 모욕을 당할 일이 없고, 그쳐야 하는 데를 알아서 늘 제대로 그치게 되면 평생토록 부끄러워할 일이 없다.

이 글은 앞의 글과 일맥상통하는 글로 도가의 인생관을 담고 있다. 하지만 이 정도 내용은 유가에서도 늘 강조하는 항목이기도 하다.

"만족하는 법을 알아서〔知足〕 늘 만족하게 되면〔常足〕 평생토록〔終身〕 모욕을 당할 일이 없고〔不辱〕, 그쳐야 하는 데를 알아서〔知止〕 늘 제대로 그치게 되면〔常止〕 평생토록〔終身〕 부끄러워할 일이 없다〔無恥〕."

뻔한 소리 같지만 약간의 분별이 필요하다. 모욕을 당한다는 것은 과욕을 부리다가 남들로부터 모욕을 당하는 것이다. 반면에 그칠 데를 몰라서 부끄러움을 겪게 된다는 것은 타인과의 문제가 아니라 자기 자신의 문제다. 예를 들어 지킬 수 없는 말을 해놓고 부끄러움을 느끼게 되는 것이 바로 恥다. 따라서 恥를 그냥 치욕으로 옮기게 될 경우 오독의 가능성이 있다는 점을 지적해 둔다.

書曰 滿招損 謙受益
서 왈 만 초 손 겸 수 익

『서경』에 이런 말이 있다. "자만은 손해를 부르고 겸손은 이익을 가져다 준다."

※　　　書는 삼경 중의 『서경(書經)』을 말한다. '대우모 21'에 이 글
이 나온다.

'자만(滿=慢)은 손해를[損] 부르고[招] 겸손(謙)은 이익을[益] 가져다
준다[受]'는 말이다. 그런데 여기서 損이나 益은 경제적인 손실이나 이
익이 아니라 넓은 의미에서의 손해나 이익으로 봐야 한다. 즉 우리가
살아가는 데서 잃게 되는 것이나 얻게 되는 것을 뜻한다고 봐야 본래
의 의미가 살아난다.

安分吟曰 安分身無辱 知幾心自閑 雖居人世上 却是出人間
안분음 왈 안분 신 무욕　지기 심 자한　수거 인세상　각 시 출인간

(누군가 지은) 「안분음」에서 이렇게 읊었다. "자기에게 주어진 상황을

114

기꺼이 편안하게 받아들이면 몸이 모욕을 당할 일이 없고, 낌새나 기미를 (미리) 알아차린다면 마음이 절로 여유로울 것이다. (이처럼 현재에 대해서는 安分안분하고 미래에 대해서는 知幾지기한다면 몸은) 비록 인간 세상에 머물러 있으나 도리어 이는 인간 세상을 벗어난 것이다."

安分吟안분음이란 뜻 그대로 자기에게 주어진 상황을 기꺼이 편안하게 받아들이기 위해 마음속으로 다짐하는 짧은 글이다. 吟음은 일종의 詩體시체다. 중국 송나라 때 유행했고 우리 조상 선비들도 종종 安分吟안분음을 지어 스스로를 경계했다. 이 「안분음」은 누구의 작품인지 알 수 없다. 글의 내용을 풀어보자.

"자기에게 주어진 상황을 기꺼이 편안하게 받아들이면[安分안분] 몸이 [身신] 모욕을 당할 일이 없고[無辱부욕], 낌새나 기미를 (미리) 알아차린다면 [知幾지기] 마음이[心심] 절로[自자] 여유로울 것이다[閑=閒한한]. (이처럼 현재에 대해서는 安分안분하고 미래에 대해서는 知幾지기한다면 몸은) 비록[雖수] 인간 세상 [人世上인세상]에 머물러 있으나[居거] 도리어[却각] 이는[是시] 인간 세상을[人間 =世間인간세간] 벗어난 것[出출]이다."

실은 安分안분하고 知幾지기하며 사는 것이 그만큼 어려운 일이라는 말이기도 하다.

子曰 不在其位不謀其政
자왈 부재 기위 불모 기정

공자는 말했다. "그 지위에 있지 않으면 그에 해당하는 정사에 대해 도모하지 않는다."

우선 직역을 하면 '그 지위(位)에 있지 않으면 그에 해당하는 정사에 대해 도모하지 않는다'는 말이다. 어찌 보면 그 뜻은 분명하다. 정약용의 상세한 풀이부터 본다. "位는 조정에서 서는 지위이다. 대신의 지위에 있으면 마땅히 대신의 정사를 도모해야 하고, 읍재의 지위에 있으면 마땅히 읍재의 정사를 도모해야 하며, 미천하여 지위가 없는 자는 벼슬자리에 있는 자의 정사를 도모하지 않는다."

이 말은 임금은 임금다워야 하고 신하는 신하다워야 하는 다움(德)의 문제이면서 동시에 나라의 도리(道), 천하의 도리(道)가 살아 있는지를 살피는 중요한 척도이기도 하다.

7장
存心篇
존심   편

마음을 평온하게 유지하여 지키다

存心篇

景行錄云 坐密室如通衢 馭寸心如六馬 可免過

擊壤詩云 富貴如將智力求 仲尼年少合封侯 世人不解青天意 空使身心半夜愁

范忠宣公 戒子弟曰 人雖至愚 責人則明 雖有聰明 恕己則昏 爾曹但常以責人之心責己 恕己之心恕人則不患不到聖賢地位也

子曰 聰明思睿 守之以愚 功被天下 守之以讓 勇力振世 守之以怯 富有四海 守之以謙

素書云 薄施厚望者不報 貴而忘賤者不久

施恩勿求報 與人勿追悔

孫思邈曰 膽欲大而心欲小 知欲圓而行欲方

念念要如臨戰日 心心常似過橋時

懼法朝朝樂 欺公日日憂

朱文公曰 守口如瓶 防意如城

心不負人 面無慚色

人無百歲人 枉作千年計

寇萊公六悔銘云 官行私曲失時悔 富不儉用貧時悔 藝不少學過時悔 見事不學用時悔 醉後狂言醒時悔 安不將息病時悔

益智書云 寧無事而家貧 莫有事而家富 寧無事而住茅屋 不有事而住金屋 寧無病而食麤飯 不有病而服良藥

心安茅屋穩 性定菜羹香

景行錄云 責人者不全交 自恕者不改過

夙興夜寐所思忠孝者 人不知天必知之 飽食煖衣怡然自衛者 身雖安其如子孫何

以愛妻子之心 事親則曲盡其孝 以保富貴之心 奉君則無往不忠 以責人之心 責己則寡過 以恕己之心 恕人則全交

爾謀不臧 悔之何及 爾見不長 敎之何益 利心專則背道 私意確則滅公

生事事生 省事事省

景行錄云 坐密室如通衢 馭寸心如六馬 可免過
경행록 운 좌 밀실 여 통구 어 촌심 여 육마 가면 과

『경행록』에 이런 말이 있다. "아무도 없는 밀실에 앉아 있기를 마치 시장통 한복판에 있듯이 하고, 지극히 미미한 마음의 변화를 다루기를 마치 여섯 마리 말을 다루듯이 하면 가히 허물을 면할 수 있을 것이다."

※　『경행록』의 이 글은 『중용』의 愼獨과 일맥상통한다. "아무도 없는 밀실(密室)에 앉아 있기를[坐] 마치[如] 시장통 한복판에[通衢] 있듯이 하고, 지극히 미미한 마음의 변화[寸心]를 다루기를[馭] 마치[如] 여섯 마리 말을 다루듯이[六馬] 하면 가히[可] 허물을[過] 면할 수 있을 것이다[免]."

밀실에 앉아 있으면 사람은 아무도 보지 않는다고 생각해 마음을 놓아버리게 된다[放心]. 반면에 주변에서 많은 사람들이 보고 있으면 그 점을 의식하여 행동거지가 매사 조심스럽게 바뀌게 된다. 이 둘의 차이, 즉 혼자서 골방에 있을 때나 많은 사람들이 다 지켜볼 때나 한결같이 같은 처신을 하는 것이 '홀로 삼감[愼獨]'이다.

더불어 마음의 미세한 움직임까지 알아차리기 위해 섬세한 노력을 다 쏟아부어야만 스스로 허물을 짓지 않을 수 있다는 것이다. 사람이 살아가면서 가장 주의해야 할 것이 허물을 짓는 것이라는 점에서 볼 때 이 글은 허물을 짓지 않는 핵심 요령을 전해주고 있다.

擊壤詩云 富貴如將智力求 仲尼年少合封侯 世人不解靑天意 空使
격양 시 운 부귀 여 장 지력 구 중니 연소 합 봉후 세인 불해 청천 의 공사

身心半夜愁
신심 반야 수

「격양시」에서 (소강절은) 이렇게 노래했다. "부자가 되는 것 그리고 신분
적으로 귀하게 되는 것이 만일 앞으로 지혜를 통해서 혹은 노력을 통해서
구할 수 있는 것이라면 (누구보다 지력이 뛰어났던) 공자는 어렸을 때 제후
에 당연히 봉해졌을 것이다. 세상 사람들은 푸르디푸른 하늘의 뜻은 제대
로 알지도 못하면서 쓸데없이 몸과 마음을 써서 한밤중까지 시름만 한다."

擊壤은 중국의 오래된 민속놀이이며, 擊壤歌는 요임금 시
격양   격양가
절 풍년이 들어 태평한 세월을 감사할 때 불렀던 노래다. 「擊壤詩」는
격양 시
송나라 사상가 소강절이 스스로 농사를 지으며 지은 시라고 한다. 안
분지족하는 삶의 지혜를 노래한 것이다. 하나씩 풀어보자.

"부자가 되는 것 그리고 신분적으로 귀하게 되는 것이[富貴] 만일[如]
부귀   어
앞으로[將] 지혜를 통해서 혹은 노력을 통해서[智力] 구할 수 있는 것
장   지력
[求]이라면 (누구보다 지력이 뛰어났던) 공자는[仲尼] 어렸을 때[年少] 제
구   중니   연소
후에[侯] 당연히[合] 봉해졌을 것이다[封]. 세상 사람들은[世人] 푸르디
후   합   봉   세인
푸른[靑] 하늘의 뜻은[天意] 제대로 알지도 못하면서[不解] 쓸데없이[空]
청   천의   불해   공
몸과 마음을[身心] 써서[使] 한밤중까지[半夜] 시름만 한다[愁]."
신심   사   반야   수
실제로 공자는 스스로 『논어』 '술이 11'에서 이렇게 말한 적이 있다.
그 내용은 정확히 이 문맥과 서로 통한다.

부(富)가 만일 얻으려고 해서 얻을 수 있는 것이라면 말채찍을 잡는 자의 일이라도 내 기꺼이 하겠다. 그러나 얻으려고 한다고 해서 얻을 수 없는 것이라면 내가 좋아하는 바를 따르겠다.

이 말은 부뿐만 아니라 귀에도 그대로 적용된다.

范忠宣公 戒子弟曰 人雖至愚 責人則明 雖有聰明 恕己則昏 爾曹
범 충선공 계 자제 왈 인 수 지우 책 인 즉 명 수 유 총명 서 기 즉 혼 이조
但常以責人之心責己 恕己之心恕人則不患不到聖賢地位也
단 상 이 책인 지 심 책기 서 기 지 심 서인 즉 불환 부도 성현 지위 야

범충선공이 자식들에게 다음과 같은 경계의 말을 남겼다. "사람은 제 아무리 극히 어리석다 하더라도 다른 사람을 꾸짖음에는 훤하게 밝고, (반면에 또) 제아무리 귀 밝고 눈 밝은 사람이 있다 하더라도 자기 자신을 용서하는 데는 (가능하면 눈감으려 하여) 캄캄할 만큼 어둡다. 너희들은 늘 한결같이 남들을 꾸짖을 때의 마음으로 스스로를 꾸짖고, 자기 자신을 너그럽게 용서할 때의 마음으로 남들을 용서한다면 빼어나고 뛰어난 자리에 오르지 못하더라도 걱정하지 말라."

❀ 　　범충선공은 중국 송나라의 정치인 범순인(范純仁)을 말하며 忠宣公은 그가 받은 시호다. 강직한 성품으로 왕안석의 신법의 부
충선공

당성을 논하다가 미움을 샀던 인물이다.

그 충선공 범순인이 자식들에게〔子弟〕 다음과 같은 경계〔戒〕의 말
을 했다〔曰〕는 것이다. 이 말은 『송명신언행록(宋名臣言行錄)』에 나오고
『소학』에도 실려 있다.

"사람은〔人〕 제아무리〔雖〕 극히 어리석다〔至愚〕 하더라도 다른 사람을
〔人〕 꾸짖음〔責〕에는〔則〕 훤하게 밝고〔明〕, (반면에 또) 제아무리〔雖〕 귀 밝
고 눈 밝은〔聰明〕 사람이 있다〔有〕 하더라도 자기 자신을〔己〕 용서〔恕〕하
는 데는〔則〕 (가능하면 눈감으려 하여) 캄캄할 만큼 어둡다〔昏〕."

이어 범순인은 보다 구체적으로 이 내용을 풀어가면서 자식들에게
경계의 말을 건넨다.

"너희〔爾〕들〔曹〕은 늘 한결같이〔但常〕 남들을 꾸짖을 때의 마음〔責人
之心〕으로〔以〕 스스로를〔己〕 꾸짖고〔責〕, 자기 자신을 너그럽게 용서
할 때의 마음〔恕己之心〕으로〔以〕 남들을 용서한다〔恕人〕면〔則〕 빼어나
고 뛰어난〔聖賢〕 자리에〔地位〕 오르지 못하더라도〔不到〕 걱정하지 말라
〔不患〕."

이미 그것만으로도 세상을 살아가는 훌륭한 인간으로서의 기본을
갖췄다는 뜻이다. 그런데 몇몇 번역서들은 마지막 부분을 '성현의 경
지에 이르지 못함을 근심할 것이 없다'고 풀이하는데 여기에는 문제가
있다. 이 정도면 이미 성현의 경지에 이를 수 있다는 뜻 같은데 이 정
도만으로 어떻게 그 경지에 이르겠는가? 地位를 말 그대로 자리로 풀
이하면 벼슬에 얽매일 필요가 없다는 뜻이 되어 '오르지 못하더라도
〔不到〕'라고 하는 것이 문맥상 훨씬 자연스럽다.

子曰 聰明思睿 守之以愚 功被天下 守之以讓 勇力振世 守之以怯
자왈 총명사예 수지이우 공피천하 수지이양 용력진세 수지이겁

富有四海 守之以謙
부유사해 수지이겸

공자는 말했다. "귀 밝고 눈 밝고 사람에 밝고 일에 밝은 사람일수록
(겉으로는) 어리석은 듯이 함으로써 그것을 지켜내고, 그가 세운 업적이
온 세상을 뒤덮을 정도가 될수록 (겉으로는) 사양하는 자세를 보임으로써
그것을 지켜내고, 용맹과 힘이 세상을 떨칠 정도가 될수록 (겉으로는) 겁
이 나는 듯이 함으로써 그것을 지켜내고, 재산이 많아 온 세상을 차지할
정도가 될수록 (겉으로는) 자신을 낮춤으로써 그것을 지켜낼 수 있다."

공자의 이 말은 『논어』가 아니라 『공자가어』에 나오는 것
으로 제자 자로가 "감히 만족을 오랫동안 유지할 수 있는 도리에 대
해 묻겠습니다"라고 하자 공자가 답한 내용이다. 우선 밝히자면 핵심
이 되는 말은 愚, 讓, 怯, 謙 네 가지다. 그중 愚와 怯은 마음[心]을 포함
                           우 양 겁 겸   우   겁   심
하고 있고 讓과 謙은 말[言]을 포함하고 있다. 마음이 내면이면 말은
        양   겸   언
외면적 표출이다. 이는 삼감[敬]이 내면이고 공손[恭]이 외면적 표출인
                        경   공
것과 그대로 조응한다.

이제 공자의 말을 하나씩 짚어보자.

우리는 이미 열자가 말한 知慧聰明과 『중용』에 나오는 聰明睿知가
                    지혜총명   총명예지
慧와 睿의 다름에도 불구하고 뜻은 사실상 같다는 것을 살펴본 바 있
혜 예
다. 여기서도 마찬가지다. 思는 知, 慧와 통한다. 사려 깊고 지혜가 있
                        사 지 혜

124

다는 뜻이기 때문이다. 따라서 聰明思睿도 聰明睿知와 정확히 같은
의미로 풀어야 한다. 이제 공자의 말을 꼼꼼하게 풀어간다.

"귀 밝고 눈 밝고 사람에 밝고 일에 밝은 사람(聰明思睿)일수록 (겉
으로는) 어리석은 듯이(愚) 함으로써(以) 그것을(之) 지켜내고(守), 그가
세운 업적이(功) 온 세상을(天下) 뒤덮을(被) 정도가 될수록 (겉으로는)
사양하는 자세를 보임(讓)으로써(以) 그것을(之) 지켜내고(守), 용맹과
힘이(勇力) 세상을(世) 떨칠(振) 정도가 될수록 (겉으로는) 겁이 나는 듯
이(怯) 함으로써(以) 그것을(之) 지켜내고(守), 재산이 많아(富) 온 세상
을(四海) 차지할(有) 정도가 될수록 (겉으로는) 자신을 낮춤(謙)으로써
(以) 그것을(之) 지켜낼 수 있다(守)."

素書云 薄施厚望者不報 貴而忘賤者不久
소서 운 박시 후망 자 불보 귀 이 망천 자 불구

『소서』에 이런 말이 나온다. "베풀기는 엷게 하고서 두터운 혜택을 바라
는 사람은 보답을 받지 못할 것이고, 지위가 높아졌다고 해서 낮았던 시
절을 잊어버리는 사람은 (그 자리가) 오래가지 못할 것이다."

❀ 『소서(素書)』는 중국 진나라 사람 황석공(黃石公)이 지었

다는 병서(兵書)다. 내용은 간단하다.

"베풀기는 엷게 하고서〔薄施〕 두터운 혜택을 바라는〔厚望〕 사람은〔者〕 보답을 받지 못할 것이고〔不報〕, 지위가 높아졌다고〔貴〕 해서〔而〕 낮았던 시절을 잊어버리는〔忘賤〕 사람은〔者〕 (그 자리가) 오래가지 못할 것이다〔不久〕."

施恩勿求報 與人勿追悔
시은 물 구보 여인 물 추회

은혜를 베풀었다고 해서 그에 대한 보답을 결코 구해서는 안 되고, 다른 사람에게 주었거든 결코 뒤에 가서 후회하지 말라.

❀   내용은 앞의 것과 거의 비슷하다. 출처는 불분명하다.

"은혜를 베풀었다고 해서〔施恩〕 그에 대한 보답을 결코 구해서는〔求報〕 안 되고〔勿〕, 다른 사람에게〔人〕 주었거든〔與〕 결코 뒤에 가서〔追〕 후회하지〔悔〕 말라〔勿〕."

이 말은 실은 愼獨의 정신과도 통한다. 어떤 일을 할 때 뭔가를 기대하거나 남을 의식해서 하지 말라는 뜻이기 때문이다.

126

孫思邈曰 膽欲大而心欲小 知欲圓而行欲方

손사막 왈 담 욕 대 이 심 욕 소 지 욕 원 이 행 욕 방

손사막은 이렇게 말했다. "담력은 크고자 해야 하며 마음가짐은 세세하게 가져가려 해야 한다. 앎은 두루두루 갖추려 해야 하지만 행함은 일정한 방법과 도리에 따라 하려고 해야 한다."

이 글은 『당서(唐書)』 '은일열전(隱逸列傳)'에 나온다.

손사막(孫思邈)은 중국 수나라와 당나라 교체기의 사람으로 숨은 현인[隱逸]이었으며 100세까지 살았다고 한다. 여러 학설에 두루 능통했으며 수나라 문제와 당나라 태종이 불러들였으나 끝내 응하지 않고 초야에 묻혀 각종 저서들을 남겼다.

"담력은[膽] 크[大]고자 해야 하며[欲] 마음가짐은[心] 세세하게[小] 가져가려 해야 한다[欲]. 앎은[知] 두루두루 갖추려[圓] 해야 하지만[欲] 행함은[行] 일정한 방법과 도리에 따라[方] 하려고 해야 한다[欲]."

念念要如臨戰日 心心常似過橋時
염념 요 여 임전 일 심심 상사 과교 시

머리를 써야 할 때는 매 순간순간 전쟁에 나서는 날처럼 (미래 계획에 대해) 간절해야 하고, (결행하는 과정에서) 마음을 써야 할 때는 매 순간순간 다리를 건널 때처럼 일정함이 있어야 한다.

출처는 알 수 없다.

念念을 그냥 글자 모양에 따라 '생각마다' 정도로 풀이해서는 그 뜻
염념
을 정확히 알 수 없다. 오히려 사전의 풀이가 도움을 준다. '한 찰나 한 찰나', '매 순간', '항상 마음속으로 생각함' 등이다. 이 중에서는 '매 순간'이 우리의 문맥에 적합하다. 心心 또한 '마음마다'라고 푸는데 이 또
심심
한 '매 순간 마음이 정해질 때마다' 정도로 풀어내야 의미가 통한다.

"머리를 써야 할 때는 매 순간순간[念念] 전쟁에 나서는[臨戰] 날[日]
염념   임전   일
처럼[如] 간절해야 하고[要], 마음을 써야 할 때는 매 순간순간[心心] 다
여   요   심심
리를 건널[過橋] 때[時]처럼[似=如] 일정함이 있어야 한다[常]."
과교   시   사 여   상
'일정함이 있어야 한다[常]'와 '다리를 건너는 것[過橋]'이 왜 연결되
상   과교
는지에 대해 좀 더 살펴볼 필요가 있다. 기존의 번역처럼 '마음마다 늘
[常] 다리를 건너는 때처럼 해야 한다'고 옮겨서는 도무지 무슨 말인지
상
를 알 수가 없다. 위의 要와 마찬가지로 常도 이 문장에서는 부사가 아
요   상
니라 동사이기 때문이다. 돌다리도 두들겨보고 건넌다는 말이 있듯이
오늘날의 다리와 달리 옛날의 다리는 재료 등의 문제로 인해 위험할

수밖에 없었다. 그렇기 때문에 결심을 하고 나서 정작 일을 행할 때는 임의대로 하지 말고 과거의 경험과 상식 등 일정한 원칙에 따라 일을 행해야 위험에 빠지지 않는다는 말이다. 매사 조심조심 행해야 함을 강조하는 말이다.

懼法朝朝樂 欺公日日憂
구 법 조조 낙 기 공 일일 우

법도를 두려워할 줄 알면 매 아침이 즐겁고, (반대로) 만인의 이치를 속이게 되면 하루하루가 근심으로 가득하다.

이 글은 중국의 처세격언집 『증광현문』에 나온다. 내용은 간단하면서도 法과 公의 뜻풀이 문제로 인해 의미심장하다. 크게 보면 私慾(혹은 邪慾)과 당당한 도리의 대비라 할 수 있다.
법   공
사욕   사욕
"법도를〔法〕 두려워할 줄 알면〔懼〕 매 아침이〔朝朝〕 즐겁고〔樂〕, (반대
법   구   조조   낙
로) 만인의 이치를〔公〕 속이게 되면〔欺〕 하루하루가〔日日〕 근심으로 가
공   기   일일
득하다〔憂〕."
우

朱文公曰 守口如瓶 防意如城
주문공 왈 수구 여 병 방의 여 성

입을 닫고서 지키기를 마치 뚜껑 닫힌 병처럼 해야 하고, 뜻을 막아서
지키기를 마치 굳건한 성처럼 해야 한다.

이 글은 주희가 자신을 경계하기 위해 쓴 「경재잠(敬齋箴)」
에 나오는 말로 『증광현문』에도 실려 있다. 번역은 간단하다.

"입을 닫고서 지키기를[守口] 마치 뚜껑 닫힌 병[瓶]처럼[如] 해야 하
고, 뜻을 막아서 지키기를[防意] 마치 굳건한 성[城]처럼[如] 해야 한다."

이는 우선 기구로 보충해서 풀어볼 때 그 본래 의미가 명확하게 드
러난다. 입, 즉 말이라는 것은 하지 않고 참기가 어렵다. 그것은 근본
적으로 자기를 드러내고 싶은 마음과 연결돼 있기 때문이다. 결국 이
점을 누르지 못하면 말은 입을 통해 튀어나오기 마련이다. 쉽게 참지
못하는 말 중에는 자신을 드러내는 말 이외에 타인에 대한 비방도 있
다. 이 또한 절제해야 한다는 뜻이다.

뜻이라는 것은 쉽게 허물어지는 속성을 갖고 있다. 남이 와서 흔들
지 않아도 스스로 무너져 내리는 것이 뜻이다. 아무리 좋은 뜻을 세워
도 얼마 안 가서 스스로 어기는 것이 우리 같은 사람들의 삶이다. 그
럴수록 다시 세우고 또 세우고 해야 하는 것이 뜻이다. 따라서 성의
비유는 대단히 적절하다고 하겠다.

心不負人 面無慙色
심 불부 인 면 무 참색

마음속으로 남들에게 빚진 바가 없다면 얼굴에도 부끄러운 빛이 나타
나지 않는다.

이 문장은 負를 긍정적으로 풀이하느냐 부정적으로 풀이
하느냐에 따라 뜻이 완전히 달라질 수 있다.

먼저 기존의 번역 한 가지를 살펴보자. "마음이 남을 저버리지 않았
으면 얼굴에 부끄러운 빛이 없다." 풀이하자면 속으로 남을 저버린 마
음을 먹지 않았다면 겉으로도 얼굴에 부끄러운 빛이 드러나지 않을
것이라는 말이다. 역으로 풀이할 경우 남을 저버리는 마음을 먹으면
얼굴에 그대로 부끄러워하는 마음이 드러난다는 뜻이다. 그러니 속으
로라도 남을 저버리는 마음을 먹어서는 안 된다는 가르침이라 할 수
있다.

이번에는 負가 '저버리다'보다 자주 사용되는 '빚을 지다', '부담을 안
다'는 뜻으로 쓰인 경우이다. 오히려 이렇게 풀어내는 게 자연스럽다.
"마음속으로〔心〕 남들에게〔人〕 빚진 바가 없다면〔不負〕 얼굴에도〔面〕 부
끄러운 빛이〔慙色〕 나타나지 않는다〔無〕." 저버리는 것이 아니라 조금의
빚만 있어도 부끄러워해야 한다는 점에서 이것이 좀 더 타당한 풀이
라 하겠다.

人無百歲人 枉作千年計
인 무 백세 인 왕 작 천년 계

　사람들 중에 백 살을 사는 사람은 없건만 그릇되게도 천 년짜리 계획이나 세우고 있다.

　❋　　　이 글은 『증광현문』 등 여러 문헌에 조금씩 단어를 달리하여 실려 있다. 뜻은 어렵지 않다.

　"사람들 중에〔人〕 백 살을 사는 사람〔百歲人〕은 없건만〔無〕 그릇되게도〔枉＝徒〕 천 년짜리 계획〔千年計〕이나 세우고 있다〔作〕."

　허황힘을 경계하는 말이다.

寇萊公六悔銘云 官行私曲失時悔 富不儉用貧時悔 藝不少學過時
구래공 육회명 운 관행 사곡 실시 회 부 불검 용 빈시 회 예불 소학 과시

悔 見事不學用時悔 醉後狂言醒時悔 安不將息病時悔
회 견사 불학 용시 회 취후 광언 성시 회 안 부 장식 병시 회

　구래공이 여섯 가지 후회를 담은 글에는 이런 말이 있다. "관리로 있으면서 사익을 챙기고 바르지 못한 짓을 하면 물러날 때 (반드시) 후회한다.

부유할 때 씀씀이를 검약하게 하지 않으면 가난해졌을 때 (반드시) 후회한다. 기예는 어려서 배워두지 않으면 그때가 지나고 나서 (반드시) 후회한다. 일을 보고서도 (그때) 배워두지 않으면 정작 필요할 때 (반드시) 후회한다. 술에 취한 후 미친 듯이 지껄여대면 술에서 깨어났을 때 (반드시) 후회한다. 편안할 때 마땅히 충분한 휴식을 취해 몸 관리를 하지 않으면 병들고서 (반드시) 후회한다."

이 글은 송나라 때의 관리 구준(寇準)이 남긴 '여섯 가지 후회〔六悔〕'에 대한 내용이다. 정확히 번역하면 별도의 추가 풀이는 필요 없을 정도로 쉽고, 일상생활에서 즉각 응용하여 실천해 볼 수 있는 항목들이다.

"관리로 있으면서〔官〕 사익을 챙기고 바르지 못한 짓을〔私曲〕 하면〔行〕 물러날 때〔失時〕 (반드시) 후회한다〔悔〕. 부유할 때〔富〕 씀씀이를〔用〕 검약하게 하지 않으면〔不儉〕 가난해졌을 때〔貧時〕 (반드시) 후회한다〔悔〕. 기예는〔藝〕 어려서〔少〕 배워두지〔學〕 않으면〔不〕 그때가 지나고 나서〔過時〕 (반드시) 후회한다〔悔〕. 일을 보고서도〔見事〕 (그때) 배워두지 않으면〔不學〕 정작 필요할 때〔用時〕 (반드시) 후회한다〔悔〕. 술에 취한 후〔醉後〕 미친 듯이 지껄여대면〔狂言〕 술에서 깨어났을 때〔醒時〕 (반드시) 후회한다〔悔〕. 편안할 때〔安〕 마땅히〔將〕 충분한 휴식을 취해 몸 관리를 하지 않으면〔不~息〕 병들고서〔病時〕 (반드시) 후회한다〔悔〕."

益智書云 寧無事而家貧 莫有事而家富 寧無事而住茅屋 不有事而
익지서 운 영 무사 이 가빈 막 유사 이 가부 영 무사 이 주모옥 불 유사 이

住金屋 寧無病而食龘飯 不有病而服良藥
주 금옥 영 무병 이 식 추반 불 유병 이 복 양약

『익지서』에 이런 말이 있다. "차라리 아무런 불상사도 없이 집이 가난
한 것이 낫지 일이 있으면서 집이 부유한 것은 안 좋다. 차라리 아무런 불
상사도 없이 초가집에서 사는 것이 낫지 일이 있으면서 좋은 집에서 사는
것은 안 좋다. 차라리 아무런 병도 없이 거친 밥을 먹더라도 병이 있으면
서 좋은 약을 먹지는 말 일이다."

이 글은 『익지서』에 나오는 말로 일상에서 행할 수 있는,
그러나 쉽지는 않은 지혜를 담고 있다. 이 또한 앞의 글과 마찬가지로
충실한 번역이면 충분히 그 뜻을 새길 수 있다.

"차라리[寧] 아무런 불상사도 없이[無事][而] 집이 가난한 것이 낫지
[家貧] 일이 있으면서[有事][而] 집이 부유한 것은[家富] 안 좋다[莫].

차라리[寧] 아무런 불상사도 없이[無事][而] 초가집에서[茅屋] 사는
것이 낫지[住] 일이 있으면서[有事][而] 좋은 집에서[金屋] 사는 것은[住]
안 좋다[不].

차라리[寧] 아무런 병도 없이[無病][而] 거친 밥을[龘飯] 먹더라도[食]
병이 있으면서[有病][而] 좋은 약을[良藥] 먹지는[服] 말일이다[不]."

여기서 키워드는 아무런 변고나 사고 혹은 병이 없이 사는 것이 중
요하지 빈부의 문제는 부차적이라는 것이다.

心安茅屋穩 性定荣羹香
심 안 모 옥 온 성 정 채 갱 향

마음이 안정되면 초가집이라도 평온하고, 성정이 정해지면 나물국도
향기롭다.

출처는 분명치 않지만 내용은 앞의 것과 비슷하다. 시의
일부로 보이는데 마치 일본의 하이쿠처럼 짧다.

"마음이〔心〕 안정되면〔安〕 초가집이라도〔茅屋〕 평온하고〔穩〕, 성정이
〔性〕 정해지면〔定〕 나물국도〔荣羹〕 향기롭다〔香〕."

한마디로 安貧樂道를 노래하고 있다.
안빈낙도

景行錄云 責人者不全交 自恕者不改過
경 행 록 운 책 인 자 부 전 교 자 서 자 불 개 과

『경행록』에 이런 말이 나온다. "남을 탓하는 자는 타인과의 사귐이 온
전할 수 없고, 자신을 너그럽게 용서하는 자는 허물을 고칠 수 없다."

이 글은 『경행록』에 나오는 말로 자신에게 관대하고 남에게는 엄격한 자의 문제점을 지적하고 있다. 실은 대부분의 사람들이 이런 태도를 갖고 있기 때문에 그 비판의 울림이 크다.

　"남을 탓하는〔責人〕 자는〔者〕 타인과의 사귐이〔交〕 온전할 수 없고〔不全〕, 자신을 너그럽게 용서하는〔自恕〕 자는〔者〕 허물을〔過〕 고칠 수 없다〔不改〕."

　공자는 군자가 되려는 자의 필수 조건으로 過則勿憚改, 즉 허물이 있으면 기탄없이 고칠 줄 알아야 한다고 했다. 그런데 남 탓이나 하고 자신에게는 관대한 마음을 갖고 있는 한 허물을 고치기는 요원한 것이다. 쉬운 이야기지만 행하기는 참으로 어려운 것임을 알고서 음미할 필요가 있다.

夙興夜寐所思忠孝者 人不知天必知之 飽食煖衣怡然自衛者 身雖
숙흥야매　소사 충효 자　인 부지 천 필 지 지　포 식 난 의 이연 자위 자　신 수

安其如子孫何
안 기 여 자손 하

　아침 일찍 일어나고 늦게 자면서 늘 충효를 생각하는 사람은 다른 사람들은 몰라줄지 모르나 하늘은 반드시 그 사람의 그런 마음을 알고 있다. 배부르게 먹고 따뜻하게 옷을 입어 안락하게 자기 자신만을 지키려는 사람은 자기 한 몸은 편안할지 몰라도 그 자손들은 어찌하겠는가?

✳ 　　　이 글에는 전형적인 유학의 세계관이 담겨 있다. 夙興夜寐
^{숙흥야매}는 일찍 일어나고 늦게 잔다는 말로 하루를 부지런하게 보낸다는 뜻
이다. 원래는 『시경』에 나오는 시구다. 지금은 별로 쓰지 않지만 조선
시대 선비들은 입에 달고 살았던 말이다. 이에 대해서는 잠언(箴言)까
지 지어 늘 가까이 두고서 자신을 채찍질하곤 했는데, 특히 송나라 사람
진백(陳栢)이 지은 「숙흥야매잠(夙興夜寐箴)」과 이에 대해 조선 중엽의
정승 노수신이 주해한 『숙흥야매잠주해(夙興夜寐箴註解)』가 유명하
다. 여기서는 일단 「숙흥야매잠」의 번역문만 읽어보도록 하자.

"닭이 울어 잠을 깨면, 이러저러한 생각이 점차로 일어나게 된다. 어
찌 그동안에 조용히 마음을 정돈하지 않겠는가!

혹은 지난 허물을 반성하기도 하고, 혹은 새로 깨달은 것을 생각해
내어, 차례로 조리를 세우며 분명하게 이해하여 두자.

근본이 세워졌으면 새벽에 일찍 일어나, 세수하고 빗질하고 의관을
갖추고, 단정히 앉아 안색을 가다듬어라.

이 마음 이끌기를 마치 솟아오르는 해와 같이 밝게 한다. 태도를 엄
숙하게 하고 겉모습을 단정히 하며, 마음을 비워 밝게 하고 조용히 하
기를 한결같이 하라.

이때 책을 펼쳐 성현들을 대하여, 공자께서 자리에 계시고, 안자와
증자가 앞뒤에 계신 듯하라.

성현이 하신 말씀을 몸소 간절히 경청하고, 제자들이 묻고 따지는
말을 반복하여 참고하고 바로잡아라.

일이 생겨 곧 응하게 되면, 실천으로 시험하여 보라. 천명은 밝고 밝
은 것이므로 항상 여기에 눈을 두어야 한다.

일에 응하고 난 다음에는 나는 곧 예전의 내가 되어야 한다. 마음을 고요히 하고 정신을 모으며 잡념을 버려야 할 것이다.

움직임과 고요함이 순환하는 중에도 마음만은 이것을 볼 것이다. 멈출 때는 보존하고 움직일 때는 살펴어 두 갈래 세 갈래로 하지 말라.

독서하고 남은 틈에는 틈틈이 쉬면서, 정신을 푸근히 하여 성정(性情)을 쉬게 하라.

날이 저물고 사람이 피곤해지면 흐린 기운이 엄습하기 쉬우니, 장중히 가다듬어 밝은 정신을 떨쳐야 한다.

밤이 늦어지면 잠자리에 들며, 손을 가지런히 하고 발을 모으라. 생각을 일으키지 말고 심신이 돌아가 쉬게 하라.

밤기운으로써 길러나가라. 이미 정(貞)이면 원(元)에 돌아오느니라. 이것을 마음에 새기고, 여기에 마음을 두고 밤낮으로 쉬지 않고 부지런히 힘쓰라."

다시 본문으로 돌아가자. 직역하면 '생각하는 바(所思)가 충효에 있는 사람'이다. 다시 풀면 '아침 일찍 일어나고 늦게 자면서 늘 충효를 생각하는 사람'이 된다. 이런 사람은 다른 사람들은 몰라줄지 모르나 하늘은 반드시 그 사람의 그런 마음을 알고 있다는 뜻이다.

이번에는 그 반대의 인간 유형이 나온다. 배부르게 먹고(飽食) 따뜻하게 옷을 입어(煖衣) 안락하게(怡然) 자기 자신만을 지키려는(自衛) 사람은 자기 한 몸(身)은 편안할지 몰라도 그 자손들은 어찌하겠는가(如~何).

눈길을 끄는 것은 결국 당대에 안일한 삶을 살 경우 바로 그 후손들이 재앙을 입게 된다는 경고다.

以愛妻子之心 事親則曲盡其孝 以保富貴之心 奉君則無往不忠 以
이 애 처자 지심 사친 즉 곡진 기 효 이 보 부귀 지심 봉군 즉 무왕 불충 이

責人之心 責己則寡過 以恕己之心 恕人則全交
책인 지심 책기 즉 과과 이 서기 지심 서인 즉 전교

처자식을 사랑하는 마음을 갖고서 부모를 모신다면 그 효도는 남김없이
다한 효라고 할 수 있다. 부귀를 지키고 싶어하는 마음을 갖고서 임금을
모신다면 불충에 빠지는 일은 없을 것이다. 다른 사람을 탓하는 마음을 갖
고서 자신을 탓한다면 허물이 적어질 것이다. 자기 자신을 용서하는 마음을
갖고서 남을 용서한다면 벗 사귐이 온전할 것이다.

내용이 어렵지는 않다. 차분하게 옮기면서 풀어보자. "처
자식을 사랑하는(愛妻子) 마음을 갖고서(以) 부모를 모신다면 그 효도
는 남김없이 다한(曲盡) 효라고 할 수 있다." 처자식 사랑과 부모 사랑
이 그만큼 다른 것이다.

"부귀를 지키고 싶어하는 마음을 갖고서 임금을 모신다면 불충에
빠지는 일은 없을 것이다." 이 말도 음미해 볼 필요가 있다. 우리가 윗
사람, 옛날에는 임금을 향해 충성을 다하려 했던 것 같지만 그 본마음
은 실은 자신의 부귀영달을 얻기 위한 경우가 많았다. 이 점을 지적하
고 있는 것이다.

"다른 사람을 탓하는(責人) 마음을 갖고서 자신을 탓한다면 허물이
적어질 것이다." 어떤 문제건 결국 자기 자신에게서 이유나 원인을 찾
는 것을 反身이라고 하는데 그 점을 풀어 설명하고 있다.

네 번째는 비슷하면서도 강조점이 벗 사귐[交]에 주어진다. "자기 자신을 용서하는 마음을 갖고서 남을 용서한다면 벗 사귐이 온전할 것이다."

爾謀不臧 悔之何及 爾見不長 教之何益 利心專則背道 私意確則
이모 부장 회지 하급 이견 부장 교지 하익 이심 전 즉 배도 사의 확 즉

滅公
멸공

너의 계획이 좋지 못하면 후회한들 어디에 미치겠으며, 너의 보는 바가 좋지 못하면 그것을 가르친다 한들 무슨 이익이 있겠는가? 이익을 생각하는 마음에만 전념할 경우 도리에 위배되고, 사사로운 뜻이 확고하면 공(公)은 없어지게 된다.

爾는 너를 뜻한다. 臧은 善과 같은 뜻이다. 따라서 첫 문장
이   장 선
은 '너의 꾀가 좋지 못하면'이라는 뜻이다. 悔之何及은 그것을 후회한
회 지 하급
들 어디에 미치겠는가라는 뜻이다. 이런 구조는 다음 장에도 이어진
다. 이제 원문을 풀어보자.
"너의 계획이 좋지 못하면 후회한들 어디에 미치겠으며, 너의 보는
바[爾見]가 좋지[長=善] 못하면 그것을 가르친다 한들 무슨 이익이 있
이견   장 선

140

겠는가? 이익을 생각하는 마음[利心]에만 전념할 경우 도리에 위배되고 사사로운 뜻[私意]이 확고하면 공(公)은 없어지게 된다."

生事事生 省事事省
생사 사생 생사 사생

일을 만들면 일이 생겨나고, 일을 줄이면 일이 줄어든다.

❋ 아주 재미있는 표현이다. 말놀이이면서도 예리한 통찰을 담고 있다. 여기서 省은 '줄이다'는 뜻이다. 따라서 生도 省에 대비시킬 경우 '만들다'로 풀이하는 것이 자연스럽다.

"일을 만들면[生事] 일이 생겨나고[事生], 일을 줄이면[省事] 일이 줄어든다[事省]."

여기서 중요한 것은 일이라는 것이 결국은 사람이 마음먹기[生省]에 달렸다는 사실이다.

8장
戒性篇
계성 편

본성이 어긋나지 않도록 항상 조심하여 일깨워주다

戒性篇

景行錄云 人性如水 水一傾則不可復 性一縱則不可反 制水者必以堤防 制性者必以禮法

忍一時之忿 免百日之憂

得忍且忍 得戒且戒 不忍不戒 小事成大

愚濁生嗔怒皆因理不通 休添心上火只作耳邊風 長短家家有炎凉處處同 是非無實相究竟摠成空

子張欲行 辭於夫子 願賜一言爲修身之美 子曰 百行之本 忍之爲上 子張曰 何爲忍之 子曰 天子忍之國無害 諸侯忍之成其大 官吏忍之進其位 兄弟忍之家富貴 夫妻忍之終其世 朋友忍之名不廢 自身忍之無禍害

子張曰 不忍則如何 子曰 天子不忍國空虛 諸侯不忍喪其軀 官吏不忍刑法誅 兄弟不忍各分居 夫妻不忍令子孤 朋友不忍情意疎 自身不忍患不除 子張曰 善哉善哉 難忍難忍 非人不忍 不忍非人

景行錄云 屈己者能處重 好勝者必遇敵

惡人罵善人善人摠不對 不對心清閑罵者口熱沸 正如人唾天還從己身墜

我若被人罵 佯聾不分說 譬如火燒空不救自然滅 我心等虛空摠爾飜脣舌

凡事留人情 後來好相見

景行錄云 人性如水 水一傾則不可復 性一縱則不可反 制水者必以
경행록 운 인성 여 수　수 일경 즉 불가 복　성 일종 즉 불가 반　제수자 필 이

堤防 制性者必以禮法
제방　제성자 필 이 예법

『경행록』에 이런 말이 나온다. "사람의 본성은 물과 같아서 물이 한번
기울면 되돌릴 수 없듯이 사람의 본성도 한번 풀리면 되돌릴 수 없다. (그
래서) 물을 다스리는 자는 반드시 제방을 쓰듯이 본성을 다스리는 자는
반드시 예법을 써야 한다."

　　　먼저 사람의 본성[人性]을 물[水]에 비유하고 있다. 여기서
는 물이 아래로 흘러내리는 속성을 들어 사람의 본성과 비교한 것이
다. 그 이후 물을 막는 제방과 예법을 연결한 대목도 흥미롭다. 내용은
그다지 어렵지 않다.

　"사람의 본성은 물과 같아서 물이 한번 기울면 되돌릴[復] 수 없듯
이 사람의 본성도 한번 풀리면[縱] 되돌릴[反] 수 없다. (그래서) 물을
다스리는 자는 반드시 제방을 쓰듯이 본성을 다스리는 자는 반드시
예법을 써야 한다."

忍一時之忿 免百日之憂
인 일시 지 분 면 백일 지 우

한순간의 분노를 참으면 오랫동안 근심 걱정해야 할 일을 면하게 된다.

이는 옛 중국의 속담이다. 그런데 이 말은 좀 더 깊이 있는 분석을 할 필요가 있다.

우선 순차적으로 뜻풀이부터 해보자.

"한순간[一時]의[之] 분노[忿]를 참으면[忍] 오랫동안[百日][之] 근심 걱정해야 할 일을[憂] 면하게 된다[免]."

얼핏 보면 '웃으면 복이 와요'를 뒤집어놓은 것 같지만 『논어』 '안연 21'에 나오는 공자의 말을 보는 순간 글의 분위기는 확 바뀔 것이다.

번지가 공자를 따라 기우제를 지내는 단[舞雩]에 갔다가 그 아래에서 이렇게 물었다. "감히 덕을 높이고 사특함을 깎아 없애고 혹(惑)을 분별하는 법에 대해 묻겠습니다."

공자는 먼저 "좋구나! 그 질문이여!"라고 화답한 다음 각각의 물음에 답했다. "일을 먼저 하고 이득은 뒤로 하는 것이 덕을 높이는 것 아니겠는가? 자신 안에 있는 악을 다스리고 남의 악을 다스리지 않는 것이 사특함을 없애는 것 아니겠는가? 하루 아침의 분노로 자신을 망각해 그 (禍)가 부모에게까지 미치게 하는 것이 혹(惑) 아니겠는가?"

혹(惑)이 무엇인지(辨惑)에 대해 공자는 "하루아침의 분노로 자신을 망각해 그 (禍가) 부모에게까지 미치게 하는 것이 혹 아니겠는가?"라고 말한다. 이를 주희는 "하루아침의 분노는 매우 작고 화가 그 부모에게까지 미침은 매우 큼을 안다면 미혹됨을 분별하여 그 분함을 징계함이 있을 것"이라고 했고, 범조우는 좀 더 친절하게 "사물에 감정적 영향을 받아 동요되기 쉬운 것으로 분노만 한 것이 없으니, 자신을 잊어서 그 부모에게까지 화가 미치게 함은 미혹됨이 심한 것이다. 미혹됨이 심한 것은 반드시 세미(細微)한 데서 일어나니, 이것을 조기에 분별한다면 크게 미혹됨에 이르지 않을 것이다. 그러므로 분함을 징계함이 미혹됨을 분별하는 일이다"라고 설명했다.

'안연 10'에서도 공자는 제자가 혹이 무엇인지(辨惑) 묻자 이렇게 말했다.

누군가를 사랑할 때에는 그를 살리고 싶어 하고 누군가를 미워할 때에는 그가 죽기를 바라니, 이미 누군가를 살리려 하고 또 죽기를 바라는 것이 바로 미혹이다. (미혹에 빠지면) 진실로 덕이 왕성해지지도 못하고 다만 괴이함만을 취하게 될 뿐이다.

어찌 보면 감정에 휘둘리는 인간의 한계를 혹이라 부른 듯하다. 그러면 결국 혹하지 않는다는 것은 감정에 대한 절제력이라 할 수 있다. 그래서 참을 인(忍)과도 통하지만 과묵하다는 뜻의 인(訒)과도 통한다.

得忍且忍 得戒且戒 不忍不戒 小事成大
득 인 차 인 득 계 차 계 불 인 불 계 소 사 성 대

참을 수 있으면 우선 참고, 경계할 수 있으면 우선 경계하라. 참지 못하고 경계하지 못하면 작은 일이 커진다.

이 글은 『증광현문』에 나오는 글과 딱 한 자가 다르다. 여기에는 成인데『증광현문』에는 變으로 나온다. 나머지는 똑같다.

전반부는 且를 어떻게 보느냐에 따라 여러 가지 해석이 가능하다. 得은 할 수 있다는 뜻으로 能과 같다. 且를 그냥 '또'로 보면 '참고 또 참을 수 있어야 한다'는 뜻이 된다. 혹은 '잠깐', '우선'으로 볼 경우 '참을 수 있으면 우선 참고, 경계할 수 있으면 우선 경계하라'가 된다. 내용상의 차이는 별로 없다.

우리는 후자를 취한다.

"참을 수 있으면 우선 참고, 경계할 수 있으면 우선 경계하라. 참지 못하고〔不忍〕경계하지 못하면〔不戒〕작은 일이〔小事〕커진다〔成大〕."

愚濁生嗔怒皆因理不通 休添心上火只作耳邊風 長短家家有炎涼
우탁 생 진노 개 인 이 불통   휴첨 심 상 화 지 작 이 변 풍   장단 가가 유 염량

處處同 是非無實相究竟摠成空
처처 동   시비 무 실상 구경 총 성공

어리석고 흐린 사람이 화를 내게 되는 것은 다 이치에 통달하지 못했기
때문이다. (화나는 일이나 사람이 있더라도) 마음에 화를 더하지 말고 단
지 귀를 스치는 바람이라고 간주하라. 장점과 단점은 집집마다 (혹은 사
람마다) 갖고 있고 쉽게 뜨거워졌다가 식었다가 하는 것은 어디서나 똑같
다. 옳고 그름은 객관적 실체가 아니니 결국 모두 다 빈 것이 된다.

이 글은 『달마지현보록(達磨指玄寶錄)』에 옛날 덕이 많은
사람의 발언이라는 형태로 소개되고 있다.

　愚濁은 어리석고 흐린 사람이라는 뜻이다. 즉 愚濁之人이다. 밝지
　　　　　　　　　　　　　　　　　　　　　　　　우탁 지 인
못하고(不明) 맑지 못한(不淸) 사람이 화(嗔怒)를 내게 되는 것(生)은
　　　　불명　　　　불청　　　　　　진노　　　　　　　생
다(皆) 이치에(理) 통달하지 못했기(不通=不達) 때문(因)이라는 것이
　개　　　이　　　　　　불통 부달　　인
다. 이치에 통달한다는 것은 뒤의 두 구절이 간접적으로나마 설명해
준다.

　休는 여기서 '하지 말라'는 뜻이다. 毋나 勿과 같은 뜻이다. 休添은
　휴　　　　　　　　　　　　　무　물　　　　　휴첨
더하지 말라는 말이다. 풀이하면 마음에 화를 더하지 말고 단지(只) 귀
　　　　　　　　　　　　　　　　　　　　　　　　지
를(耳) 스치는(邊) 바람(風)이라고 간주하라(作)는 것이다. 여기에는 목
　이　　　변　　　풍　　　　　작
적어가 빠져 있는데 그것은 화나게 하는 일이나 사람이다. 눈앞에서
화나는 일이나 사람을 보더라도 대수롭지 않게 여길 수 있는 마음의

자세를 가지라는 뜻이다.

그리고 앞서 말했던 이치에 통달한다는 것에 대해 설명하는데 문장 구조를 보면 長短, 炎涼, 是非 이 세 가지로 인해 일어나는 화를 없애는 법을 설명하는 내용이다.

장점과 단점은 집집마다 (혹은 사람마다) 갖고 있지 않은 집(혹은 사람)이 없으니 비교할 필요가 없다는 것이다.

쉽게 뜨거워졌다가 식었다가 하는 것은 어디서나 똑같기 때문에 어떤 사람이 자신에 대해 쉽게 이랬다 저랬다 한다고 해도 화낼 필요가 없다는 것이다.

옳고 그름 또한 확고하게 정해져 있는 듯하지만 실은 객관성(相=象)이 있는 것은 아니고 상대적인 것일 뿐이니 자신이 믿는 바가 반드시 옳다고 확신하고서 다른 사람을 무조건 배척하려 해서는 안 된다는 것이다.

長短, 炎涼, 是非는 우리가 일상생활에서 화를 내게 되는 대표적인 요인이라 할 수 있다. 바로 이 점을 정확히 알 때 우리는 화를 내는 것을 통제할 수 있게 된다.

마지막 권고는 상당히 불교적이다.

"결국(究竟) 모두 다(摠) 빈 것(空)이 된다(成)."

子張欲行 辭於夫子 願賜一言爲修身之美 子曰 百行之本 忍之爲上
자장 욕행 사어 부자 원사 일언 위 수신 지미 자왈 백행 지본 인지 위상

子張曰 何爲忍之 子曰 天子忍之國無害 諸侯忍之成其大 官吏忍之進
자장 왈 하위 인지 자왈 천자 인지국 무해 제후 인지 성 기대 관리 인지 진

其位 兄弟忍之家富貴 夫妻忍之終其世 朋友忍之名不廢 自身忍之無
기위 형제 인지 가 부귀 부처 인지 종 기세 붕우 인지 명 불폐 자신 인지 무

禍害
화해

자장이 떠나려고 하면서 공자에게 인사를 하고 말했다. "원컨대 몸을 닦는 데 중요한 한 말씀 해주십시오."

공자가 말했다. "모든 행함의 뿌리는 참는 것이 가장 중요하다."

어린 자장은 미처 이해가 되지 않았다는 듯이 묻는다. "왜 (하필이면) 참는 것입니까?"

공자가 말했다. "천자가 참을 줄 알면 (천자에 속해 있는) 나라들에 아무런 해가 없고, 제후가 참을 줄 알면 그 나라는 크게 될 것이고, 관리가 참을 줄 알면 그 지위가 올라가고, 형제가 참을 줄 알면 집안이 부귀해지고, 부부가 참을 줄 알면 그 인생을 잘 끝마칠 수 있고, 벗끼리 참을 줄 알면 진정한 우정이 없어지지 않고, 그 자신이 참을 줄 알면 재앙과 피해가 없을 것이다."

공자의 제자 자장이 공자에게 수신의 요체로 삼을 만한 한 말씀(一言)을 청하자 공자는 참는 것(忍)을 조목조목 풀어서 강조한다. 별도의 풀이는 필요 없고 정확한 번역이 중요하다.

자장(子張)이 떠나려고 하면서[欲][行] 공자[夫子]에게[於] 인사를 하고[辭] 이렇게 말했다. "원컨대[願=請] 몸을 닦는 데[修身][之] 중요한[爲~美] 한 말씀[一言] 해주십시오[賜]."

일부에서 爲美의 美를 아름답다고 번역하는데, 이는 오역이다. 그냥 중요하다는 뜻이다. 뒤에 나오는 爲上이나 爲重도 같은 뜻이다.

공자가 답한다. "모든 행함[百行]의[之] 뿌리는[本] 참는 것[忍]이[之] 가장 중요하다[爲上]."

어린 자장은 미처 이해가 되지 않았다는 듯이 묻는다. "왜[何爲] (하필이면) 참는 것[忍之]입니까?"

자장은 머리는 좋았지만 아직 경험이 없었기 때문에 공자는 그에 맞게 하나하나 친절하게 설명해준다. 전형적인 공자식 가르침이다.

"천자가[天子] 참을 줄 알면[忍之] (천자에 속해 있는) 나라들에[國] 아무런 해가 없고[無害], 제후가[諸侯] 참을 줄 알면[忍之] 그 나라는[其] 크게[大] 될 것이고[成], 관리가[官吏] 참을 줄 알면[忍之] 그 지위가[其位] 올라가고[進], 형제가[兄弟] 참을 줄 알면[忍之] 집안이[家] 부귀해지고[富貴], 부부가[夫妻] 참을 줄 알면[忍之] 그 인생을[其世] 잘 끝마칠 수 있고[終], 벗끼리[朋友] 참을 줄 알면[忍之] 진정한 우정이[名] 없어지지 않고[不廢], 그 자신이[自身] 참을 줄 알면[忍之] 재앙과 피해가[禍害] 없을 것이다[無]."

참는다[忍]는 것은 앞서 본 바와 같이 감정 통제를 잘하는 것이며, 따라서 그것이 바로 불혹(不惑)이다. 불혹은 욱하지 않는 것이다.

子張曰 不忍則如何 子曰 天子不忍國空虛 諸侯不忍喪其軀 官吏
자장 왈 불인 즉 여하 자왈 천자 불인 국 공허 제후 불인 상 기구 관리

不忍刑法誅 兄弟不忍各分居 夫妻不忍令子孤 朋友不忍情意疎 自身
불인 형법 주 형제 불인 각 분거 부처 불인 영자 고 붕우 불인 정의 소 자신

不忍患不除 子張曰 善哉善哉 難忍難忍 非人不忍 不忍非人
불인 환 부제 자장 왈 선재 선재 난인 난인 비인 불인 불인 비인

자장이 말했다. "참지 못하면 어떻게 됩니까?"

공자가 답했다. "천자가 참지 못하면 제후국들이 텅 비게 된다. 제후가 참지 못하면 그 몸을 잃게 된다. 관리가 참지 못하면 형벌을 당해 죽게 될 것이다. 형제가 참지 못하면 각각 떨어져서 살게 된다. 부부가 참지 못하면 자식이 외로워질 것이다. 벗들이 참지 못하면 서로 간의 정과 뜻이 멀어질 것이다. 자신이 스스로를 참지 못하면 근심이 없어지지 않을 것이다."

자장이 말했다. "좋고 좋은 말씀입니다. 참는 것이 어렵군요, 참는 것이 어렵군요. 사람이 아니면 참지 못할 것이요, 참지 못하면 사람이 아닙니다."

❋ 내용은 앞 장에 바로 이어지면서 대조를 이룬다. 앞 장과의 차이는 마지막에 자장이 결론적인 말을 덧붙인 것이다. 따라서 정확한 이해를 위해서는 구절마다 앞 장과 비교하며 음미하는 것이 좋다.

자장은 참는 것(忍)에 대한 이해가 충분치 못했는지 뒤집어서 질문

을 던진다.

"참지 못하면〔不忍〕〔則〕 어떻게 됩니까〔如何?〕"

이에 대한 공자의 대답이다.

"천자가 참지 못하면 제후국들이〔國〕 텅 비게 된다." 천자가 참을성 없는 통치를 펼칠 경우 따르려는 제후국들이 없어질 것이라는 경고다.

"제후가 참지 못하면 그 몸을 잃게 된다." 한마디로 제후의 지위가 흔들릴 수 있다는 경고다.

"관리가 참지 못하면 형벌을 당해 죽게 될 것이다." 관리가 참지 못해 자신의 권한 범위를 뛰어넘어 윗사람을 넘보고 백성들에게 잔혹하게 할 경우 법에 걸려 목숨을 부지하기 어렵다는 경고다.

"형제가 참지 못하면 각각 떨어져서 살게 된다." 형제가 서로에 대해 참을성이 없으면 형제간의 정도 멀어지게 될 것이라는 경고다.

"부부가 참지 못하면 자식이 외로워질 것이다." 부부가 서로에 대해 참지 못하면 헤어질 것이므로 그 자식들은 믿고 의지할 데를 잃게 될 것이라는 경고다.

"벗들이 참지 못하면 서로 간의 정과 뜻이 멀어질 것이다."

"자신이 스스로에 대해 참지 못하면 근심이 없어지지 않을 것이다."

이상에서 눈여겨봐야 할 점은 참지 못함이 가져다주는 폐해다. 임금이 임금답지 못하고 신하가 신하답지 못하고 부모가 부모답지 못하고 친구가 친구답지 못하고 형제가 형제답지 못하게 되는 데 있어 가장 결정적인 것이 다름 아닌 참느냐 참지 못하느냐에 달려 있다는 사실이다. 결국 자신의 몸을 닦는 데 있어〔修己=修德〕 핵심 사안이 바로 참을성〔忍〕이라는 뜻이다.

그래서 자장은 경탄을 금치 못한다. "좋고 좋은 말씀입니다. 참는 것이 어렵군요, 참는 것이 어렵군요. 사람이 아니면 참지 못할 것이요, 참지 못하면 사람이 아닙니다."

자연스럽게 자장의 마지막 말이 결론을 압축해주었다.

景行錄云 屈己者能處重 好勝者必遇敵
경행록 운 굴기자 능 처중 호승자 필 우적

『경행록』에 이런 말이 나온다. "자신을 굽힐 줄 아는 자는 능히 중책을 맡을 수 있고, 남을 이기려고만 하는 자는 반드시 적을 마주치게 된다."

『경행록』에서 인용한 것이다. 屈己者를 그냥 직역해서 자
　　　　　　　　　　　　　　　　　　　 굴기자
신을 굽히는 자라고 번역하면 곤란하다. 그것은 그냥 屈服하는 자가
　　　　　　　　　　　　　　　　　　　　　　　　 굴복
되기 때문이다. 자신을 굽힐 줄 아는 자라고 해야 정확한 뉘앙스가 담
긴다. 好勝者도 그냥 남을 이기기를 좋아하는 자라고 번역하기보다는
　　 호승자
오로지 남을 이기려 드는 자라고 번역해야 뉘앙스를 놓치지 않을 수
있다.

"자신을 굽힐 줄 아는 자는 능히 중책[重]을 맡을 수 있고, 남을 이
　　　　　　　　　　　　　　　　　　　중
기려고만 하는 자는 반드시 낭패[敵]를 당하게 된다."
　　　　　　　　　　　　　　　　 적

惡人罵善人善人摠不對　不對心淸閑罵者口熱沸　正如人唾天還從
악인 매 선인 선인 총 부대　부대 심 청한 매자 구 열비　정 여 인 타 천 환 종

己身墜
기신 추

　나쁜 사람이 좋은 사람을 꾸짖거든 좋은 사람이라면 일절 대꾸해서는
안 된다. 대꾸하지 않는 사람은 마음이 맑고 여유로운데 꾸짖는 자는 입
에서 열불이 난다. 이는 마치 사람이 하늘을 향해 침을 뱉으면 도로 와서
자기 몸에 떨어지는 것과 똑같다.

　　✿　　비슷한 내용이 이어진다.
　"나쁜 사람이[惡人] 좋은 사람을[善人] 꾸짖거든[罵=責] 좋은 사람은
　　　　　악인　　　　　선인　　　　　매 책
일절[摠] 대꾸해서는 안 된다[不對]."
　　총　　　　　　　　　부대
　이 글은 잘 음미해서 풀어야 한다. 어찌 보면 나쁜 사람, 좋은 사람
이 미리 정해져 있는 것이 아니라 그 같은 잘못된 대꾸를 하는지의 여
부에 따라 좋은 사람이 될 수도 있고 그렇지 않을 수도 있기 때문이
다. 그래서 자연스럽게 좋은 사람보다는 대꾸하지 않는 것과 꾸짖는
것으로 초점이 바뀌는 것인지 모른다.
　"대꾸하지 않는 사람은[不對] 마음이[心] 맑고 여유로운데[淸閑] 꾸짖
　　　　　　　　　　　부대　　　심　　　　　　　청한
는 자는[罵者] 입에서[口] 열불이 난다[熱沸]. 이는 마치[如] 사람이[人]
　　매자　　　구　　　　　열비　　　　　여　　　　　인
하늘을 향해[天] 침을 뱉으면[唾] 도로[還] 와서[從] 자기 몸에[己身] 떨
　　천　　　　　타　　　환　　　종　　　　　기신
어지는 것[墜]과 똑같다[正]."
　　　　　추　　　　　정
　이제 다시 보면 좋은 사람, 나쁜 사람보다는 참고 대꾸하지 않는 사

156

람과 참지 못하고 쉽게 남을 꾸짖는 사람의 대조였음을 알 수 있다.

我若被人罵 佯聾不分說 譬如火燒空不救自然滅 我心等虛空摠爾
아 약 피 인 매　양 농 불 분 설　비 여 화 소 공 불 구 자 연 멸　아 심 등 허 공 총 이

飜脣舌
번 순 설

내가 만약에 다른 사람으로부터 욕을 듣게 된다면 거짓으로 귀먹은 척
하며 시비를 가려 따지지 않을 것이다. 비유하자면 이는 불이 공중에서
타오르다가 끄려고 하지 않아도 저절로 꺼지는 것과 같다. 내 마음은 텅
빈 공중과 같거늘 다 너 혼자 입술과 혀만 나불거릴 뿐이다.

　내용은 앞의 글과 비슷하다.
　"내가〔我〕 만약에〔若〕 다른 사람으로부터〔人〕 욕을 듣게〔罵〕 된다면〔被〕
거짓으로〔佯〕 귀먹은〔聾〕 척하며 시비를 가려〔分〕 따지지〔說〕 않을 것이
다〔不〕.
　비유하자면〔譬〕 이는 불이〔火〕 공중에서〔空〕 타오르다가〔燒〕 끄려고 하
지 않아도〔不救〕 저절로〔自然〕 꺼지는 것과〔滅〕 같다〔如〕.
　내 마음은〔我心〕 텅 빈 공중과〔虛空〕 같거늘〔等〕 다〔摠〕 너 혼자〔爾〕 입
술과 혀만〔脣舌〕 나불거릴 뿐이다〔飜〕."

그런데 잘 읽어보면 이 글은 자기반성보다는 일종의 처세술에 가깝다. 욕을 피하는 기술인 셈이다.

凡事留人情 後來好相見
범사 유 인정 후래 호 상견

모든 일에 사람다운 정을 남겨둔다면 훗날 서로 보게 되는 것이 좋을 것이다.

✦ 이제 8장을 마무리하는 글이다.

"모든 일에 사람다운 정(人情)을 남겨둔다면(留) 훗날(後來) 서로 보게 되는 것(相見)이 좋을 것이다."

9장

勤學篇
근학   편

부지런히 배우다

勤學篇

子夏曰 博學而篤志 切問而近思 仁在其中矣

莊子曰 人之不學如登天而無術 學而智遠如披祥雲而覩靑天 登高山而望四海

禮記曰 玉不琢不成器 人不學不知道

太公曰 人生不學 冥冥如夜行

韓文公曰 人不通古今 馬牛而襟裾

朱文公曰 家若貧不可因貧而廢學 家若富不可恃富而怠學 貧若勤學可以立身 富若勤學名乃光榮 惟見學者顯達 不見學者無成 學者乃身之寶 學者乃世之珍 是故 學則乃爲君子 不學則爲小人 後之學者宜各勉之

徽宗皇帝曰 學者如禾如稻 不學者如蒿如草 如禾如稻兮 國之精糧 世之大寶 如蒿如草兮 耕者憎嫌 鋤者煩惱 他日面墙 悔之已老

論語曰 學如不及 猶恐失之

子夏曰 博學而篤志 切問而近思 仁在其中矣
자하 왈 박학 이 독지 절문 이 근사 인 재 기중 의

자하는 말한다. "널리 배우고 뜻을 독실히 하며 절실하게 묻고 가까이에서 생각하면 인은 그 적중함에 있다."

이 글은 『논어』 '자장' 편에 나온다.
이 말은 '옹야 25'에서 공자가 했던 말과도 통한다.

군자가 되려는 사람이 문(文)에서 널리 배우고 예(禮)로써 다잡는다면 또한 도에 어긋나지 않을 것이다.

그리고 이제 조금 더 나아간다. 절실하게 묻고[切問] 자기 가까이(주변)에서 생각해야 한다[近思]는 것이다. 이에 대해서는 소식(蘇軾)의 풀이가 정곡을 찌른다. "배우기를 널리 하기만 하고 뜻이 독실하지 않으면 크기만 하고 이룸[成]이 없으며, 대충 묻고 먼 것만 생각하면 수고롭기만 하고 아무런 실효[功]가 없다."

정약용은 보다 적극적으로 풀이한다. "묻는 것을 새기고 저민 듯이 하면 아는 바가 정밀해지고, 생각하는 것을 (가까이) 자신의 몸에서부터 하면 깨닫는 바가 절실해진다."

여기서 눈길이 가는 것은 近思, 즉 자기 가까이에서 생각하라는 것이다. 이에 대해서는 '술이 29'에서 공자가 했던 말이 단서가 된다.

인(仁)이 멀리 있는가? 내가 인을 하고자 하면 인이 당장 이르는 것이다.

가까이에서, 즉 실생활에서 생각해야 인(仁)에 다가갈 수 있다는 뜻이다. 그래야 자하의 마지막 말이 와서 닿는다. "인은 그 (삶의) 적중함에 있다[仁在其中矣]."

莊子曰 人之不學如登天而無術 學而智遠如披祥雲而覩靑天 登
장 자 왈 인 지 불 학 여 등 천 이 무 술   학 이 지 원 여 피 상 운 이 도 청 천   등
高山而望四海
고 산 이 망 사 해

장자가 말했다. "사람이 (인생을 살아가면서) 배우(려 하)지 않는 것은 마치 하늘(처럼 높은 곳)에 오르려 하면서 아무런 수단을 안 갖춘 것과 같다. 배워서 지혜가 넓어지면 상서로운 구름을 헤치고서 푸른 하늘을 보는 것과 같고 높은 산에 올라서 온 세상을 내려다보는 것과도 같다."

이 글은 실제 『장자』에는 없다. 일단 장자의 말을 옮겨보자. 그는 배움을 산에 오르는 것에 비유하는데 이는 적절한 듯이 보인다.
"사람[人]이[之] (인생을 살아가면서) 배우(려 하)지 않는 것[不學]은 마치 하늘(처럼 높은 곳)에 오르려[登天] 하면서[而] 아무런 수단을 안

갖춘 것[無術]과 같다[如]."

한마디로 배움은 인생을 살아가는 데 필수적인 것이라는 말이다. 이어 반대로 배웠을 때는 어떠한지를 명료하게 보여준다.

"배워서[學而] 지혜가 넓어지면[智遠] 상서로운 구름을[祥雲] 헤치고 [披]서[而] 푸른 하늘을[靑天] 보는 것[觀]과 같고[如] 높은 산에[高山] 올라[登]서[而] 온 세상을[四海] 내려다보는 것[望]과도 같다."

뒤집으면 배우지 않고서 인생을 살아가려는 것은 눈뜬장님으로 이 세상을 구경하려는 것과 같다고 할 수 있겠다. 이 말은 『논어』의 첫 구절을 떠올리게 한다.

공자는 말했다. "(문을) 배워서 그것을 늘 쉬지 않고 (몸에) 익히면 진실로 기쁘지 않겠는가[子曰 學而時習之 不亦說乎]?"

禮記曰 玉不琢不成器 人不學不知道
예기 왈 옥 불 탁 불성 기 인 불학 부지 도

『예기』에서 말했다. "옥을 다듬지 않으면 그릇을 만들 수 없듯이 사람도 배우지 않으면 도리를 알 수 없다."

❀　　이 글은 『예기』에 나오는 말이다. 사람이 배워서 도리를 갖

추는 것을 옥을 갈아서 그릇을 만드는 것에 정확히 비유하고 있다. 내용 자체는 그다지 어렵지 않다.

"옥을 다듬지 않으면 그릇을 만들 수 없듯이 사람도 배우지 않으면 도리를 알 수 없다."

그러나 전반부는 『논어』에 나오는 구절을 통해 보다 상세하게 음미해 볼 필요가 있다. '학이 15'다.

자공은 말했다. "가난하지만 비굴하게 아첨〔諂〕을 하지 않는 것(사람)과 부유하지만 교만〔驕〕하지 않는 것(사람)은 어떠합니까?"

공자는 말했다. "그것도 좋다. 허나 가난하지만 즐거이 살 줄 아는 것(사람)과 부유하지만 예를 좋아하는 것(사람)에는 비할 바가 못 된다."

자공은 말했다. "『시경』에 '잘라내 문지르듯, 갈듯, 쪼고 다듬듯, 그리고 또 갈듯〔如切如磋 如琢如磨〕'이라 하였으니 바로 그 스승님께서 말씀하시려는 바를 말히 는 것입니다."

공자는 말했다. "사(賜)야! 비로소 (너와) 더불어 시를 말할 수 있게 되었구나! 이미 지나간 것을 일깨워주자 앞으로 올 것도 아는구나!"

자공(子貢)은 성은 단목(端木)이고 이름은 사(賜)로 공자의 제자이다. 자공이 "가난하지만 비굴하게 아첨〔諂〕을 하지 않는 것(사람)과 부유하지만 교만〔驕〕하지 않는 것(사람)은 어떠합니까?"라고 묻는다.

공자는 일단 "그것도 좋다〔可也〕"고 인정하면서도 "허나 가난하지만 즐거이 살 줄 아는 것(사람)과 부유하지만 예를 좋아하는 것(사람)에는 비할 바가 못 된다"고 답한다.

자공은 처음에는 가난하다가 뒤에 부를 이룬 인물이다. 그로서는 가난할 때 아첨하지 않았고 지금은 부유하지만 교만을 경계하니 이 정도면 괜찮은 것 아닙니까라고 물은 것이고, 이에 공자는 간접적으로 '아직은 멀었다'고 답한 것이다. 상당히 생생한 풀이라는 점에서 설득력이 있다.

공자는 작은 차이 같지만 큰 차이를 보여주었고, 예리한 자공도 이 점을 간파하고서 다시 묻는다. 그것은 재차 자신이 공자의 지적 사항을 정확히 받아들였는지를 확인하기 위한 물음이다.

여기서 그 유명한 切磋琢磨가 나온다. 切은 끊다, 베다, 자르다, 문지르다, 갈다 등의 뜻을 갖고 있다. 여기서는 필요한 도구를 만들기 위해 뼈를 잘라내 문지른다의 뜻 정도로 새기면 된다. 磋는 의논하다, 토의하다, 연구하다는 뜻 외에 갈다의 뜻을 갖고 있다. 여기서는 切과 비슷한 의미로 뼈나 뿔을 간다의 뜻으로 보면 된다. 琢은 다듬다, 닦다, 연마하다, 쪼다, 꾸미다, 골라 뽑다 등의 뜻을 갖고 있는데 여기서는 옥(玉) 같은 것을 쪼고 다듬고 간다는 뜻이다. 磨에는 갈다, 닳다, 고생하다, 맷돌 등의 뜻이 있는데 여기서는 말 그대로 뼈, 뿔, 옥, 돌 등의 표면을 간다는 뜻이다.

결국 자공은 『시경』에 나오는 '잘라내 문지르듯, 갈듯, 쪼고 다듬듯, 그리고 또 갈듯〔如切如磋 如琢如磨〕'이라는 구절을 끌어들여 자신이 미처 깨닫지 못했던 바, 즉 공자가 지적하려는 바가 바로 이것이 아니냐고 묻고 있는 것이다. 어떤 일을 함에 적당히 하는 게 아니라 절실함과 정성스러움이 극진하도록 하라는 뜻 아닙니까라고 물었다. '선생님이 말씀하시려고 하는 것이 바로 이 『시경』의 구절이 말하려는 바입니다〔其斯之謂與〕.' 묻지를 않고 이렇게 어느 정도 단정했다는 것은 자공도 나름대로 자신 있게 공자의 의중을 파악했다는 뜻이다. 그러나 與 자

가 있는 것으로 보아 강한 확신의 단계로 보기는 힘들다. 與에는 의문
의 뜻이 들어 있기 때문이다.

공자의 화답(和答)이 이어진다. "사(賜)야! 비로소 (너와) 더불어 시
(경)를 말할 수 있게 되었구나! 이미 지나간 것을 일깨워주자 앞으로
올 것도 아는구나!" 공자는 좀 더 적극적으로 사고하고 행동하기를 권
유했고 이에 자공이 바로 알아듣고서 한 걸음 더 나아가 절실함과 정
성스러움[切磋琢磨]의 중요성을 파악해 내자 흡족해하고 있는 것이다.

공자는 『시경』을 아는 것을 예악(禮樂)으로 들어가는 첫걸음으로 생
각했다. 그랬기 때문에 자공의 대답이 더욱 마음에 들었다. 시를 활용할
줄 안다고 보았기 때문이다. "이미 지나간 것을 일깨워주자 앞으로 올
것도 아는구나[告諸往而知來者]!"라는 공자의 칭찬이 바로 그것이다.

太公曰 人生不學 冥冥如夜行
태공 왈 인생 불학 명명 여 야행

태공이 말했다. "사람이 살아가면서 배우지 않는다면 그 어둡고 참참하
기가 (아무런 등불도 없이 달빛도 없는) 밤길을 걸어가는 것과 같을 것이다."

❀   우선 태공의 말을 번역부터 해보자. 人生은 그냥 사람으로
옮겨도 좋고 '사람이 살아가면서'로 풀어도 좋다. 필자는 운치를 감안

해 후자를 고른다.

"사람이 살아가면서[人生] 배우지 않는다면[不學] 그 어둡고 캄캄하기가[冥冥] (아무런 등불도 없이 달빛도 없는) 밤길을 걸어가는 것[夜行]과 같을 것이다[如]."

이 말의 반대쪽에 『논어』의 첫 문장, 공자는 말했다. "(문을) 배워서 그것을 늘 쉬지 않고 (몸에) 익히면 진실로 기쁘지 않겠는가?"라는 구절을 배치하면 그 의미가 훨씬 풍부해진다.

여기서 한 가지만 덧붙이고자 한다. 필자는 줄곧 공자의 배움은 막연한 배움이 아님을 강조해 왔다. 공자가 말하는 배운다는 것은 (매사에) 애씀, 애쓰는 법[文]을 배운다는 것이다.

그래서 태공의 말도 막연한 배움이 아니라 '사람이 살아가면서 애쓰는 법을 배우지 않는다면'으로 생각한다면 그 말은 훨씬 생생하게 우리의 가슴에 와닿는다.

韓文公曰 人不通古今 馬牛而襟裾
한문공 왈 인 불통 고금 마우 이 금거

한유는 말한다. "사람이 고금의 일에 두루 통달하지 못하면 말이나 소인데 옷을 걸치고 있는 것이다."

※　한문공(韓文公)은 당나라 때의 유학자 한유(韓愈)를 가리
킨다. 이른바 당송팔대가의 한 명이며 특히 유학에 조예가 깊었다. 그는
배움이 두루 통달하지 못할 경우 동물이나 마찬가지일 것이라고 말한다.

"사람이[人] 고금의 일[古今=古今之事]에 두루 통달하지 못하면[不通]
말이나 소[馬牛]인데[而] 옷을 걸치고 있는 것[襟裾]이다."

朱文公曰 家若貧不可因貧而廢學 家若富不可恃富而怠學 貧若
주문공 왈 가약빈 불가 인빈 이 폐학　가약부 불가 시부 이 태학　빈약

勤學可以立身 富若勤學名乃光榮 惟見學者顯達 不見學者無成 學者
근학 가이 입신　부약 근학 명 내 광영　유견 학자 현달　불견 학자 무성　학자

乃身之寶 學者乃世之珍 是故 學則乃爲君子 不學則爲小人 後之學者
내 신지보　학자 내 세지진　시고　학 즉 내 위 군자　불학 즉 위 소인　후지학자

宜各勉之
의 각 면 지

주희가 말한다. "집안이 만약에 가난해도 가난을 이유로 배움을 포기
해서는 안 되고, 집안이 만약에 부유해도 부유함을 믿고서 배움을 게을
리해서는 안 된다. 가난해도 만약에 배움을 부지런히 한다면 몸을 세우는
것이 가능할 것이고, 부유해도 만약에 배움을 부지런히 한다면 이름이 마
침내 크게 빛날 것이다. (그렇기 때문에) 오로지 배운 자만이 높이 잘되는
것을 보았지 배운 자가 성취하지 못하는 것은 보지 못했으며, 배움이라는
것은 곧 몸의 보배요, 배운 자는 곧 세상의 보배다. 이리하여 배우면 마침

내 군자가 되고, 배우지 않으면 소인이 된다. 뒤에 배우는 자는 마땅히 각각 배움에 힘써야 할 것이다."

　　※　　주문공(朱文公)은 송나라 때의 성리학자 주희다. 여기서는 먼저 빈부(貧富)와 배움의 문제를 일목요연하게 정리하고 있다. 먼저 이렇게 말한다.

　"집안이[家] 만약에[若] 가난해도[貧] 가난을[貧] 이유로[因] 배움을 포기해서는[廢學＝棄學] 안 되고[不可], 집안이[家] 만약에[若] 부유해도[富] 부유함을[富] 믿고서[恃＝信] 배움을 게을리해서는[怠學] 안 된다[不可]."

　즉 빈부는 배움을 가로막는 요인이 될 수 없다는 말이다. 계속 이어진다.

　"가난해도[貧] 만약에[若] 배움을 부지런히 한다면[勤學] 몸을 세우는 것이[立身] 가능할 것이고[可以], 부유해도[富] 만약에[若] 배움을 부지런히 한다면[勤學] 이름이[名] 마침내[乃] 크게 빛날 것이다[光榮]."

　즉 이번에는 빈부를 떠나 배움을 부지런히 했을 경우 얻게 될 영예를 말하고 있다. 앞에서는 어떤 상황에서건 배움을 버려서는 안 된다는 것을 강조했고, 여기에서도 어떤 상황에서건 배움을 해나가야 함을 강조하는 것이다. 배움이 단순히 입신이나 광영을 위함이 아닌 것은 말할 것도 없다. 예를 들자면 그런 이득이 있을 수 있다는 정도의 의미다.

　이어 배운 사람의 경우 구체적으로 어떻게 되는지를 보여줌으로써 다시 한 번 배움을 부지런히 할 것을 강조하는 문장이 나온다.

　"(그렇기 때문에) 오로지[惟] 배운 자[學者]만이 높이 잘되는 것[顯達]을 보았지[見] 배운 자[學者]가 성취하지 못하는 것[無成]은 보지 못했으며[不見], 배움[學]이라는 것[者]은 곧[乃] 몸의 보배요[身之寶] 배운 자는[學者] 곧[乃] 세상의 보배다[世之珍]."

이로써 일단 배움의 중요성에 대한 절절한 풀이는 끝났고 이제 결론만 남았다.

"이리하여[是故] 배우면[學則] 마침내[乃] 군자가[君子]가 되고[爲], 배우지 않으면[不學則] 소인이[小人] 된다[爲]. 뒤에 배우는 자는[後之學者] 마땅히[宜] 각각[各] 배움에[之] 힘써야 할 것이다[勉]."

乃를 바로 앞에서는 곧이라고 옮겼지만 여기서는 마침내로 옮겼다. 자칫 곧은 곧장, 곧바로로 잘못 풀이될 수 있기 때문이다.

徽宗皇帝曰 學者如禾如稻 不學者如蒿如草 如禾如稻兮 國之精糧
휘종 황제 왈 학자 여화여도 불학자 여호여초 여화여도혜 국지 정량

世之大寶 如蒿如草兮 耕者憎嫌 鋤者煩惱 他日面墻 悔之已老
세 지 대보 여호여초혜 경자 증혐 서자 번뇌 타일 면장 회지 이로

(송나라) 휘종 황제가 말한다. "배운 사람은 잘 여문 벼와 같은데 배우지 못한 사람은 쑥풀 같구나. 잘 여문 벼 같음이여! 나라의 소중한 양식이요, 세상의 큰 보배로다. 쑥풀 같음이여! 밭을 가는 자가 미워하고 김매는 자가 걱정하도다. 훗날 담장을 대하고 마주 선 듯할 때 배우지 않은 것을 후회한들 이미 늙었도다."

휘종(徽宗)은 송나라 제8대 황제다. 도교에 조예가 깊고 시서화에 두루 능했던 인물이라고 한다. 이 글은 단순히 배움의 중요성을 강조하는 것이라기보다는 황제의 입장에서 인재관을 보여주는 것으로 읽어야 한다. 내용은 간단하다. 다만 여기서는 學者, 不學者를 배우는 사람, 배우지 않는 사람보다는 배운 사람, 배우지 못한 사람으로 풀어야 문맥에 더 어울린다.
  <small>학자 불학자</small>

"배운 사람은(學者) 잘 여문 벼와 같은데(如禾如稻) 배우지 못한 사람은(不學者) 쑥풀 같구나(如蒿如草). 잘 여문 벼 같음이여(如禾如稻兮)! 나라의 소중한 양식이요(國之精糧), 세상의 큰 보배로다(世之大寶). 쑥풀 같음이여(如蒿如草兮)! 밭을 가는 자가(耕者) 미워하고(憎嫌) 김매는 자가(鋤者) 걱정하도다(煩惱). 훗날(他日) 담장을 대하고 마주 선 듯할 때(面墙) 배우지 않은 것을 후회한들(悔之) 이미 늙었도다(已老)."
  <small>학자   여화여도   불학자   여호여초   여화여도혜
국지 정량   세지 대보
여호여초혜   경자   증혐
서자   번뇌   타일
면장   회지   이로</small>

여기서 담장을 대하고 마주 서다(面墙)라는 것은 막막하여 아무것도 모른다는 뜻이다.
  <small>면장</small>

論語日 學如不及 猶恐失之
<small>논어 왈 학 여 불급 유 공 실 지</small>

『논어』에서 말한다. "배움은 마치 내가 (거기에) 못 미치면 어떡하나 하는 마음으로 해야 하고, 또 (그것에 미쳤을 때는) 혹시 그것을 잃으면 어떡

하나 두려워하는 마음으로 해야 한다."

　　❋　　이것은 『논어』 '태백 17'로 공자의 말이다. 말은 간단하지만 그것이 갖는 의미는 대단히 중요하다.

"배움은(學) 마치(如) 내가 (거기에) 못 미치면 어떡하나 하는 마음으로(不及) 해야 하고, 또 (그것에 미쳤을 때는) 혹시(猶) 그것을 잃으면 어떡하나(失之) 두려워하는 마음으로 해야 한다(恐)."

공자에게 배움(學)이란 단순한 학문 연마가 아니다. 배운다는 것은 곧 옛 도리(道)를 배워 다움(德)을 갖추는 일이다. 이 말은 바로 그 배움의 방법을 설명하고 있는데 그것은 다름 아닌 중용(中庸)이다.

그런데 중용은 한 단어가 아니라 '중하고(中) 용하다(庸)'는 두 단어다. 여기서의 중(中)은 가운데 운운하는 것과는 전혀 상관이 없고 오히려 적중(的中), 관중(貫中)하다고 할 때의 그 중이다. 『서경』에 나오는 '문제의 핵심을 잡아 쥔다'고 할 때의 執中이 바로 '중하는 것(中)'이다. 아직 도달하지는 못했지만 뭔가 사안의 본질이나 핵심에 닿기 위해 갖은 애를 다 쓰는 것이 바로 '중하려는 것'이다.

'태백 17'은 바로 이런 의미에서의 중용을 풀이하는 내용이다.

여기서 자연스럽게 배움과 중하고 용하는 것이 만나고 있다. '내가 거기에 못 미치면 어떡하나 하는 마음으로 하는 것'이 중하는 것(中)이고 '그것을 잃으면 어떡하나 두려워하는 마음으로 하는 것'이 용하는 것(庸)이다.

결국 중하는 것이나 용하는 것이나 전심전력을 기울여야지 조금만 방심해도 중하지 못하고 설사 중했다 하더라도 그것을 잃어서 용하지 못하는 것이다.

10장

訓子篇
훈자 편

자식을 일깨워 이끌다

訓子篇

景行錄云 賓客不來門戶俗 詩書無敎子孫愚

莊子曰 事雖小不作不成 子雖賢不敎不明

漢書云 黃金滿籯不如敎子一經 賜子千金不如敎子一藝

至樂莫如讀書 至要莫如敎子

呂滎公曰 內無賢父兄 外無嚴師友 而能有成者鮮矣

太公曰 男子失敎長必頑愚 女子失敎長必麤疎

男年長大 莫習樂酒 女年長大 莫令遊走

嚴父出孝子 嚴母出孝女

憐兒多與棒 憎兒多與食

人皆愛珠玉 我愛子孫賢

景行錄云 賓客不來門戶俗 詩書無教子孫愚
경행록 운 빈객 불래 문호 속 시서 무교 자손 우

『경행록』에 이런 말이 나온다. "손님이 오지 않으면 그 집안은 비속해지고, 학문을 가르치지 않으면 자손들은 어리석어진다."

🏵 『경행록』에서 인용한 것이다. 내용은 어렵지 않다.

"손님이〔賓客〕 오지 않으면〔不來〕 그 집안은〔門戶〕 비속해지고〔俗〕, 학문을〔詩書〕 가르치지 않으면〔無教〕 자손들은〔子孫〕 어리석어진다〔愚〕."

관건은 손님을 어떻게 볼 것인가 하는 것이다. 그냥 손님이 아니다. 품격을 갖춘 손님이다. 이렇게 풀이하는 단서는 俗 자 때문이다. 일반 손님이 안 온다고 해서 그 집안이 비속해질 리가 없다. 결국 학문을 통해 사회적으로 출세한 손님을 말하는 것으로 볼 수 있다.

이어 자손들에게 학문을 가르치지 않을 경우 어리석게 된다는 말을 하고 있다. 詩書를 그냥 『시경』과 『서경』이라고 하지 않고 학문이라고 옮긴 이유는 詩書라는 말이 곧 사서삼경이나 사서오경 혹은 공자의 학문 전반을 지칭하기 때문이다.

莊子曰 事雖小不作不成 子雖賢不敎不明
장자 왈 사 수 소 부작 불성 자 수 현 불교 불명

『장자』에 이런 말이 나온다. "어떤 일이 아무리 작더라도 일단 시작하지 않으면 이루어질 수가 없고, 자식이 아무리 똑똑하다 해도 가르치지 않으면 밝아지지 못한다."

이 글은 『장자』라는 책에는 없는 글이다.

"어떤 일이〔事〕 아무리〔雖〕 작더라도〔小〕 일단 시작하지 않으면〔不作〕
이루어질 수가 없고〔不成〕, 자식이〔子〕 아무리〔雖〕 똑똑하다 해도〔賢〕 가
르치지 않으면〔不敎〕 밝아지지 못한다〔不明〕."

漢書云 黃金滿籝不如敎子一經 賜子千金不如敎子一藝
한서 운 황금 만영 불여 교 자 일 경 사 자 천금 불여 교 자 일 예

『한서』에 이런 말이 나온다. "금은보화가 가득한 광주리도 자식에게 경서 한 권을 가르치는 것만 못하고, 자식에게 천금을 주는 것은 자식에게 먹고살 수 있는 한 가지 기술을 가르치는 것만 못하다."

『한서(漢書)』는 중국 한나라의 역사서다. 이 글은 거기에 나오는 말이다.

"금은보화가(黃金) 가득한 광주리도(滿籯) 자식에게(子) 경서 한 권을(一經) 가르치는 것(敎)만 못하고(不如), 자식에게(子) 천금을(千金) 주는 것은(賜) 자식에게(子) 먹고살 수 있는 한 가지 기술을(一藝) 가르치는 것(敎)만 못하다(不如)."

자식에게 재물을 물려주는 것은 그만큼 안 좋다는 것을 역설적으로 강조하는 구절이다.

至樂莫如讀書 至要莫如敎子
지락 막여 독서 지요 막여 교자

지극한 즐거움 중에서 독서만 한 것이 없고, 지극한 절박함 중에서 자식을 잘 가르치는 것만 한 것이 없다.

출처는 분명치 않다. 내용은 간단하다.

"지극한 즐거움 중에서(至樂) 독서(讀書)만 한 것이 없고(莫如), 지극한 절박함 중에서(至要) 자식을 잘 가르치는 것(敎子)만 한 것이 없다(莫如)."

呂滎公曰 內無賢父兄 外無嚴師友 而能有成者鮮矣
여형공 왈 내무 현 부형 외무 엄 사우 이 능 유 성자 선 의

여형공이 말한다. "안으로 지혜로운 아버지와 형이 없고 밖으로 엄한 스승과 벗이 없으면 능히 이루는 자가 드물다."

여형공(呂滎公)은 송나라의 명신으로 이름은 희철(希哲)이며 『여씨잡기(呂氏雜記)』라는 저서를 남겼다. 내용은 간단하다.

"안으로〔內〕 지혜로운〔賢〕 아버지와 형이〔父兄〕 없고〔無〕 밖으로〔外〕 엄한〔嚴〕 스승과 벗이〔師友〕 없으면〔無〕〔而〕 능히〔能〕 이루는 자〔成者〕가 드물다〔鮮矣〕."

여기서 유념해야 할 단어는 '이루는 자〔成者〕'다. 통상으로 인격적 완성을 이룬 자로 보지만 이 맥락에서는 사회적 출세라는 뜻도 포함하는 것으로 보는 게 자연스럽다.

太公曰 男子失教長必頑愚 女子失教長必麤疎
태공 왈 남자 실교 장 필 완우 여자 실교 장 필 추소

태공이 말한다. "남자가 가르침을 받지 않으면 커서 반드시 미련하고

어리석게 되며, 여자가 가르침을 받지 않으면 커서 반드시 거칠고 엉성하
게 된다."

❋ 　내용은 간단하다.

"남자가[男子] 가르침을 받지 않으면[失敎] 커서[長] 반드시[必] 미련하
고 어리석게 되며[頑愚], 여자가[女子] 가르침을 받지 않으면[失敎] 커서
[長] 반드시[必] 거칠고 엉성하게 된다[麤疎]."

男年長大 莫習樂酒 女年長大 莫令遊走
남년 장대 막 습 악주 여년 장대 막 령 유주

남자아이는 크거든 음악과 술에 지나치게 빠져들지 못하도록 (어려서부
터 가르쳐야) 하며, 여자아이는 크거든 놀러 다니는 것을 좋아하지 않도
록 (어려서부터 가르쳐서) 해야 한다.

❋ 　男年이나 女年은 아직 성장하지 않은 남아나 여아를 가리
킨다. 음악이나 술을 익히지[習] 말라고 했는데 이때 習은 지나치게 빠
져드는 것으로 풀이해야 한다.

슈은 여기서 좋아하다[好]와 같은 뜻이다. 이제 풀이를 해보자.
"남자아이는[男年] 크거든[長大] 음악과 술에[樂酒] 지나치게 빠져들지[習] 못하도록 (어려서부터 가르쳐야) 하며[莫], 여자아이는 크거든[長大] 놀러 다니는 것을[遊走] 좋아하지[슈] 않도록 (어려서부터 가르쳐서) 해야 한다[莫]."

嚴父出孝子 嚴母出孝女
엄부 출 효자   엄모 출 효녀

엄힌 아버지 밑에서 효자가 나오고, 엄한 어머니 밑에서 효녀가 나온다.

별도의 풀이가 필요 없다. "엄한 아버지 밑에서[嚴父] 효자가[孝子] 나오고[出], 엄한 어머니 밑에서[嚴母] 효녀가[孝女] 나온다[出]."

엄하다고 해서 사납거나 무섭다는 뜻이 아니다. 인자하면서도 엄격한 것이 嚴의 뜻이다.

憐兒多與棒 憎兒多與食
연 아 다 여 봉 증 아 다 여 식

자식을 어여뻐하거든 매를 많이 들고, 자식을 미워하거든 먹을 것을 많이 줘라.

❀　　　이 또한 별도의 풀이가 필요 없다. "자식을[兒] 어여뻐하거든[憐] 매를[棒] 많이[多] 들고[與], 자식을[兒] 미워하거든[憎] 먹을 것을[食] 많이[多] 줘라[與]."

人皆愛珠玉 我愛子孫賢
인 개 애 주 옥 아 애 자손 현

남들은 다 주옥같은 보배를 사랑하지만 나는 자손이 현명한 것을 사랑한다.

❀　　　남과 나의 대조다. 이런 부모의 마음은 절로 자식에게도 전해진다는 점까지 고려하며 읽으면 의미가 좀 더 풍부해진다.

"남들은[人] 다[皆] 주옥같은 보배를[珠玉] 사랑하지만[愛] 나는[我] 자손이[子孫] 현명한 것을[賢] 사랑한다[愛]."

賢은 어질다 혹은 똑똑하다라고도 옮길 수 있지만 문맥을 고려하면 현명하다 정도로 옮기는 것이 좋을 듯하다.

11장

省心篇 上
성심 편 상

마음을 그 작은 것까지 잘 살펴보다

景行錄云 寶貨用之有盡 忠孝享之無窮

家和貧也好 不義富如何 但存一子孝 何用子孫多

父不憂心因子孝 夫無煩惱是妻賢 言多語失皆因酒 義斷親疎只爲錢

旣取非常樂 須防不測憂

得寵思辱 居安慮危

榮輕辱淺 利重害深

甚愛必甚費 甚譽必甚毀 甚喜必甚憂 甚藏必甚亡

子曰 不觀高崖 何以知顚墜之患 不臨深泉 何以知沒溺之患 不觀巨海 何以知風波之患

欲知未來 先察已然

子曰 明鏡所以察形 往者所以知今

過去事明如鏡 未來事暗似漆

景行錄云 明朝之事 薄暮不可必 薄暮之事 晡時不可必

天有不測風雨 人有朝夕禍福

未歸三尺土 難保百年身 已歸三尺土 難保百年墳

景行錄云 木有所養則根本固而枝葉茂 棟樑之材成 水有所養則泉源壯而流派長 灌漑之利博 人有所養則志氣大而識見明 忠義之士出 可不養哉

自信者 人亦信之 吳越皆兄弟 自疑者 人亦疑之 身外皆敵國

疑人莫用 用人勿疑

諷諫云 水底魚天邊雁 高可射兮低可釣 惟有人心咫尺間 咫尺人心不可料

畫虎畫皮難畫骨 知人知面不知心

對面共話 心隔千山

海枯終見底 人死不知心

太公曰 凡人不可逆相 海水不可斗量

景行錄云 結怨於人謂之種禍 捨善不爲謂之自賊

若聽一面說便見相離別

飽煖思淫慾 飢寒發道心

疏廣曰 賢而多財則損其志 愚而多財則益其過

人貧智短 福至心靈

不經一事 不長一智

是非終日有 不聽自然無

來說是非者 便是是非人

擊壤詩云 平生不作皺眉事 世上應無切齒人 大名豈有鐫頑石 路上行人口勝碑

有麝自然香 何必當風立

有福莫享盡 福盡身貧窮 有勢莫使盡 勢盡冤相逢 福兮常自惜 勢兮常自恭 人生驕與侈 有始多無終

王參政 四留銘曰 留有餘不盡之巧 以還造物 留有餘不盡之祿 以還朝廷 留有餘不盡之財 以還百姓 留有餘不盡之福 以還子孫

黃金千兩未爲貴 得人一語勝千金

巧者拙之奴 苦者樂之母

小船難堪重載 深逕不宜獨行

黃金未是貴 安樂值錢多

在家不會邀賓客 出外方知少主人

貧居鬧市無相識 富住深山有遠親

人義盡從貧處斷 世情便向有錢家

寧塞無底缸 難塞鼻下橫

人情皆爲窘中疎

史記曰 郊天禮廟非酒不享 君臣朋友非酒不義 鬪爭相和非酒不勸 故酒有成敗而不可泛飮之

子曰 士志於道而恥惡衣惡食者 未足與議也

荀子曰 士有妬友則賢交不親 君有妬臣則賢人不至

天不生無祿之人 地不長無名之草

大富由天 小富由勤

成家之兒惜糞如金 敗家之兒用金如糞

康節邵先生曰 閑居愼勿說無妨 纔說無妨便有妨 爽口物多能作疾 快心事過必有殃 與其病後能服藥 不若病前能自防

梓潼帝君垂訓曰 妙藥難醫冤債病 橫財不富命窮人 生事事生君莫怨 害人人害汝休嗔 天地自然皆有報 遠在兒孫近在身

花落花開開又落 錦衣布衣更換着 豪家未必常富貴 貧家未必長寂寞 扶人未必上靑霄 推人未必塡溝壑 勸君凡事莫怨天 天意於人無厚薄

堪歎人心毒似蛇 誰知天眼轉如車 去年妄取東隣物 今日還歸北舍家 無義錢財湯潑雪 儻來田地水推沙 若將狡譎爲生計 恰似朝開暮落花

無藥可醫卿相壽 有錢難買子孫賢

一日淸閑 一日仙

景行錄云 寶貨用之有盡 忠孝享之無窮
경행록 운 보화 용 지 유진 충효 향 지 무궁

『경행록』에 이런 말이 나온다. "금은보화는 그것을 쓰다 보면 끝이 있지만 충성스러움과 효도는 그것을 누려도 끝이 없다."

※　　　『경행록』에서 인용한 것이다. 내용은 어렵지 않다.

"금은보화는[寶貨] 그것을[之] 쓰다 보면[用] 끝이 있지만[有盡] 충성스러움과 효도는[忠孝] 그것을[之] (아무리) 누려도[享] 끝이 없다[無窮]."

여기서 우리는 유형의 가치와 무형의 가치의 대비를 볼 수 있다. 가치란 결국은 사람들이 귀중하게 생각하는 것인데 거기에는 물질적 가치와 정신적 가치가 있다. 어느 쪽을 귀중하게 생각할 것인지를 묻고 있는 것이다.

家和貧也好 不義富如何 但存一子孝 何用子孫多
가 화 빈 야 호 불 의 부 여 하 단 존 일 자 효 하 용 자손 다

집안이 화목하면 가난해도 좋거니와 의롭지 못하다면 부자라 한들 무

엇 하겠는가? 다만 한 자식이라도 효자가 있으면 되지 자손이 많기만 하다면 어디에 쓰겠는가?

❁　　내용은 간단하다.

"집안이〔家〕화목하면〔和〕가난해도〔貧〕〔也〕좋거니와〔好〕의롭지 못하다면〔不義〕부자라 한들〔富〕무엇 하겠는가〔如何〕? 다만〔但〕한 자식이라도〔一子〕효자가〔孝〕있으면〔存〕되지 자손이〔子孫〕많기만 하다면〔多〕어디에 쓰겠는가〔何用〕?"

父不憂心因子孝 夫無煩惱是妻賢 言多語失皆因酒 義斷親疎只爲錢
부 불 우 심 인 자 효　부 무 번 뇌 시 처 현　언 다 어 실 개 인 주　의 단 친 소 지 위 전

아버지가 아무런 근심하는 마음이 없는 것은 자식이 효도를 하기 때문이요, 지아비가 아무런 번뇌가 없는 것은 곧 지어미가 현명하기 때문이다. 말이 많아져 말에 실수가 생기는 것은 모두 다 술 때문이요, 의리가 끊어지고 가까웠던 사람이 멀어지는 것은 다만 돈 때문이다.

❁　　이 또한 생활 속에서 쉽게 확인할 수 있는 격언이다.

"아버지가〔父〕 아무런 근심하는 마음〔憂心〕이 없는 것은〔不〕 자식이 효도를 하기〔子孝〕 때문이요〔因〕, 지아비가〔夫〕 아무런 번뇌가〔煩惱〕 없는 것은〔無〕 곧〔是〕 지어미가 현명하기 때문이다〔妻賢〕. 말이 많아져〔言多〕 말에 실수가 생기는 것은〔語失〕 모두 다〔皆〕 술〔酒〕 때문이요〔因〕, 의리가〔義〕 끊어지고〔斷〕 가까웠던 사람이〔親〕 멀어지는 것은〔疎〕 다만〔只〕 돈〔錢〕 때문이다〔爲〕."

여기서 키워드는 효도와 현명함 그리고 술과 돈이다.

旣取非常樂 須防不測憂
기 취 비상 낙 수 방 불측 우

이미 아주 특별한 즐거움을 가졌거든 마땅히 예측할 수 없는 근심에 대비해야 한다.

흔히 나오는데도 제대로 지키지 못하는 경구라고 하겠다. 간단히 말해 좋은 일이 있을 때는 반드시 안 좋은 일에 대비하라는 말이다.

"이미〔旣〕 아주 특별한〔非常〕 즐거움을〔樂〕 가졌거든〔取〕 마땅히〔須〕 예측할 수 없는〔不測〕 근심에〔憂〕 대비해야 한다〔防〕."

得寵思辱 居安慮危
득총 사욕 거안 여위

총애를 얻었거든 욕됨을 걱정해야 하고, 매사 편안하거든 위태로움을 걱정해야 한다.

❋　　　비슷한 취지의 글이 이어진다.

"총애를 얻었거든〔得寵〕 (훗날 당하게 될지 모를) 욕됨을 걱정해야 하
_{득총}
고〔思辱〕, 매사 편안하거든〔居安〕 (앞으로 닥쳐올지 모를) 위태로움을 걱
_{사욕}　　　　　　　　　　　_{거안}
정해야 한다〔慮危〕."
_{여위}

뒤집어서 어려움이나 곤란에 빠졌을 때는 낙담만 하지 말고 긍정적
기대를 잃지 말라는 내용이 추가될 경우, 이는 곧 새옹지마(塞翁之馬)
와 연결된다.

榮輕辱淺 利重害深
영경욕천 이중해심

영예로움이 가벼우면 욕됨도 얕고, 이익이 크면 그에 따른 해악도 깊다.

인간사의 평범한 이치에 대한 통찰이 담긴 구절이다.

"영예로움이〔榮〕 가벼우면〔輕〕 욕됨도〔辱〕 얕고〔淺〕, 이익이〔利〕 크면〔重〕 그에 따른 해악도〔害〕 깊다〔深〕."

甚愛必甚費 甚譽必甚毀 甚喜必甚憂 甚藏必甚亡
심 애 필 심 비 심 예 필 심 훼 심 희 필 심 우 심 장 필 심 망

심하게 아끼다 보면 반드시 심하게 낭비할 것이요, 심하게 명예를 누리다 보면 반드시 심하게 비방을 당하게 될 것이다. (또) 심하게 기뻐하면 반드시 심하게 근심할 것이요, (재물을) 심하게 많이 갖추고 있으면 반드시 심하게 잃게 될 것이다.

내용은 역시 인간사의 평범한 이치에 담긴 역설을 담고 있다.

"심하게〔甚〕 아끼다 보면〔愛〕 반드시〔必〕 심하게〔甚〕 낭비할 것이요〔費〕, 심하게〔甚〕 명예를 누리다 보면〔譽〕 반드시〔必〕 심하게〔甚〕 비방을 당하게 될 것이다〔毀〕. (또) 심하게〔甚〕 기뻐하면〔喜〕 반드시〔必〕 심하게〔甚〕 근심할 것이요〔憂〕, (재물을) 심하게〔甚〕 많이 갖추고 있으면〔藏〕 반드시〔必〕 심하게〔甚〕 잃게 될 것이다〔亡〕."

이는 균형을 잃어버림으로써 결국 화를 당한다는 말로 과유불급

(過猶不及)의 정신을 담고 있다.

子曰 不觀高崖 何以知顚墜之患 不臨深泉 何以知沒溺之患 不觀
자왈 불관 고애 하이 지 전추 지 환 불림 심천 하이 지 몰닉 지 환 불관

巨海 何以知風波之患
거해 하이 지 풍파 지 환

공자가 말했다. "높은 낭떠러지를 보지 못하면 무엇으로써 엎어져 떨어
지는 우환을 알 것이며, 깊은 샘에 가까이 가보지 않으면 무엇으로써 거기
에 빠지는 우환을 알 것이며, 큰 바다를 보지 않으면 무엇으로써 풍파의
우환을 알 수 있겠는가?"

❀ 　　이 글은 『공자가어』 제5권 '곤서(困誓)'에 나오는 말이다.
이 또한 인간사의 역설적 통찰을 담고 있다.

공자가 말했다. "높은 낭떠러지를 보지 못하면 무엇으로써 엎어져
떨어지는 우환을 알 것이며, 깊은 샘에 가까이 가보지 않으면 무엇으
로써 거기에 빠지는 우환을 알 것이며, 큰 바다를 보지 않으면 무엇으
로써 풍파의 우환을 알 수 있겠는가?"

欲知未來 先察已然
욕 지 미 래 　 선 찰 이 연

아직 오지 않은 것을 알고 싶거든 이미 그러한 것을 먼저 살펴야 한다.

🏵 　 아직 오지 않은 것[未來]을 알고[知] 싶거든[欲] 이미 그러
한 것[已然], 즉 지나간 과거를 먼저 살펴야 한다는 말이다. 별도의 풀이
가 필요 없다. 우리가 역사를 늘 공부해야 하는 것도 바로 이 때문이다.

子曰 明鏡所以察形 往者所以知今
자왈 　 명경 소이 찰 형 　 왕자 소이 지 금

공자는 말했다. "밝은 거울은 형체를 살피는 도우요, 지나간 과거는 지
금을 아는 방법이다."

🏵 　 앞과 비슷한 문맥인데 이번에는 과거를 통해 현재를 아는
데 초점이 있다. 결국 과거를 모르고서는 현재와 미래를 모두 알 수 없
다는 말이다. 공자가 말했다고 하는데 출처는 불분명하다.

"맑은 거울은(明鏡) 형체를(形) 살피는(察) 도구요(所以), 지나간 과거
는(往者) 지금을(今) 아는(知) 방법이다(所以)."

過去事明如鏡 未來事暗似漆
과거사 명 여 경 미래사 암 사 칠

과거의 일은 거울처럼 맑고, 미래의 일은 칠흑처럼 어둡다.

❋　　　이는 앞 글에 대한 보충 풀이 정도로 읽어도 된다.

"과거의 일은(過去事) 거울(鏡)처럼(如=似) 맑고(明), 미래의 일은
〔未來事〕 칠흑(漆)처럼(似) 어둡다(暗)."

景行錄云 明朝之事 薄暮不可必 薄暮之事 晡時不可必
경행록 운 명조 지 사 박모 불가 필 박모 지 사 포시 불가 필

『경행록』에 이런 말이 나온다. "내일 아침의 일을 오늘 해 질 녘에 딱 집

194

어 말할 수 없고, 오늘 해 질 녘의 일을 오후 4시경에 딱 집어 말할 수 없다."

    여기서 우리는 저자의 강조점이 미래를 알기 어려움에 있다는 것을 보게 된다. 明朝는 내일 아침, 薄暮는 오늘 해 질 녘, 晡時는
申時로 오후 3~5시다. 바로 다가올 1~2시간 뒤의 일도 알기 어려우니
조심하고 또 조심하라는 뜻이다.

우리는 지금 '마음을 그 작은 것까지 잘 살펴보는 편[省心篇]'에 속
해 있다. 결국 우리의 마음은 앞으로 다가올 일을 그만큼 제대로 보
기 어렵기 때문에 그 작은 것까지 미리 잘 살피려 최선의 노력을 다해
야 한다는 뜻이다.

"내일 아침[明朝]의[之] 일을[事] 오늘 해 질 녘에[薄暮] 딱 집어[必] 말
할 수 없고[不可] 오늘 해 질 녘[薄暮]의[之] 일을[事] 오후 4시경에[晡時]
딱 집어[必] 말할 수 없다[不可]."

天有不測風雨 人有朝夕禍福
천 유 불측 풍우 인 유 조석 화복

하늘에는 예측할 수 없는 바람과 비가 있고, 사람에게는 아침저녁으로
(바뀌는) 재앙과 복이 있다.

계속 미래의 일을 아는 것에 대한 어려움을 이야기한다.

"하늘에는[天] 예측할 수 없는[不測] 바람과 비가[風雨] 있고[有], 사람에게는[人] 아침저녁으로[朝夕] (바뀌는) 재앙과 복이[禍福] 있다[有]."

未歸三尺土 難保百年身 已歸三尺土 難保百年墳
미귀 삼척 토 난보 백년 신 이귀 삼척 토 난보 백년 분

아직 무덤에 들어가지 않았을 때는 백 년의 몸을 보전하기가 어렵고, 이미 무덤에 들어가서는 백 년의 무덤을 보전하기가 어렵다.

표현이 조금은 시적이다. 인생살이에서 앞 일은 한 치 앞도 안 보일 만큼 어려운 일들로 가득하다는 말이다. 三尺土란 석 자짜리 흙이라는 말로 무덤을 뜻한다. 따라서 未歸三尺土란 아직 무덤에 들어가지 않았으니 살아 있다는 뜻이고, 已歸三尺土란 이미 무덤에 들어갔으니 죽어서라는 뜻이다. 사람이 살아서 천수를 누리고 죽어서도 횡액을 당하지 않는 것이 그만큼 힘들고 어렵다는 뜻이다. 죽어 백년 동안 무덤을 온전히 보전하려면 살아 있을 때 악행을 저질러서는 안 된다는 뜻이기도 하다.

"아직[未] 무덤에[三尺土] 들어가지 않았을 때는[歸] 백 년의 몸을[百年身] 보전하기가 어렵고[難保], 이미[已] 무덤에[三尺土] 들어가서는

〔歸〕백 년의 무덤을〔百年墳〕보전하기가 어렵다〔難保〕."

景行錄云 木有所養則根本固而枝葉茂 棟樑之材成 水有所養則
경행록 운 목유 소양 즉 근본 고이 지엽 무 동량 지재성 수유 소양 즉

泉源壯而流派長 灌漑之利博 人有所養則志氣大而識見明 忠義之士
천원 장 이 유파 장 관개 지 리박 인유 소양 즉 지기 대 이 식견 명 충의 지사

出 可不養哉
출 가 불양 재

『경행록』에 이런 말이 나온다. "나무가 (그 본성을 잘) 기르는 바가 있게
되면 뿌리가 단단해지고 가지와 잎이 무성해져서 기둥과 대들보의 재목을
이루게 되고, 물이 기르는 바가 있게 되면 샘의 원천이 왕성하고 물줄기가
길어서 논밭에 물을 대는 이득이 넓게 되듯이, 사람이 (그 본성을 잘) 기르
는 바가 있게 되면 뜻과 기운이 커지고 식견이 밝아져서 충성스럽고 의로
운 선비가 나오게 되니 (어찌 그 본성을 잘) 기르지 않을 수 있겠는가?"

        먼저 나무와 물의 근원에 따른 그 파급 효과를 설명하고
이어 그 같은 비유를 통해 사람이 스스로를 함양하는 것이 얼마나 중
요한지를 풀이하고 있다. 전체적인 문맥은 별도의 풀이가 필요 없다.

"나무가〔木〕(그 본성을 잘) 기르는 바〔所養〕가 있게〔有〕되면〔則〕뿌리
가〔根本〕단단해지고〔固〕가지와 잎이〔枝葉〕무성해져서〔茂〕기둥과 대

들보[棟樑]의[之] 재목을[材] 이루게 되고[成], 물이[水] 기르는 바[所養]가 있게[有] 되면[則] 샘의 원천이[泉源] 왕성하고[壯] 물줄기가[流派] 길어서[長] 논밭에 물을 대는[灌漑][之] 이득이[利] 넓게 되듯이[博], 사람이[人] (그 본성을 잘) 기르는 바[所養]가 있게[有] 되면[則] 뜻과 기운이[志氣] 커지고[大] 식견이[識見] 밝아져서[明] 충성스럽고 의로운[忠義][之] 선비가[士] 나오게 되니[出] (어찌 그 본성을 잘) 기르지 않을[可][不養] 수 있겠는가[哉]?"

自信者 人亦信之 吳越皆兄弟 自疑者 人亦疑之 身外皆敵國
자신 자 인 역 신 지 오월 개 형제 자의 자 인 역 의 지 신외 개 적국

스스로를 믿는 자는 남들도 그를 믿게 되어 (나와 남이) 오나라와 월나라 사이처럼 적대적이더라도 다 형제처럼 될 수 있다. 반면에 스스로를 의심하는 자는 남들도 그를 의심하게 되어 자신을 제외하고는 모두 적국처럼 된다.

✿　　　마음을 다지는 데 있어 자신을 믿느냐 믿지 못하느냐의 문제를 이야기하고 있다. 그런데 이때 자신을 믿는다는 말을 오해해서는 안 된다. 제대로 함양과 성찰을 하지도 않은 채 다짜고짜 자신을 믿는

다면 그것은 제대로 된 자신감이 아니라 공자가 그토록 혐오했던 고집 불통[固]에 지나지 않기 때문이다. 따라서 여기서 自信은 자신을 제대로 믿을 만큼 충분하게 스스로 수양이 되었다는 뜻이 들어가야 한다.

오나라와 월나라[吳越]는 춘추시대 때 사이가 좋지 않았던 적대국이다. 이 점을 염두에 두면서 옮겨보면 다음과 같다.

"스스로를 믿는[自信] 자는[者] 남들[人]도[亦] 그를[之] 믿게 되어[信] (나와 남이) 오나라와 월나라 사이처럼 적대적이더라도[吳越] 다[皆] 형제처럼 될 수 있다[兄弟]. 반면에 스스로를 의심하는[自疑] 자는[者] 남들[人]도[亦] 그를[之] 의심하게 되어[疑] 자신을 제외하고는[身外] 모두[皆] 적국처럼 된다[敵國]."

疑人莫用 用人勿疑
의 인 막용 용 인 물의

사람이 의심스럽거든 결코 쓰지 말고, 일단 사람을 썼으면 의심하지 말라.

중국의 오래된 고사성어다. 사람을 쓰는 핵심 지혜라 할 수 있다. 이 말은 특히 삼성의 창업자 이병철 회장이 즐겨 쓴 구절로 유명하다.

"사람이〔人〕 의심스럽거든〔疑〕 결코 쓰지 말고〔莫用〕, 일단 사람을〔人〕 썼으면〔用〕 결코 의심하지 말라〔勿疑〕."

여기서부터는 마음을 성찰하는 것을 넘어 다른 사람의 마음을 아는 것의 어려움을 이야기하기 시작한다.

諷諫云 水底魚天邊雁 高可射兮低可釣 惟有人心咫尺間 咫尺人心
풍간 운 수저 어 천변 안 고 가사 혜 저 가조 유유 인심 지척 간 지척 인심

不可料
불가 료

풍자시에서 말했다. "물 밑바닥의 고기와 하늘가 기러기는 아무리 높아도 쏘아 맞힐 수 있고 아무리 물 밑에 숨어도 낚을 수 있다. 그러나 오직 사람의 마음만은 지척 간에 있음에도 이 지척에 있는 사람의 마음을 헤아리는 것은 불가능하다."

※　풍간(諷諫)이란 원래는 간하는 방법 중의 하나로 사안의 핵심을 직접 언급하지 않고 비유나 풍자를 통해 에둘러서 간하는 방법이다. 옛날에는 흔히 간하는 데는 다섯 가지 방법이 있다고 해서 오간(五諫)이라고 했다. 휼간(譎諫), 장간(戇諫), 강간(降諫), 직간(直諫), 그리고 풍간이다. 그냥 빙둘러서 간하는 것이 휼간, 우직하게 곧이곧

대로 간하는 것이 장간, 자신을 낮춰 겸손하게 간하는 것이 강간 그리고 곧장 핵심을 찌르는 것이 직간이다.

그런데 여기서는 중국 한나라의 위맹(韋盟)이라는 사람이 지은 풍자시를 가리킨다. 초나라의 왕무(王茂)가 음탕하므로 이 시를 지어 비판했다고 한다.

풍자시에서[諷諫] 말했다[云].

"물 밑바닥의[水底] 고기[魚]와 하늘가[天邊] 기러기는[雁] 아무리 높아도[高] 쏘아 맞힐 수 있고[可射兮] 아무리 물 밑에 숨어도[低] 낚을 수 있다[可釣]. (그러나) 오직[惟] 사람의 마음만은[人心] 지척 간에[咫尺間] 있음에도[有] 이 지척에 있는[咫尺] 사람의 마음을[人心] 헤아리는 것은[料] 불가능하다[不可]."

사람의 마음을 아는 것이 그만큼 어렵다는 뜻이다.

畵虎畵皮難畵骨 知人知面不知心
화 호 화 피 난 화 골 지 인 지 면 부 지 심

호랑이를 그릴 때 껍데기는 그릴 수 있지만 뼈는 그리기 어렵고, 사람을 알려고 할 때 얼굴은 알 수 있지만 마음은 알 수 없다.

앞 글에 이어 사람의 마음을 아는 것이 어렵다는 것을 말한다. 내용은 쉽다.

"호랑이를〔虎〕 그릴 때〔畵〕 껍데기는〔皮〕 그릴 수 있지만〔畵〕 뼈는〔骨〕 그리기 어렵고〔難畵〕, 사람을 알려고 할 때〔知人〕 얼굴은 알 수 있지만 〔知面〕 마음은〔心〕 알 수 없다〔不知〕."

對面共話 心隔千山
대면 공화 심 격 천산

얼굴을 마주 하고서 함께 이야기하고 있지만 마음은 천 개의 산만큼 떨어져 있다.

같은 문맥이다. "얼굴을 마주 하고서〔對面〕 함께 이야기하고 있지만〔共話〕 마음은〔心〕 천 개의 산만큼〔千山〕 떨어져 있다〔隔〕."

海枯終見底 人死不知心
해 고 종 견 저 　 인 사 부 지 심

바다는 다 마르게 되면 마침내 그 바닥을 볼 수 있지만 사람은 죽어서
도 그 마음을 알 수가 없다.

✿　　　같은 문맥이다. 별도의 풀이는 필요 없다.

"바다는〔海〕 다 마르게 되면〔枯〕 마침내〔終〕 그 바닥을〔底〕 볼 수 있지
만〔見〕(그 바닥이〔底〕 드러나게 되지만〔見〕) 사람은〔人〕 죽어서도〔死〕 그
마음을〔心〕 알 수가 없다〔不知〕."

太公曰 凡人不可逆相 海水不可斗量
태 공 왈 　 범 인 불 가 역 상 　 해 수 불 가 두 량

태공이 말했다. "무릇 사람은 (그 앞날이 예측 불가여서) 미리 점칠 수
없다. (이는) 바닷물은 (너무나도 많아) 말로는 잴 수 없(는 것과도 같)다."

✿　　　이 글은 짧지만 크게 보면 두 가지 풀이가 가능하다. 그리

고 평소 잘 쓰지 않는 한자의 의미가 逆이나 相에 들어 있기 때문에
조심해서 풀어야 한다. 태공이 한 말은 두 문장인데 정확한 풀이를 위
해서는 보다 명쾌한 뒤 문장부터 풀어야 한다.

"바닷물은〔海水〕 (너무나도 많아) 말〔斗〕로는 잴〔量〕 수 없다〔不可〕."

그렇다면 앞의 문장도 '무릇〔凡〕 사람은〔人〕 (그 앞날이 예측 불가여
서) 미리〔逆〕 점칠〔相〕 수 없다〔不可〕'고 해야 한다. 무릇 사람의 마음을
제대로 안다는 것은 어렵다는 말이다.

두 문장의 대구(對句) 관계를 무시할 경우 이런 풀이도 가능하다.

"평범한 사람은〔凡人〕 (자신과 남들의 앞날을) 미리〔逆〕 점칠〔相〕 수 없
다〔不可〕."

그러면 결국 뛰어난 사람은 미리 점칠 수 있다는 말인데 그것은 우
리의 문맥에서 돌출되는 발언이라 할 수 있다. 따라서 전자의 풀이를
택한다.

景行錄云 結怨於人謂之種禍 捨善不爲謂之自賊
경행록 운 결원 어 인 위지 종화　사선 불위 위지 자적

『경행록』에 이런 말이 있다. "사람들에게 원한을 맺히게 하는 것을 일
러 재앙의 씨를 뿌리는 것이라 하고, 좋은 것을 버리고 좋은 일을 행하지
않는 것을 일러 자신을 해치는 것이라고 한다."

❋   『경행록』에서 인용한 것이다.

"사람들[人]에게[於] 원한을 맺히게 하는 것[結怨]을 일러[謂之] 재앙의 씨를 뿌리는 것이라 하고[種禍], 좋은 것을 버리고[捨善] 좋은 일을 행하지 않는 것[不爲]을 일러[謂之] 자신을 해치는 것이라고 한다[自賊]."

외부로부터 생겨난다고 생각하는 재앙이나 스스로를 해치는 것 모두 실은 그 자신이 행하고 행하지 않은 것들의 결과로서 생겨난다는 점을 일깨워주고 있다.

若聽一面說便見相離別
약 청 일면 설 변 견 상리별

만약에 한쪽의 말만 듣게 되면 곧 서로 헤어지는 것을 보게 된다.

❋   이는 마음의 은미한 작용에 좀 더 신경을 쏟아야 한다는 뜻을 담은 글이다.

"만약에[若] 한쪽의[一面] 말만[說] 듣게 되면[聽] 곧[便] 서로 헤어지는 것을[相離別] 보게 된다[見]."

이는 곧 서로 상충하는 사람들의 이야기를 듣는 데 공정성을 잃고 한쪽으로 기울게 될 경우 다른 한쪽과는 결국 멀어지게 된다는 말이다. 말을 듣는 데는 공정함이 그만큼 중요한 것이다.

飽煖思淫慾 飢寒發道心
포난 사 음욕   기한 발 도심

(사람이란) 배부르고 따뜻하면 음탕한 욕심을 품게 되고, 굶주리고 추우면 도리의 마음을 떠올리게 된다.

❊　　　이 말은 일종의 속담에 가깝다.

"(사람이란) 배부르고 따뜻하면〔飽煖〕 음탕한 욕심을〔淫慾〕 품게 되
　　　　　　　　　　　　　　　포난　　　　　　음욕
고〔思〕, 굶주리고 추우면〔飢寒〕 도리의 마음을〔道心〕 떠올리게 된다〔發〕."
　사　　　　　　　　기한　　　　　　　　도심　　　　　　　발

疏廣曰 賢而多財則損其志 愚而多財則益其過
소광 왈 현 이 다재 즉 손 기지 우 이 다재 즉 익 기과

소광이 말했다. "뛰어난 사람이 재물까지 많으면 그 뜻을 해치게 되고,
모자란 사람이 재물이 많으면 허물을 더하게 된다."

206

소광(疏廣)은 한나라 사람으로 태자의 스승까지 지냈지만 벼슬에서 물러나 늘 친구들과 어울려 지내며 재물 모으기에는 관심을 두지 않았던 인물이라고 한다.

"뛰어난 사람이〔賢而〕 재물까지 많으면〔多財〕〔則〕 그 뜻을〔其志〕 해치게 되고〔損〕, 모자란 사람이〔愚而〕 재물이 많으면〔多財〕〔則〕 허물을〔其過〕 더하게 된다〔益〕."

이는 재물이라는 것이 현명한 사람에게건 어리석은 사람에게건 좋지 않은 영향을 줄 가능성이 높다는 뜻이다. 그러나 공자는 재물 자체보다는 사람의 태도에 더 강조점을 두었다는 사실을 지적해둔다.

人貧智短 福至心靈
인 빈 지 단 복 지 심 령

사람이 가난하면 지혜가 짧고, 재복이 이르면 마음이 맑아진다.

재물에 대한 입장이 앞의 것과는 조금 달라 보인다. 그러나 앞의 경우가 재물이 너무 많은 것을 뜻한다고 보면 이 둘은 크게 모순이라고 할 수는 없다. 적당한 재산의 중요성은 맹자도 강조한 바 있다. 이런 맥락에서 풀이해보자.

'사람이〔人〕 가난하면〔貧〕 지혜가〔智〕 짧고〔短〕, 재복이〔福〕 이르면〔至〕
마음이〔心〕 맑아진다〔靈〕.'

즉 맹자가 말한 일정한 재산이 있어야 오래가는 마음이 생겨난다는
것과 맥이 통한다. 지혜가 짧다는 것은 세상을 여유롭게 보지 못한다
는 말이다. 뒷부분은 그와 대조되는 내용으로 풀었다.

不經一事 不長一智
불경 일사 부장 일지

한 가지 일을 겪지 않고서는 한 가지 지혜가 자라나지 않는다.

마음의 지혜가 어떻게 생겨나는지에 관한 통찰이다.
"한 가지 일을〔一事〕 겪지 않고서는〔不經〕 한 가지 지혜가〔一智〕 자라
나지 않는다〔不長〕."

뒤집어 말하면 한 가지 지혜가 생겨나려면 반드시 한 가지 일을 경
험해 봐야 한다는 말이다. 여기서 경험은 일반적 의미보다는 고난이
나 힘든 경험을 뜻한다고 봐야 더 설득력이 있다.

是非終日有 不聽自然無
시비 종일 유 불청 자연 무

옳고 그름에 관한 논란이 하루 종일 계속되더라도 듣지 않으면 절로 없어진다.

✳ 　　이번에는 마음을 다스리는 지혜에 관한 언급이다.

"옳고 그름에 관한 논란이〔是非〕 하루 종일〔終日〕 계속되더라도〔有〕 듣지 않으면〔不聽〕 절로〔自然〕 없어진다〔無〕."

즉 세상에 시빗거리가 존재하더라도 결국 중요한 것은 내가 들으려 하느냐 아니냐에 따라 내 마음에 주는 영향이 결정된다는 것이다. 불필요한 호기심에 대한 경계의 말로 읽을 수 있다.

來說是非者 便是是非人
내 설 시비 자 변 시 시비 인

굳이 찾아와서 남들의 시비를 전달해 주는 사람이 곧 시빗거리를 일으키는 장본인이다.

『증광현문』에 나오는 말이다. 앞의 글에 이어 시비 논란에 대해 이야기하고 있다. 정교한 해석이 필요하다. 먼저 직역을 해보자.

'와서 시비를 말하는 자, 곧 이자야말로 시빗거리를 일삼는 자이다.'

예를 들면 우리 주변에는 종종 자신이 들은 말이라면서 우리에 대한 악평도 전하는 사람이 있다. 실은 바로 그 사람이 우리에 대해 악평을 하는 장본인일 가능성이 크다. 그래서 조금 보충해서 풀이할 필요가 있다.

"굳이 찾아와서(來) 남들의 시비를(是非) 전달해주는(說) 사람이(者) 곧(便)(是) 시빗거리를 일으키는 장본인이다(是非人)."

여기에는 사람 보는 지혜도 포함돼 있다고 할 수 있다.

擊壤詩云 平生不作皺眉事 世上應無切齒人 大名豈有鑴頑石 路上
격양 시 운 평생 부작 추미 사 세상 응무 절치 인 대명 기 유 전 완석 노상

行人口勝碑
행인 구 승 비

「격양시」에서 (소강절은) 이렇게 노래했다. "평소에 (남들에게) 눈썹 찡그릴 일을 하지 않으면 세상에는 당연히 (당신에게) 이를 가는 사람이 없을 것이요, 큰 이름을 어찌 딱딱한 돌에다가 새길 것인가? 길 가는 사람의 입(에 새기는 것)이 비석(에 새기는 것)보다 낫다."

　⊛　「격양시」에서 (소강절은) 이렇게 노래했다. 그 내용이 아주
흥미롭다.

　"평소에[平生=平常] (남들에게) 눈썹 찡그릴[皺眉] 일을[事] 하지 않으
면[不作] 세상에는[世上] 당연히[應] (당신에게) 이를 가는 사람이[切齒
人] 없을 것이요[無], 큰 이름을[大名] 어찌[豈] 딱딱한 돌에다가[頑石]
새길[鑴=銘] 것인가? 길 가는 사람의[路上行人] 입(에 새기는 것)[口]이
비석(에 새기는 것)보다[碑] 낫다[勝]."

　길 가는 사람은 전혀 모르는 사람이다. 그런 사람이 비싼 돈 들여
장만하는 비석보다 훨씬 낫다는 뜻이다. 즉 살아 있는 사람에게 잘 해
주라는 말이다. 큰 이름이란 일종의 명예욕을 뜻한다.

有麝自然香 何必當風立
　유 사 자 연 향　하 필 당 풍 립

　사향(노루)이 있으면 자연스레 향기가 나는데 굳이 반드시 바람을 맞대
고 설 필요가 있겠는가?

　⊛　사향노루의 향[麝香]은 사향노루의 배꼽 아래에 있는 포
피선을 쪼개 말린 것으로 흔히 흥분제로 사용된다. 사람도 자연스럽

게 향기가 나야지 억지로 자신의 인품을 뽐내려 해서는 안 된다는 말이다.

"사향(노루)이〔麝〕 있으면〔有〕 자연스레〔自然〕 향기가 나는데〔香〕 굳이 반드시〔何必〕 바람을〔風〕 맞대고〔當〕 설〔立〕 필요가 있겠는가?"

스스로 내면의 인품을 키워야지 바람에 의지해 냄새를 피우려 하지 말라는 뜻이다.

有福莫享盡 福盡身貧窮 有勢莫使盡 勢盡寃相逢 福兮常自惜 勢
유복 막 향진 복 진 신 빈궁 유세 막 사진 세 진 원 상봉 복 혜 상 자석 세

兮常自恭 人生驕與侈 有始多無終
혜 상 자공 인생 교 여 치 유시 다 무종

복이 있다고 해서 다 누리려 하지 말라. (그렇게 할 경우) 복이 다하고 나면 몸이 빈궁해진다. (또) 권세가 있다고 해서 다 부리려 하지 말라. 권세가 다하고 나면 원한(을 가진 사람)과 서로 만나게 될 것이다. (따라서) 복이 있거든 항상 스스로 아끼고, 권세가 있거든 항상 스스로 공손하라. (왜냐하면) 인생에서 교만과 사치는 시작은 있으나 대개 끝은 없기 때문이다.

"복이 있다고 해서〔有福〕 다 누리려〔享盡〕 하지 말라〔莫〕.
유복   향진   막

212

(그렇게 할 경우) 복이[福] 다하고 나면[盡] 몸이[身] 빈궁해진다[貧窮].
(또) 권세가 있다고 해서[有勢] 다 부리려[使盡] 하지 말라[莫]. 권세가
[勢] 다하고 나면[盡] 원한(을 가진 사람)과[冤] 서로 만나게 될 것이다
[相逢]. (따라서) 복이 있거든[福兮] 항상[常] 스스로 아끼고[自惜], 권세
가 있거든[勢兮] 항상[常] 스스로 공손하라[自恭]. (왜냐하면) 인생에서
[人生] 교만[驕]과[與] 사치는[侈] 시작은 있으나[有始] 대개[多] 끝은 없
기 때문이다[無終]."

王參政 四留銘曰 留有餘不盡之巧 以還造物 留有餘不盡之祿 以還
왕 참정　사류명 왈　유유여 부진 지교　이환 조물　유유여 부진 지녹　이환

朝廷 留有餘不盡之財 以還百姓 留有餘不盡之福 以還子孫
조정　유유여 부진 지재　이환 백성　유유여 부진 지복　이환 자손

　왕참정이 사류명에서 말했다. "여유가 있거든 다 쓰지 않은 재주를 조
물주에게 돌려주라. 여유가 있거든 다 쓰지 않은 봉록을 조정에 돌려주
라. 여유가 있거든 다 쓰지 않은 재산을 백성에게 돌려주라. 여유가 있거
든 다 쓰지 않은 복을 자손에게 돌려주라."

　　　왕참정(王參政)이란 북송 진종(眞宗) 때의 명재상 왕단(王
旦)을 가리키는데 참정이란 참지정사(參知政事)의 준말이다. 내용은

이어지는 문맥과 비슷하게 겸손하고 양보하는 자세를 잃지 말라는 것이다. 사류명(四留銘)이란 마음속에 반드시 남기는 네 가지 다짐이라는 뜻이다.

첫째, "여유가 있거든〔有餘〕 다 쓰지 않은〔不盡之〕 재주를〔巧=才〕〔以〕 조물주에게〔造物〕 돌려주라〔還=反〕"고 한다. 재주는 하늘의 조물주에게서 받은 것이니 조물주에게 돌려주라는 것이다.

둘째, "여유가 있거든〔有餘〕 다 쓰지 않은〔不盡之〕 봉록을〔祿〕〔以〕 조정에〔朝廷〕 돌려주라〔還=反〕"고 한다. 봉록은 조정에서 받은 것이니 조정에 돌려주라는 것이다.

셋째, "여유가 있거든〔有餘〕 다 쓰지 않은〔不盡之〕 재산을〔財〕〔以〕 백성에게〔百姓〕 돌려주라〔還=反〕"고 한다. 재산은 결국은 백성들로부터 나온 것이니 백성에게 돌려주라는 것이다.

넷째, "여유가 있거든〔有餘〕 다 쓰지 않은〔不盡之〕 복을〔福〕〔以〕 자손에게〔子孫〕 돌려주라〔還=反〕"고 한다. 복이란 조상에게 받은 것이니 남은 복은 자손에게 남겨야지 당대에 다 쓰려 해서는 안 된다는 말이다.

이는 한마디로 하자면 매사에 지나침, 넘침을 경계하고 앞뒤 주변을 돌아보라는 말이다.

黃金千兩未爲貴 得人一語勝千金
황금 천량 미 위귀 득 인 일어 승 천금

황금 천 냥이 귀한 것이 아니고, 다른 사람의 (귀중한) 한마디 말을 얻어듣는 것이 천금보다 낫다.

✽   물질보다 지혜가 중요함을 강조하는 말이다.

"황금 천 냥이〔黃金千兩〕 귀한 것이〔爲貴〕 아니고〔未〕, 다른 사람의〔人〕 (귀중한) 한마디 말을〔一語〕 얻어듣는 것이〔得〕 천금보다〔千金〕 낫다〔勝〕."

巧者拙之奴 苦者樂之母
교자 졸 지 노 고자 낙 지 모

솜씨 좋다는 것은 서툰 것의 노예이고, 괴로움은 즐거움의 어머니다.

✽   우선 직역을 하면 '솜씨 좋다는 것은 서툰 것의 노예이고, 괴로움은 즐거움의 어머니다'이다. 한 번 더 풀면, 재주가 뛰어난 사람

은 결국은 재주가 없는 사람 밑에서 일하게 되는 반면, 현재 당하는
괴로움은 훗날 즐거움을 낳게 된다는 말이다.

"솜씨 좋다는 것은〔巧者〕 서툰 것〔拙〕의〔之〕 노예이고〔奴〕, 괴로움이라
는 것은〔苦者〕 즐거움〔樂〕의〔之〕 어머니다〔母〕."

小船難堪重載 深逕不宜獨行
소선 난감 중재 심경 불의 독행

작은 배는 무거운 짐을 감당하기 어렵고, 으슥한 샛길은 마땅히 혼자서
가서는 안 된다.

우선 직역을 하면 '작은 배는 무거운 짐을 감당하기 어렵
고, 으슥한 샛길은 마땅히 혼자서 가서는 안 된다'는 말이다. 즉 앞부
분은 자신의 능력을 감안해서 행동하라는 것이고, 뒷부분은 어떤 일
을 할 때 어려움이 예상되면 미리 그것을 피할 줄 아는 지혜를 가지라
는 말이다.

"작은 배는〔小船〕 무거운 짐을〔重載〕 감당하기 어렵고〔難堪〕, 으슥한
샛길은〔深逕〕 마땅히 혼자서 가서는〔獨行〕 안 된다〔不宜〕."

216

黃金未是貴 安樂值錢多
황 금 미 시 귀 안 락 치 전 다

황금이 귀한 것이 아니라 편안함과 즐거움이 돈보다 가치가 크다.

별도의 풀이가 필요 없다. "황금이〔黃金〕 귀한〔貴〕 것이 아
니라〔未是〕 편안함과 즐거움이〔安樂〕 돈보다〔錢〕 가치가〔値〕 크다〔多〕."

在家不會邀賓客 出外方知少主人
재 가 불 회 요 빈 객 출 외 방 지 소 주 인

집에 있으면서 손님들을 잘 맞이할 줄 모르면 밖에 나가서야 바야흐로
(자신을 손님으로 반갑게 맞아줄) 주인이 적다는 것을 알게 된다.

會에는 '잘하다', '반드시 ~해야 한다'는 뜻이 있다. 邀는
'초대하다〔招〕', '맞이하다〔迎〕'는 뜻이다. 즉 앞부분은 '집에 있으면서
〔在家〕 손님들을〔賓客〕 잘 맞이할〔邀〕 줄 모르면〔不會〕, 혹은 '손님들

을 반드시 잘 맞이하지 못하면'이라는 뜻이다. 方은 바야흐로라는
뜻이다.

貧居鬧市無相識 富住深山有遠親
빈 거 요시 무 상식 부 주 심산 유 원친

가난하면 시끌벅적한 시장에 살아도 서로 아는 사람이 없고, 부유하면
깊은 산속에 살더라도 먼 곳에까지 친구가 있다.

＊　조금은 쓸쓸한 내용이다. 흔히 말하는 炎涼世態에 관한 언
염량 세태
급으로 읽힌다.
"가난하면〔貧〕 시끌벅적한 시장에〔鬧市〕 살아도〔居〕 서로 아는 사람
빈　　　　요시　　　　거
이〔相識〕 없고〔無〕, 부유하면〔富〕 깊은 산속에〔深山〕 살더라도〔住〕 먼 곳
상식　　　무　　부　　　　심산　　　　주
에까지 친구가〔遠親〕 있다〔有〕."
원친　　　유

人義盡從貧處斷 世情便向有錢家
인의 진 종 빈처 단 세정 변 향 유전가

사람의 의리는 다 가난한 데서부터 끊어지고, 세상 인심은 곧 돈 있는
사람에게로 향하게 된다.

역시 돈의 많고 적음에 따른 세태에 대한 지적이다.

"사람의 의리는〔人義〕다〔盡〕가난한 데〔貧處〕서부터〔從〕끊어지고〔斷〕,
인의   진   빈처   종   단
세상 인심은〔世情〕곧〔便〕돈 있는 사람에게로〔有錢家〕향하게 된다〔向〕."
세정   변   유전가   향

의리보다 이익을 앞세우는 세상 사람들의 평범한 마음일 수도 있
겠다.

寧塞無底缸 難塞鼻下橫
영 색 무저항 난 색 비하횡

차라리 밑 빠진 항아리는 틀어막을 수 있지만 코 아래 가로로 된 것, 즉
입은 막기가 어렵다.

상당히 해학적인 표현이 담겨 있다.

"차라리(寧) 밑 빠진 항아리는(無底缸) 틀어막을 수 있지만(塞) 코 아래 가로로 된 것은(鼻下橫) 막기가(塞) 어렵다(難)."

이는 사람들이 다른 사람의 안 좋은 이야기를 마구 하고 다닌다는 뜻으로 봐야 한다. 문맥이 세태에 대한 비판이기 때문이다.

人情皆爲窘中疎
인 정 개 위 군 중 소

사람의 마음이란 다 궁색해지는 가운데 멀어지게 된다.

역시 세태에 대한 비판이다.

사람의 마음이라는 것은(人情) 다(皆) 궁색해지는(爲窘) 가운데(中) 멀어지게 된다(疎)는 것이다.

史記曰 郊天禮廟非酒不享 君臣朋友非酒不義 鬪爭相和非酒不勸
사기 왈 교천 예묘 비주 불향　군신 붕우 비주 불의　투쟁 상화 비주 불권

故酒有成敗而不可泛飮之
고 주 유 성패 이 불가 범음 지

『사기』에 이런 말이 나온다. "하늘에 교제사를 지내고 종묘에 제례를
올릴 때 술이 없으면 (귀신은) 제대로 흠향할 수 없다. 임금과 신하, 벗들
간의 관계에서도 술이 없으면 의로워질 수 없다. 싸울 때도 서로 잘 지낼
때도 술이 없으면 서로를 권면할 수 없다. 그러므로 술에 성공과 실패가
달려 있으니 술을 그저 대충 마셔서는 안 된다."

일단 사마천(司馬遷)의 이 말은 술에 관한 이야기다. 사람
과 사람 사이를 돈독하게 해주는 것이 술이라는 것이다.

"하늘에 교제사를 지내고(郊天) 종묘에 제례를 올릴 때(禮廟) 술이
없으면(非酒) (귀신은) 제대로 흠향할 수 없다(不享). 임금과 신하(君臣),
벗들 간의 관계에서도(朋友) 술이 없으면(非酒) 의로워질 수 없다(不義).
싸울 때도(鬪爭) 서로 잘 지낼 때도(相和) 술이 없으면(非酒) 서로를 권
면할 수 없다(不勸)."

인간관계에서 술이 없으면 뭐 하나 제대로 될 수가 없다는 말이다.
다만 여기서 관건이 되는 것은 술을 적절하게 마시는 것이다.

"그러므로(故) 술에(酒) 성공과 실패가(成敗) 달려 있으니(有)(而) 술을
(之) 그저 대충 마셔서는(泛飮) 안 된다(不可)."

여기서 한 가지 짚고 넘어가야 할 한자는 泛이다. 泛泛하다고 하는

것은 어떤 일을 열렬함 없이 대충대충 시늉만 하는 것이다. 공자가 가장 싫어하는 태도라고 할 수 있다. 애씀[文]도 없고 열렬함[誠]도 없으니 그것이야말로 사실상 예가 없는 것[無禮] 혹은 예가 빠진 것[缺禮]이기 때문이다.

다시 말하면 술은 열렬함만 뒷받침된다면 사람 사이에서 필수 불가결한 사물임을 알 수 있다.

子曰 士志於道而恥惡衣惡食者 未足與議也
자왈 사 지 어 도 이 치 악 의 악 식 자 미 족 여 의 야

공자는 말했다. "선비라 자처하는 사람이 말로는 도리에 뜻을 두었다고 하면서 행동 면에서는 나쁜 옷과 나쁜 음식을 입고 먹는 것을 부끄럽게 생각한다면 그런 자와 더불어 아무것도 의논할 수 없다."

✳ 여기서 공자의 말은 선비[士]라 자처하는 사람이 말로는 도리[道]에 뜻을 두었다고 하면서 행동 면에서는 나쁜 옷과 나쁜 음식을 입고 먹는 것을 부끄럽게 생각한다면 그런 자와 더불어[與] 아무것도 의논할 수 없다는 뜻이다. 도리를 이야기하는 사람이라면 말과 행동이 일치해야 한다. 그렇다고 일부러 호의호식(好衣好食)은 꺼리고 악

의악식(惡衣惡食)을 추구하라는 뜻은 아니다. 호의호식을 탐하지 말고 악의악식을 부끄러워하지 말라는 뜻이다. 즉 바깥 세상의 외물(外物)에 마음이 흔들려서는 도리를 논하는 선비라고 할 수 없다. 그런 차원을 넘어섰을 때 도리를 비롯한 세상사를 함께 의논할 수 있다는 것이다.

荀子曰 士有妬友則賢交不親 君有妬臣則賢人不至
순자 왈 사 유 투우 즉 현교 불친 군 유 투신 즉 현인 부지

순자는 이렇게 말했다. "선비에게 질투하는 벗이 있으면 현능한 벗은 가까워지지 않고, 임금에게 질투하는 신하가 있으면 어진 신하는 주변에 오지 않는다."

순자가 말한 이 구절은 무엇보다 '밝다[明]'는 것이 정확히 무슨 뜻인지를 보여주는 사례라는 점에서 좀 더 주목하여 읽을 필요가 있다.

"선비에게[士] 질투하는 벗이[妬友] 있으면[有][則] 현능한 벗은[賢交=賢友] 가까워지지 않고[不親], 임금에게[君] 질투하는 신하가[妬臣] 있으면[有][則] 현능한 신하는[賢人=賢臣] 주변에 오지 않는다[不至]."

질투하는 벗이나 신하란 다른 동료들을 중상모략하고 참소하는 사람들이다. 이처럼 중상모략하고 참소하는 것을 정확히 알아내지 못한다면 결국 그 피해는 본인에게 돌아오게 된다. 공자는 어떤 사람의 말이 직언인지 참소인지를 정확히 가리는 것을 '밝다(明)'고 했다.

天不生無祿之人 地不長無名之草
천 불생 무록 지 인 지 부장 무명 지 초

하늘은 복이 없는 사람을 내지 않고, 땅은 이름 없는 풀을 기르지 않는다.

옮기는 것은 쉽지만 그 뜻은 생각해봐야 알 수 있는 구절이다. 우선 직역을 해놓고 뜻을 살펴보자.

'하늘은(天) 녹이 없는 사람을(無祿之人) 내지 않고(不生), 땅은(地) 이름 없는 풀을(無名之草) 기르지 않는다(不長=不育).'

뒷부분은 그런대로 이해가 되지만 앞부분은 祿이 관건이다. 흔히 祿을 나라에서 주는 봉록(俸祿)으로 풀이하지만 여기서는 그보다는 복(福)에 가깝다. 즉 하늘은 누구에게나 복을 내리기 때문에 복이 없는 사람은 없다는 것이다. 그런데도 사람들은 스스로 노력은 하지 않고 자신의 박복(薄福)만을 탓한다. 이제 이 글의 의미가 이해되었을 것이다. 사람에게는 누구에게나 복이 있고 초목은 모두 이름이 있다는 뜻이다.

大富由天 小富由勤
대부 유 천 소부 유 근

큰 부자는 하늘에서 나오고, 작은 부자는 부지런함에서 나온다.

"큰 부자는〔大富〕하늘에서〔天〕나오고〔由〕, 작은 부자는
〔小富〕부지런함에서〔勤〕나온다〔由〕."

이것은 중국인들의 오랜 부자 관념이다. 공자는 『논어』 '술이' 편에서 "부(富)가 구해서 될 수 있는 것이라면 나는 말채찍을 잡는 자의 일이라도 기꺼이 하겠지만 억지로 구해서 되는 것이 아니라면 나는 내가 좋아하는 바를 따르겠다"고 말하고 있다. 여기서 부란 큰 부자를 가리킨다. 큰 부자는 억지로 구하려 해서는 안 된다는 것이다. 오히려 사람이 할 수 있는 범위에서 보자면 작은 부자가 되는 데 만족하거나 그것보다는 도리를 구하며 살아가는 것이 훨씬 인간다운 길이라는 뜻이다.

成家之兒惜糞如金 敗家之兒用金如糞
성가 지 아 석 분 여 금 패가 지 아 용 금 여 분

집안을 일으킬 아이는 거름똥도 황금처럼 아끼고, 집안을 망칠 아이는
황금도 거름똥처럼 쓴다.

　　　成家나 敗家를 현재 그렇다고 보아도 좋고 앞으로 그렇게
　　　　　성가　　　패가
될 것으로 보아도 좋다. 그러면 풀이가 조금 달라진다. 즉 되는 집안의
아이냐 집안을 일으킬 아이냐의 차이가 있는 것이다. 여기서는 후자
의 뜻이 좀 더 강하니 그쪽으로 풀어내겠다.
　　"집안을 일으킬〔成家〕〔之〕 아이는〔兒〕 거름똥도〔糞〕 황금〔金〕처럼〔如〕 아
　　　　　　　　　　성가　지　　　아　　　　분　　　금　　　　여
끼고〔惜=愛〕, 집안을 망칠〔敗家〕〔之〕 아이는〔兒〕 황금도〔金〕 거름똥〔糞〕처
　　석 애　　　　　　　패가　지　　　아　　　　금　　　　분
럼〔如〕 쓴다〔用〕."
　여　　　용
　　짧지만 예리한 통찰이다.

康節邵先生曰 閑居愼勿說無妨 纔說無妨便有妨 爽口物多能作疾
강절 소 선생 왈 한거 신 물설 무방 재설 무방 변 유방 상구 물 다 능 작질
快心事過必有殃 與其病後能服藥 不若病前能自防
쾌심 사 과 필 유앙 여기 병 후 능 복약 불약 병 전 능 자방

226

소강절 선생이 말했다. "(평소처럼) 한가로이 머물 때(라도) 늘 신중히 하면서 (감히) 아무것도 해로울 것이 없다고 말하지 말라. 아무것도 해로울 것이 없다고 말하자마자 곧바로 해로움이 있게 된다. 입이 상쾌하다 하여 음식을 많이 먹으면 쉽게 병을 일으킬 수 있고, 마음이 상쾌하다 하여 일을 지나치게 하다 보면 반드시 재앙이 있게 된다. 병이 난 후에 제대로 약을 먹기보다는 병이 나기 전에 제대로 스스로를 지키는 것이 낫다."

✸　　소강절의 말이다. 우선 구절 단위로 먼저 풀어보자.

"(평소처럼) 한가로이 머물 때〔閑居〕(라도) 늘 신중히 하면서〔慎〕 (감히) 아무것도 해로울 것이 없다고〔無妨〕 말하지 말라〔勿說〕. 아무것도 해로울 것이 없다고〔無妨〕 말하자〔說〕마자 곧바로〔纔~便〕 해로움이 있게 된다〔有妨〕." 한마디로 어느 때건 마음을 풀어놓지〔放心〕 말라는 것이다. '纔~便~'는 '~하자마자 ~한다'는 문장구조다. 다음 구절로 넘어가자.

"입이 상쾌하다 하여〔爽口〕 음식을〔物〕 많이 먹으면〔多〕 쉽게〔能〕 병을 일으킬 수 있고〔作疾〕, 마음이 상쾌하다 하여〔快心〕 일을〔事〕 지나치게 하다 보면〔過〕 반드시〔必〕 재앙이 있게 된다〔有殃〕."

우리가 상쾌하다고 할 때 그 한자가 바로 상쾌(爽快)다. 爽口과 快心의 대조도 눈여겨볼 만하다. 이제 마지막 구절이다.

"병이 난〔病〕 후에〔後〕 제대로〔能〕 약을 먹기〔服藥〕보다는〔與其〕 병이 나기〔病〕 전에〔前〕 제대로〔能〕 스스로를 지키는 것이〔自防〕 낫다〔不若=寧〕."

'與其~不若~'은 '與其~寧~'과 같은 문장구조로 '~하기보다는 차라리 ~하는 것이 낫다'는 뜻이다.

이상의 내용을 종합해보면 어떤 일이 일어나기 전에 미리 매사 경계하는 마음을 가져야 한다는 뜻이다. 마음을 풀어놓는 방심의 위험성을 경계한 것이다.

梓潼帝君垂訓曰 妙藥難醫冤債病 橫財不富命窮人 生事事生君莫怨
재동 제군 수훈 왈　묘약 난의 원채병　횡재 불부 명궁인　생사 사생 군 막원

害人人害汝休嗔 天地自然皆有報 遠在兒孫近在身
해인 인해 여 휴진　천지 자연 개 유보　원재 아손 근재 신

재동제군이 내려준 가르침에서 말했다. "아무리 신묘한 약이라도 원한에 사무친 병을 치료하기는 어렵고, 뜻하지 않게 생긴 재물은 타고난 운명이 좋지 않은 사람을 부자로 만들어주지 못한다. (네가 억지로) 일을 만들어내어 일이 일어난 것이니 그대는 (남을) 원망하지 말고, (네가) 남을 해치어 남도 (너를) 해치는 것이니 너는 남 탓을 하지 말라. 하늘과 땅은 자연스레 모두 보답을 하니 (그 보답이) 먼 것은 자손에게 있고 가까운 것은 본인에게 있다."

❀　재동제군(梓潼帝君)은 도교에서 인간의 복록(福祿)을 챙겨주는 신이라고 한다. 수훈(垂訓)은 내려준 가르침이라는 말로 흔히

기독교에서 예수가 내려준 산상수훈을 가리킬 때 자주 언급된다.

전체적인 흐름은 도교답게 사람의 한계를 넘어서 있는 운명이나 이치의 힘을 거슬러서는 안 된다는 것을 말하고 있다. 절로 그러함[自然]이 인간의 억지 행위[人爲=作爲]에 우선함을 강조하는 것이다. 이제 본문을 하나씩 풀어보자.

"아무리 신묘한 약이라도[妙藥] 원한에 사무친 병을[冤債病] 치료하기는 어렵다[難醫]." 원한이나 원통함[冤=寃]은 원망[怨] 혹은 서운함[慍]과는 다르다. 원한이나 원통함은 한(恨)에 가깝다. 醫는 곧 治療다. 원한에 사무쳐 생긴 병은 마음의 병이기 때문에 신체의 병을 치료하는 약으로는 고칠 수 없다는 뜻이다.

"뜻하지 않게 생긴 재물은[橫財] 타고난 운명이 좋지 않은 사람을[命窮人] 부자로 만들어주지 못한다[不富]."

제아무리 운 좋게 재물을 얻는 일이 있더라도 그 부를 누릴 명을 갖지 못한 사람이라면 결국은 다 잃게 된다는 말이다. 부귀는 하늘이 내려다 준 것이라는 중국인들의 전통적인 천명관과 통한다.

그다음 부분의 번역이 쉽지 않다. 生事事生과 害人人害를 어떻게 정확히 풀이할 것이냐의 문제 때문이다. 우선 두 구절에 대한 기존의 번역 한 가지를 보자.

"일을 내면 일이 생기는 것을 그대는 원망하지 말고, 남을 해치면 남이 해치는 것을 너는 꾸짖지 말라." 이렇게 해서는 아무리 읽어도 뜻을 알 길이 없다. 조금 풀어내어 번역해야 한다.

"(네가 억지로) 일을 만들어내어[生事] 일이 일어난 것이니[事生] 그대는[君] (남을) 원망하지 말라[莫怨]. (네가) 남을 해치어[害人] 남도 (너를) 해치는 것이니[人害] 너는[汝] 남 탓을 하지 말라[休嗔=勿怒]."

즉 일이건 인간관계건 스스로의 잘못으로 인해 빚어진 일에 대해서
는 남을 탓하지 말고 자신을 탓하라는 말이다. 이 글은 도가에 속하
지만 유가에서도 늘 강조하는 말이다. 이제 마지막이다.

"하늘과 땅은〔天地〕 자연스레〔自然〕 모두〔皆〕 보답을 한다〔有報〕. (그
보답이) 먼 것은〔遠〕 자손에게〔兒孫〕 있고〔在〕 가까운 것은〔近〕 본인에게
〔身〕 있다〔在〕."

즉 총괄해서 볼 때 세상의 이치는 누구도 피할 수 없음을 강조하는
것이다.

花落花開開又落 錦衣布衣更換着 豪家未必常富貴 貧家未必長
화락 화개 개 우 낙　금의 포의 갱 환착　호가 미필 상 부귀　빈가 미필 장
寂寞 扶人未必上靑霄 推人未必塡溝壑 勸君凡事莫怨天 天意於人無
적막　부인 미필 상 청소　추인 미필 전 구학　권군 범사 막 원천　천의 어 인 무
厚薄
후박

꽃이 지고 꽃이 피고 피었다가 또 지고 비단옷이 베옷으로 다시 갈아
입기도 한다. 호화로운 집안이라고 해서 반드시 언제나 부귀를 누리는 것
도 아니고, 가난한 집안이라고 해서 반드시 오랫동안 적적하고 쓸쓸한 것
은 아니다. 사람을 부축한다고 해서 그 사람이 반드시 푸른 하늘에 오르
는 것은 아니고, 사람을 밀친다고 해서 그 사람이 반드시 깊은 수렁에 굴

러떨어지는 것은 아니다. 그대에게 권하노라! 모든 일에 하늘을 원망하지 말라! 하늘의 뜻은 (특별히 어떤) 사람에 대해 두텁지도 않고 엷지도 않다.

❋　　　출처는 불명이다. 세상의 이치는 어떤 특정한 사람에게 미리 가 있는 바가 없다는 취지다. 번역만 제대로 하면 별도의 풀이는 필요 없다.

　　"꽃이 지고(花落) 꽃이 피고(花開) 피었다가 또 지고(開又落) 비단옷을(錦衣) 베옷으로(布衣) 다시(更) 갈아입기도 한다(換着). 호화로운 집안이라고 해서(豪家) 반드시 언제나(常) 부귀를 누리는 것도(富貴) 아니고(未必), 가난한 집안이라고 해서(貧家) 반드시 오랫동안(長) 적적하고 쓸쓸한 것은(寂寞) 아니다(未必). 사람을 부축한다고 해서(扶人) 그 사람이 반드시 푸른 하늘에(青霄=青天) 오르는 것은(上) 아니고(未必), 사람을 밀친다고 해서(推人) 그 사람이 반드시 깊은 수렁에(溝壑) 굴러 떨어지는 것은(塡) 아니다(未必). 그대에게 권하노라(勸君)! 모든 일에(凡事) 하늘을 원망하지(怨天) 말라(莫)! 하늘의 뜻은(天意) (특별히 어떤) 사람(人)에 대해(於) 두텁지도 엷지도(厚薄) 않다(無)."

　　여기서 비단옷(錦衣)은 존귀한 신분을, 베옷(布衣)은 벼슬하지 못한 빈한한 처지를 나타낸다. 특히 인상적인 것은 '사람을 부축한다고 해서 그 사람이 반드시 푸른 하늘에 오르는 것은 아니고, 사람을 밀친다고 해서 그 사람이 반드시 깊은 수렁에 굴러떨어지는 것은 아니다'는 구절이다. 남들이 아무리 이런저런 영향을 미치려 한다 한들 중요한 것은 본인의 마음가짐과 지향이라는 것을 우회적으로 강조하고 있다.

세상의 이치에 대한 바른 인식은 곧 자신의 권능과 책임에 대한 분명한 각성으로 이어짐을 보여준다는 점에서 대단히 중요한 통찰이다.

堪歎人心毒似蛇 誰知天眼轉如車 去年妄取東隣物 今日還歸北舍家
감탄 인심 독 사 사 수 지 천 안 전 여 거 거년 망 취 동린 물 금일 환귀 북사 가

無義錢財湯潑雪 儻來田地水推沙 若將狡譎爲生計 恰似朝開暮落花
무의 전재 탕 발 설 당래 전지 수 퇴 사 약 장 교휼 위 생계 흡사 조개 모락 화

사람의 마음이 독하기가 뱀과도 같음은 한탄할 만하다. (허나) 누가 하늘의 눈이 수레바퀴처럼 돌아가고 있다는 것을 알겠는가? 지난해에는 망령되게도 동쪽 이웃의 물건을 취했더니 오늘은 북쪽 집으로 도리어 돌아가는구나! 의로움이 없는 돈과 재물은 끓는 물에 눈가루를 뿌리는 것과 같고, 뜻밖에 굴러온 논과 밭은 물이 모래를 미는 것과 같다. 만일 교활함과 속임으로 살아가는 계책을 삼는다면 (이는) 마치 아침에 피었다가 저녁에 지는 꽃과 거의 같다고 할 것이다.

❋　　　출처는 알 수 없다.

첫 두 구절이 전체의 내용을 압축하고 있다는 점에서 주의 깊은 풀이가 필요하다.

"사람의 마음〔人心〕이 독하기가〔毒〕 뱀과도〔蛇〕 같음은〔似〕 한탄할 만
　　　　　　　　　인심　　　　　독　　　　　사　　　　사

하다[堪歎=可歎]. (허나) 누가[誰] 하늘의 눈이[天眼] 수레바퀴[車]처럼
[如] 돌아가고 있다는 것을[轉] 알겠는가[知]?"

앞 문장은 사람들이 세상의 이치를 몰라 마음 씀씀이가 뱀처럼 독
한 것을 한탄하는 것이다. 그런데 이런 사람들은 실은 하늘의 이치가
마치 수레바퀴가 돌아가듯 엄연하면서도 환하게 밝다는 사실을 모르
기 때문에 그처럼 마음을 독하게 쓰는 점을 비판하고 있다. 이어지는
내용은 그에 관한 일종의 부연 설명이라 할 수 있다.

"지난해에는[去年] 망령되게도[妄] 동쪽 이웃의 물건을[東隣物] 취
했더니[取] 오늘은[今日] 북쪽 집으로[北舍家] 도리어 돌아가는구나
[還歸]!"

뜻이 조금 불분명하다. 이는 돌아가는 주체가 무엇인지를 주목하면
쉽게 풀린다. 바로 그 동쪽 이웃의 물건이 북쪽 집으로 가게 되었다고
보는 것이다. 즉 물건이란 주인이 없는 것이어서 자신이 빼앗았다고 생
각해도 결국은 또 다른 곳으로 돌아가게 돼 있다는 뜻이다. 다시 말해
부귀를 이용해 잠시 남의 것을 빼앗았다고 해도 그것은 결코 자신의
것이 아니라는 말이다. 이 점은 다음 구절을 통해 보다 상세하게 설명
이 된다.

"의로움이 없는[無義] 돈과 재물은[錢財] 끓는 물에[湯] 눈가루를[雪]
뿌리는[潑] 것과 같고, 뜻밖에 굴러온[儻來=倘來] 논과 밭은[田地] 물이
[水] 모래를[沙] 미는[推] 것과 같다."

재물은 의로움에 합치될 때 진정한 의미에서 자신의 것이 될 수 있
다는 말이다. 이제 지금까지의 내용을 총괄하는 결론 부분이다.

"만일[若] 교활함과 속임[狡譎]으로[將=以] 살아가는 계책을[生計] 삼
는다면[爲] (이는) 마치 아침에 피었다가[朝開] 저녁에 지는[暮落] 꽃과

〔花〕거의 같다고 할 것이다〔恰似〕.”
화   흡사

　하늘과도 같은 이치〔天理〕나 자연의 법칙 혹은 인간사의 공명정대
　　　　　　　　　　천리
한 원칙 등을 따르지 않는 삶이란 부나비와 다를 바 없는 삶이라는
말이다.

無藥可醫卿相壽 有錢難買子孫賢
무약　가의　경상　수　유전　난매　자손　현

　육경이나 재상과 같은 존귀한 사람의 목숨이라도 고쳐줄 수 있는 약은
없고, 아무리 돈이 있다 해도 자손들의 뛰어남을 사는 것은 어렵다.

　　　　　　번역만 정확히 하면 내용은 간단하다.
　“육경이나 재상과 같은 존귀한 사람의〔卿相〕 목숨이라도〔壽〕 고쳐줄
　　　　　　　　　　　　　　　　　경상　　　　　　수
수 있는〔可醫〕 약은 없고〔無藥〕, 아무리 돈이 있다 해도〔有錢〕 자손들의
　　　가의　　　　　　부약　　　　　　　　　　　유전
〔子孫〕 뛰어남을〔賢〕 사는 것은 어렵다〔難買〕.”
자손　　　　　현　　　　　　　　　난매
　목숨에 벼슬의 존귀함이 있을 수 없고, 자손의 뛰어남에 돈이 많고
적고가 영향을 미칠 수 없다는 말이다.

一日淸閑 一日仙
일일 청한 일일 선

하루 동안(이라도 마음이) 맑고 여유로우면 그 하루 동안은 (바로 그 사람이) 신선이다.

이 장 전체를 총괄하는 촌철살인(寸鐵殺人)과도 같은 결론구다.

"하루 동안(이라도 마음이)〔一日〕 맑고 여유로우면〔淸閑〕 그 하루 동안은〔一日〕 (바로 그 사람이) 신선이다〔仙〕."

결국 마음을 맑고 여유롭게 가지는 것이 관건임을 강조하고 있다.

12장

省心篇 下
성심 편 하

마음을 그 작은 것까지 잘 살펴보다

眞宗皇帝御製曰 知危識險終無羅網之門 擧善薦賢自有安身之路 施仁布德乃世代之榮昌 懷妬報冤與子孫之危患 損人利己終無顯達雲仍 害衆成家豈有長久富貴 改名異體皆因巧語而生 禍起傷身皆是不仁之召

神宗皇帝御製曰 遠非道之財 戒過度之酒 居必擇隣 交必擇友 嫉妬勿起於心 讒言勿宣於口 骨肉貧者莫疎 他人富者莫厚 克己以勤儉爲先 愛衆以謙和爲首 常思已往之非 每念未來之咎 若依朕之斯言 治國家而可久

高宗皇帝御製曰 一星之火能燒萬頃之薪 半句非言誤損平生之德 身被一縷常思織女之勞 日食三飱每念農夫之苦 苟貪妬損終無十載安康 積善存仁必有榮華後裔 福緣善慶多因積行而生 入聖超凡盡是眞實而得

王良曰 欲知其君先視其臣 欲識其人先視其友 欲知其父先視其子 君聖臣忠父慈子孝

家語云 水至淸則無魚 人至察則無徒

許敬宗曰 春雨如膏 行人惡其泥濘 秋月揚輝 盜者憎其照鑑

景行錄云 大丈夫 見善明故重名節於泰山 用心精故輕死生於鴻毛

悶人之凶樂人之善 濟人之急求人之危

經目之事恐未皆眞 背後之言豈足深信

不恨自家汲繩短 只恨他家苦井深

贓濫滿天下罪拘薄福人

天若改常不風則雨 人若改常不病則死

壯元詩云 國正天心順官淸民自安 妻賢夫禍少子孝父心寬

子曰 木從繩則直 人受諫則聖

一派青山景色幽 前人田土後人收 後人收得莫歡喜 更有收人在後頭

蘇東坡曰 無故而得千金 不有大福必有大禍

康節邵先生曰 有人來問卜如何是禍福 我虧人是禍人虧我是福

大廈千間夜臥八尺 良田萬頃日食二升

久住令人賤 頻來親也疎 但看三五日 相見不如初

渴時一滴如甘露 醉後添杯不如無

酒不醉人人自醉 色不迷人人自迷

公心若比私心何事不辦 道念若同情念成佛多時

濂溪先生曰 巧者言 拙者默 巧者勞 拙者逸 巧者賊 拙者德 巧者凶 拙者吉 嗚呼 天下拙 刑政撤 上安下順 風清弊絶

易曰 德微而位尊 智小而謀大 無禍者鮮矣

說苑曰 官怠於宦成 病加於小愈 禍生於懈怠 孝衰於妻子 察此四者 愼終如始

器滿則溢 人滿則喪

尺璧非寶 寸陰是競

羊羹雖美 衆口難調

益智書云 白玉投於泥塗 不能汚穢其色 君子行於濁地 不能染亂其心 故松柏可以耐雪霜 明智可以涉危難

入山擒虎易 開口告人難

遠水不救近火 遠親不如近隣

太公曰 日月雖明不照覆盆之下 刀刃雖快不斬無罪之人 非災橫禍不入愼家之門

太公曰 良田萬頃不如薄藝隨身

性理書云 接物之要 己所不欲勿施於人 行有不得反求諸己

酒色財氣四堵墻 多少賢愚在內廂 若有世人跳得出 便是神仙不死方

眞宗皇帝御製日 知危識險 終無羅網之門 擧善薦賢 自有安身之路
진종 황제 어제 왈 지위 식험 종무 나망 지문 거선 천현 자유 안신 지로

施仁布德乃世代之榮昌 懷妬報寃與子孫之危患 損人利己終無顯達
시인 포덕 내 세대 지 영창 회투 보원 여 자손 지 위환 손인 이기 종무 현달

雲仍 害衆成家豈有長久富貴 改名異體皆因巧語而生 禍起傷身皆是
운잉 해중 성가 기 유 장구 부귀 개명 이체 개 인 교어 이 생 화기 상신 개 시

不仁之召
불인 지 소

(송나라) 진종 황제가 친히 글을 지어 말했다.

"(인간사의) 위태로움을 알고 험난함을 깨우치면 마침내 그물의 문으로 들어갈 일이 없을 것이요, 좋은 사람을 뽑고 뛰어난 사람을 올리면 저절로 자신의 몸을 잘 보전하는 길이 있게 될 것이다. 어짊을 베풀고 다음을 펼치면 마침내 대대로 영화를 누리며 번성할 것이요, 시샘을 품고서 원한을 보복할 경우 자자손손에게 위태로움과 우환을 주는 것이 될 것이다. 남을 해쳐 자신을 이롭게 하면 마침내 현달하는 자손이 (먼 후대까지도) 없을 것이요, 뭇사람을 해쳐 집안을 이룬다면 어찌 오래도록 부귀가 있을 수 있겠는가? (죄를 지어) 이름을 바꾸고 (형벌로 목이 달아나) 몸이 따로 놓이게 되는 재앙은 다 교묘한 말로 인해서 생겨나는 것이요, 재앙이 일어나고 몸이 상하게 되는 것은 다 어질지 못함이 초래하는 것이다."

❀   진종(眞宗)은 송나라 제3대 황제다. 御製는 황제가 지은 글
         어제
이라는 말이다. 내용은 까다롭지 않기 때문에 전문을 풀어서 우리말로 옮기면 뜻은 쉽게 이해할 수 있다.

"(인간사의) 위태로움을 알고[知危] 험난함을 깨우치면[識險] 마침내[終] 그물의 문으로 들어갈 일이[羅網之門] 없을 것이요[無], 좋은 사람을 뽑고[擧善] 뛰어난 사람을 올리면[薦賢] 저절로[自] 자신의 몸을 잘 보전하는 길이[安身之路] 있게 될 것이다[有].

어짊을 베풀고[施仁] 다움을 펼치면[布德] 마침내[乃] 대대로[世代][之] 영화를 누리며 번성할 것이요[榮昌], 시샘을 품고서[懷妬] 원한을 보복할 경우[報冤] 자자손손에게[子孫][之] 위태로움과 우환을[危患] 주는[與] 것이 될 것이다.

남을 해쳐[損人] 자신을 이롭게 하면[利己] 마침내[終] 현달하는 자손이[顯達雲仍] 없을 것이요[無], 뭇사람을 해쳐[害衆] 집안을 이룬다면[成家] 어찌[豈] 오래도록[長久] 부귀가[富貴] 있을 수 있겠는가[有]?

(죄를 지어) 이름을 바꾸고[改名] (형벌로 목이 달아나) 몸이 따로 놓이게 되는 재앙은[異體] 다[皆] 교묘한 말로[巧語] 인해서[因][而] 생겨나는 것이요[生], 재앙이 일어나고[禍起] 몸이 상하게 되는 것은[傷身] 다[皆] 어질지 못함이 초래하는 것[不仁之召]이다[是]."

여기서 한 가지 보충 풀이가 필요한 것은 먼 후손을 뜻하는 雲仍이다. 대(代)는 자식부터 시작한다. 아들(1대), 손자(2대), 증손(曾孫-3대) 현손(玄孫, 高孫-4대)이다. 이미 이쯤 되면 친족 관계가 흐려진다고 해서 현손, 즉 가물가물해지는 손자라고 했던 것이다. 그다음이 내손(來孫-5대), 곤손(昆孫-6대), 잉손(仍孫-7대), 운손(雲孫-8대)이다. 그러니 남을 해쳐 자신을 이롭게 하면 집안에 두고두고 재앙이 미친다는 의미를 뜻하는 것으로 볼 수 있다.

어쩌면 이는 진종이 신하들에게 매사 진중하게 해줄 것을 명하는 것인지 모른다. 그런 점에서는 등골을 서늘하게 하는 경고로도 들린다.

神宗皇帝御製曰 遠非道之財 戒過度之酒 居必擇隣 交必擇友 嫉妬
신종 황제 어제 왈 원 비도 지 재 계 과도 지주 거 필 택린 교 필 택우 질투

勿起於心 讒言勿宣於口 骨肉貧者莫疎 他人富者莫厚 克己以勤儉
물 기 어 심 참언 물선 어 구 골육 빈자 막소 타인 부자 막후 극기 이 근검

爲先 愛衆以謙和爲首 常思已往之非 每念未來之咎 若依朕之斯言 治
위선 애중 이 겸화 위수 상사 이왕 지비 매념 미래 지구 약 의 짐 지 사언 치

國家而可久
국가 이 가구

(송나라) 신종 황제가 친히 글을 지어 말했다.

"도리가 아닌 재물은 멀리하고 도에 지나친 술은 경계하라. 거처할 때
는 반드시 이웃을 잘 가려서 고르고, 사람을 사귈 때는 반드시 벗을 잘 가
려서 골라라. 질투가 마음에서 일어나지 않도록 하고, 남을 헐뜯는 말이
입에서 나오지 않도록 하라. 뼈와 살을 나눈 친족들 중에 가난한 사람들
은 멀리 하지 말고, 피 한 방울 안 섞인 남들 중에 부자인 사람들과는 정
을 두터이 하지 말라. 자기의 사사로운 욕심이나 욕망을 이겨내는 것은
부지런하고 검소함을 우선시하고, 뭇사람들을 사랑하는 것은 겸손과 화
합을 첫머리로 삼아야 한다. 지나간 일의 잘못을 항상 생각하고, 아직 오
지 않은 미래의 허물을 늘 염두에 둬라. 만약에 나의 이 말을 믿고 의지한
다면 나라와 집안이 잘 다스려지고 오래도록 이어질 것이다."

앞의 글이 진종이 신하들을 경계시키는 말이었다면, 이 글
은 송나라 신종(神宗)이 마치 후계자에게 당부하는 듯한 내용을 담고
있다. 따라서 이 글은 일종의 제왕학의 요체인 셈이다.

물론 이런 말을 했다고 해서 신종이 빼어나거나 뛰어난 황제였다는 의미는 아니다. 실제로 신종은 송나라의 제6대 황제로 무엇보다 왕안석을 중용해 신법을 시행함으로써 유학자는 물론 백성들의 큰 원망을 산 장본인이기도 하다.

그러나 신종의 이 글은 그 자체만으로는 공자의 가르침을 잘 녹이고 있다는 점에서 주목할 만하다. 그래서 여기서는 구절구절을 가능한 한 『논어』와 비교하며 상세하게 풀어보고자 한다.

먼저 첫 구절이다.

"도리가 아닌〔非道〕〔之〕 재물은〔財〕 멀리하고〔遠〕 도에 지나친〔過度〕〔之〕 술은〔酒〕 경계하라〔戒〕."

앞부분은 『논어』 '이인 5'가 풀이의 역할을 해준다. 공자의 말이다.

"부유함과 고귀함, 이 둘은 사람이라면 누구나 얻고자 하는 바이지만 그 도리로써 얻은 것이 아니라면 그것을 편안하게 받아들여서는 안 되고, 가난과 천함, 이 둘은 비록 사람들이라면 누구나 싫어하는 것이지만 그 도리로써 얻지 않았다고 하더라도 버리지 말아야 한다."

부귀를 얻는 데는 도리를 척도로 삼아야 한다는 점을 강조하고 있다.

뒷부분은 『논어』 '향당 8'이 풀이의 역할을 한다. 이는 공자의 평소 생활에 대한 묘사다.

"(공자께서는) 술 또한 양을 정하지 않았으나 만취〔亂〕에는 이르지 않았다."

즉 얼마나 먹느냐의 문제가 아니라 지나치게 마셔 정신줄을 놓치 않도록 조심해야 한다는 것이다.

다음 구절을 보자.

"거처할 때는〔居〕 반드시〔必〕 이웃을 잘 가려서 고르고〔擇隣〕, 사람을 사귈 때는〔交〕 반드시〔必〕 벗을 잘 가려서 골라라〔擇友〕."

앞부분은 『논어』 '이인 1'이 풀이의 역할을 해준다. 공자의 말이다.

"(사람과 마찬가지로) 마을은 어짊이 중요하니, 가려서 어진 마을에 가서 살지 않는다면 어찌 사람을 보는 지혜를 가진 자이겠는가?"

이는 사람들 각각의 노력도 중요하지만 환경도 그에 못지않게 중요함을 강조하는 것이다.

뒷부분은 좋은 벗, 혹은 자신보다는 나은 벗과 사귀라는 말이다. 『논어』 '학이 8'에서 공자는 이렇게 말한다.

"자기보다 못한 사람과는 벗하지 말라!"

왜냐하면 공자는 벗들과의 사귐을 통해 어진 마음을 길러가는 부분도 중요하다고 보았기 때문이다.

다음 구절을 보자.

"질투가〔嫉妬〕 마음〔心〕에서〔於〕 일어나지 않도록 하고〔勿起〕, 남을 헐뜯는 말이〔讒言〕 입〔口〕에서〔於〕 나오지 않도록 하라〔勿宣〕."

먼저 앞부분이다. 이것은 공자가 사람을 판단함에 그 마음이 어진지 그렇지 않은지를 살피는 중요한 척도였다. 『논어』 '위령공 13'은 노나라의 실력자인 장문중이 유하혜를 질투하여 천거하지 않았다는 이유로 그를 '지위를 도둑질한 자'라고 비판한다.

"장문중은 지위를 도둑질한 자라 할 것이다. 유하혜의 현명함을 알고서도 더불어 조정에 서지 아니하였다."

장문중이라는 사람의 지위는 다른 사람을 천거해야 하는 자리다. 그런데 유하혜가 뛰어나다는 것을 알면서도 혹시 자신의 자리를 빼앗길까 봐 천거하지 않았으니 그 자리에서 자신이 해야 할 일을 하지 못했다. 그랬기 때문에 '지위를 도둑질한 자'라고 강도 높게 비판한 것이다.

뒷부분은 윗사람이 무엇보다 중요하게 살펴야 할 아랫사람들의 행태다. 이는 『논어』 '안연 6'에 그대로 나온다. 공자의 제자인 자장이 밝다(明)는 것이 무엇이냐고 묻자 공자는 이렇게 답한다.
명

"서서히 젖어드는 (동료에 대한) 참소와 피부에 닿는 (친족들의) 하소연(愬)이 행해지지 않는다면 그 정사는 밝다고 할 만하다."
소

특히 지금 이 말은 신종 황제가 후사를 염두에 두고서 하는 말이라는 점에서 임금이라면 갖춰야 할 밝은 눈과 귀에 대한 생생한 가르침이다.

이하는 대체적으로 일반론에 가깝기 때문에 『논어』를 통한 보충은 생략하고 정확하게 옮기는 것으로 풀이를 대신한다.

"뼈와 살을 나눈 친족들 중에(骨肉) 가난한 사람들은(貧者) 멀리 하
골육   빈자
지 말고(莫疏), 피 한 방울 안 섞인 남들 중에(他人) 부자인 사람들과는
막소   타인
(富者) 정을 두터이 하지 말라(莫厚).
부자   막후
자기의 사사로운 욕심이나 욕망을 이겨내는 것은(克己) 부지런하고
극기

검소함〔勤儉〕을〔以〕 우선시하고〔爲先〕, 뭇사람들을 사랑하는 것은〔愛衆〕
겸손과 화합〔謙和〕을〔以〕 첫머리로 삼아야 한다〔爲首〕.

지나간 일의〔已往之〕 잘못을〔非〕 항상 생각하고〔常思〕, 아직 오지 않
은 미래의〔未來之〕 허물을〔咎〕 늘 염두에 둬라〔每念〕.

만약에〔若〕 나〔朕〕의〔之〕 이 말을〔斯言〕 믿고 의지한다면〔依〕 나라와 집
안이〔國家〕 잘 다스려지고〔治〕〔而〕 오래도록 이어질 것이다〔可久〕."

高宗皇帝御製曰 一星之火能燒萬頃之薪 半句非言誤損平生之德
身被一縷常思織女之勞 日食三飧每念農夫之苦 苟貪妬損終無十載
安康 積善存仁必有榮華後裔 福緣善慶多因積行而生 入聖超凡盡是
眞實而得

(남송의) 고종 황제가 친히 글을 지어 말했다.

"한 점 작은 불티도 얼마든지 수만 평 섶을 태울 수 있고, 반 마디 잘
못된 말이라도 평생 쌓은 다음을 그르치고 망칠 수 있다. 몸에 한 오라
기 실을 걸쳐도 베 짜는 여인의 수고를 항상 생각해야 하고, 하루 세 끼 밥
을 먹을 때도 농민의 고통을 늘 염두에 둬야 한다. 구차스럽게 탐을 내고
시기 질투하여 남에게 해를 끼친다면 결국 십 년의 편안함도 없을 것이요,

좋은 일을 쌓고 어짊을 잘 보존하면 반드시 후손들에게 영화가 있을 것이다. 복은 좋은 일과 연결돼 있으니 대부분 좋은 행실을 쌓음으로써 생겨나고, 빼어난 경지에 들어가고 평범한 경지를 뛰어넘는 것은 모두 다 참으로 꽉 채우는 데서 생겨난다."

이 글은 그다지 수준 높은 글은 아니다. 조금만 배운 사람이라면 누구나 자식들이나 제자에게 해주고 싶은 뻔한 내용이다. 물론 그렇다고 잘못됐다는 것이 아니라 경계함의 깊이가 없는 글이라는 말이다. 아마도 이 고종 황제라는 사람이 송나라를 금나라에게 거의 잃고 남송이라는 이름으로 위축되었을 때의 첫 황제이기 때문에 그런지도 모르겠다. 군사력 강화 등 송나라 중흥을 위해 힘쓴 바가 있지만 뛰어난 황제라고는 할 수 없다. 다만 아무리 좋은 말이라도 실천이 중요한데 그런 점에서 고종은 부족한 인물이라 하겠다. 그는 시가에 뛰어났다고 한다. 이런 점을 감안해 정확하게 옮기면 특별히 어려운 부분은 없다.

"한 점 작은 불티도〔一星之火〕 얼마든지〔能〕 수만 평 섶을〔萬頃之薪〕 태울 수 있고〔燒〕, 반 마디〔半句〕 잘못된 말이라도〔非言〕 평생 쌓은 다음을〔平生之德〕 그르치고 망칠 수 있다〔誤損〕.

몸에〔身〕 한 오라기 실을〔一縷〕 걸쳐도〔被〕 베 짜는 여인의 수고를〔織女之勞〕 항상 생각해야 하고〔常思〕, 하루 세끼 밥을 먹을 때도〔日食三飧〕 농민의 고통을〔農夫之苦〕 늘 염두에 둬야 한다〔每念〕.

구차스럽게 탐을 내고〔苟貪〕 시기 질투하여 남에게 해를 끼친다면〔妒損〕 결국〔終〕 십 년의 편안함도〔十載安康〕 없을 것이요〔無〕, 좋은 일을 쌓고〔積善〕 어짊을 잘 보존하면〔存仁〕 반드시〔必〕 후손들에게〔後裔〕 영화가[榮華] 있을 것이다[有].

　복은[福] 좋은 일과[善慶] 연결돼 있으니[緣] 대부분[多] 좋은 행실을 쌓음[積行]으로써[因][而] 생겨나고[生], 빼어난 경지에 들어가고[入聖] 평범한 경지를 뛰어넘는 것은[超凡] 모두 다[盡] 참으로 꽉 채우는 데서[是][眞實][而] 생겨난다[得]."

　사소한 일 하나 하나에도 온 신경을 쏟아야 한다는 말이다. 왜냐하면 그것들이 결국은 큰 일과 다 연결돼 있기 때문이다.

　여기서 특히 '복은 좋은 일과 연결돼 있다[福緣善慶]'는 『천자문』에 나오는 표현인데 그것은 『주역(周易)』 '곤괘(坤卦) 문언전'에 나오는 '좋은 일을 쌓은 집안에는 반드시 여러 경사가 있게 된다[積善之家必有餘慶]'에서 따온 것이다.

王良曰 欲知其君先視其臣　欲識其人先視其友　欲知其父先視其子
왕량 왈 욕 지 기군 선 시 기신 욕 식 기인 선 시 기우 욕 지 기부 선 시 기자

君聖臣忠父慈子孝
군 성 신 충 부 자 자 효

　왕량이 말했다. "그 임금을 알고 싶거든 먼저 그 신하를 보고, 그 사람을 알고 싶거든 먼저 그 벗을 보고, 그 아버지를 알고 싶거든 먼저 그 자식을 보라. 임금이 빼어나면 신하는 충성스럽고, 아버지가 자애로우면 자식은 효도한다."

왕량(王良)은 춘추시대 사람이라는 말도 있고 후한 때의 사람이라는 말도 있다. 이것은 사람을 보는 법과 바른 처신을 겸해야 함을 이야기하는데 내용은 어렵지 않다.

"그 임금을[其君] 알고[知] 싶거든[欲] 먼저[先] 그 신하를[其臣] 보고 [視], 그 사람을[其人] 알고[識] 싶거든[欲] 먼저[先] 그 벗을[其友] 보고 [視], 그 아버지를[其父] 알고[知] 싶거든[欲] 먼저[先] 그 자식을[其子] 보 라[視]. 임금이[君] 빼어나면[聖] 신하는[臣] 충성스럽고[忠], 아버지가 [父] 자애로우면[慈] 자식은[子] 효도한다[孝]."

여기서 눈여겨봐야 할 대목은 마지막 문장이다. 인과관계로 볼 때 임금과 아버지가 먼저 모범을 보여야 신하와 자식도 그 도리를 다한 다는 것이다.

家語云 水至淸則無魚 人至察則無徒
가어 운 수 지청 즉 무어 인 지찰 즉 무도

『공자가어』에 이런 말이 나온다. "물이 너무 맑으면 물고기가 없듯이 사람이 너무 (사람을) 깊게 살피면 따르는 사람이 없게 된다."

❀ 가어(家語)란 『공자가어』를 가리킨다.

물론 물은 맑아야 하고 사람은 남을 잘 살펴야 한다. 문제는 지나치게(至) 하는 데 있다. 즉 사람을 살피지 말라는 것이 아니라 작은 실수도 용납하지 않겠다는 듯이 아랫사람을 부리게 되면 아무도 따르지 않으려 한다는 말이다. 전반부는 일종의 비유다.

"물이(水) 너무 맑으면(至淸)(則) 물고기가 없듯이(無魚) 사람이(人) 너무 (사람을) 깊게 살피면(至察) 따르는 사람이 없게 된다(無徒)."

여기서 徒를 그냥 무리나 친구로 풀어도 무방하다.

許敬宗曰 春雨如膏 行人惡其泥濘 秋月揚輝 盜者憎其照鑑
허경종 왈 춘우 여 고 행인 오 기 이녕 추월 양휘 도자 증기 조감

허경종이 말했다. "봄비는 기름지지만 길 가는 사람은 그 진흙탕을 싫어하고, 가을 달은 밝게 비치지만 도둑은 그 훤히 비추는 것을 싫어한다."

❀   우선 허경종(許敬宗)이란 사람에 대해 알아둘 필요가 있다. 그는 당나라 때 사람으로 글에 뛰어났으나 측천무후에게 아부하여 저수량, 장손무기 등 당대의 충신들을 죽이거나 축출해 전형적인 간신으로 불리는 사람이다. 글의 내용도 그 점을 고려하며 읽을 필요가 있다. 다만 『명심보감』에 그의 말이 실린 까닭은 그를 비판하기 위

해서가 아니라 글 자체만을 취해 세상사의 겉과 속, 혹은 상대성을 보여주려는 데 있다고 봐야 한다.

"봄비는〔春雨〕 기름지지만〔如膏〕 길 가는 사람은〔行人〕 그 진흙탕을〔泥濘〕 싫어하고〔惡〕, 가을 달은〔秋月〕 밝게 비치지만〔揚輝〕 도둑은〔盜者〕 그 훤히 비추는 것을〔照鑑〕 싫어한다〔憎〕."

어찌 보면 허경종이 그 자신을 위해 변명한 것처럼 들리기도 하는데 여기서는 가능한 한 글 자체에 주목할 필요가 있다.

景行錄云 大丈夫 見善明故重名節於泰山 用心精故輕死生於鴻毛
경행록 운 대장부 견선 명 고 중 명절 어 태산 용심 정 고 경 사생 어 홍모

『경행록』에 이런 말이 있다. "대장부란 좋은 사람이나 일을 가려서 보는 것이 밝기 때문에 명분과 절의를 태산보다 무겁게 여기고, 마음을 쓰는 바가 (의리에 맞춰) 정밀하기 때문에 죽고 사는 것을 기러기 털보다 가볍게 여긴다."

『경행록』에서 말하는 대장부론이다.

"대장부란 좋은 사람이나 일을 (가려서) 보는 것이〔見善〕 밝기〔明〕 때문에〔故〕 명분과 절의를〔名節〕 태산〔泰山〕보다〔於〕 무겁게 여기고〔重〕, 마

음을 쓰는 바가[用心] (의리에 맞춰) 정밀하기[精] 때문에[故] 죽고 사는 것을[死生] 기러기 털[鴻毛]보다[於] 가볍게 여긴다[輕]."

여기서 보듯 약간 풀어서 옮겨야 그 뜻이 분명하다. 통상적으로 대장부론은 맹자의 것이 유명하기 때문에 잠깐 비교해보는 것도 의미가 있다.『맹자』'등문공장구(滕文公章句)'에 딱 한 차례 나오는 말이다.

경춘(景春)이 말했다. "공손연(公孫衍)과 장의(張儀)는 어찌 진실로 대장부가 아니겠습니까? 한번 노하면 제후들이 두려워하고 편안하게 거처하면 천하가 조용합니다."

이에 맹자가 말했다. "이 어찌 대장부가 될 수 있겠는가? 그대는 예(禮)를 배우지 않았는가? 사내아이가 (어른이 되어) 관례(冠禮)를 올릴 때는 그 아버지가 아들을 훈계[命]하고 여자아이가 (어른이 되어) 시집[嫁]갈 때는 그 어머니가 딸을 훈계한다. 특히 시집갈 때 문에서 전송하며 이렇게 경계했다. '시집에 가거든 반드시 공경하고 반드시 조심해서 남편의 뜻을 어기지 않도록 하여라.' 이처럼 순종을 정도로 삼는 것이 부녀자[妾婦]의 도리이다.

천하에서 가장 넓은 집[仁]에서 살고 천하에서 가장 바른 자리[禮]에 서며 천하에서 가장 큰 길[義]을 가면서 뜻을 펼 수 있을 때는 백성들과 더불어 그 길을 가고 뜻을 펼 수 없을 때는 홀로 그 길을 가야 한다. 부유함과 귀함[富貴]은 (그 마음을) 어지럽히지 못하고 가난함과 천함[貧賤]은 지조를 바꾸지 못하며 위압과 무력[威武]도 그 뜻을 꺾을 수 없다. 이런 마음을 가진 사람을 일러 대장부라 하는 것이다."

간접적으로나마 보충이 된다.

悶人之凶樂人之善 濟人之急求人之危
민 인지흉 낙 인지선 제 인지급 구 인지위

남들의 재앙에 (함께) 마음 아파하고 남들의 좋은 점을 (함께) 좋아하며, 남들의 위급한 상황을 건져주고 남들의 위태로움을 구해주라!

❀　　　여기서는 타인과의 교감을 구체적으로 제시한다.

"남들의 재앙을〔人之凶〕 (함께) 마음 아파하고〔悶〕 남들의 좋은 점을
〔人之善〕 (함께) 좋아하며〔樂〕, 남들의 위급한 상황을〔人之急〕 건져주고
〔濟〕 남들의 위태로움을〔人之危〕 구해주라〔求〕!"

經目之事恐未皆眞 背後之言豈足深信
경목 지 사 공 미 개 진　배후 지 언 기 족 심 신

눈으로 직접 본 일도 다 참되지 않을까 봐 두려운데 (하물며) 등 뒤에서 하는 말을 어찌 충분히 깊이 믿을 수 있겠는가?

❀　　　다른 사람들의 말을 경계해야 함을 강조하는 말이다.

"눈으로 직접 본〔經目〕〔之〕 일도〔事〕 다〔皆〕 참되지〔眞〕 않을까 봐〔未〕 두려운데〔恐〕 (하물며) 등 뒤에서 하는〔背後〕〔之〕 말을〔言〕 어찌〔豈〕 충분히〔足〕 깊이〔深〕 믿을 수 있겠는가〔信〕?"

不恨自家汲繩短 只恨他家苦井深
불 한 자 가 급 승 단 지 한 타 가 고 정 심

자기 집의 두레박 끈이 짧은 것을 탓하지 않고, 단지 남의 집 우물이 고통스레 깊은 것만 탓한다.

恨은 '한스러워하다', '탓하다'이다. 汲繩은 두레박 끈이다. 우선 내용부터 옮겨보자.

"자기 집의〔自家〕 두레박 끈이〔汲繩〕 짧은 것을〔短〕 탓하지 않고〔不恨〕, 단지〔只〕 남의 집〔他家〕 우물이〔井〕 고통스레〔苦〕 깊은 것만〔深〕 탓한다〔恨〕."

여기서 苦는 우물이 깊어서 짧은 두레박 끈으로 물을 길어 올리려면 힘들다는 의미가 들어 있다.

贓濫滿天下罪拘薄福人
장람 만 천하 죄 구 박복인

부정한 짓을 넘치게 한 자들이 세상에 가득한데 (정작) 죄는 복 없는 자
가 받는다.

일반적으로 贓濫은 부정한 짓을 넘치게 하는 자로 본다.
그러나 좀 더 엄격하게 뒷부분과 대조를 이루자면 贓/濫/滿天下로 나
눠도 된다. 그러면 '부정과 뇌물을 행한 자들이 온 세상에 흘러넘치건만'
으로 풀이할 수 있다. 일단 여기서는 전통적인 번역에 따라 풀이를 한다.
"부정한 짓을 넘치게 한 자들이〔贓濫〕세상에〔天下〕가득한데〔滿〕 죄
는〔罪〕복 없는 자가〔薄福人〕받는다〔拘〕."

天若改常不風則雨 人若改常不病則死
천 약 개 상 불풍 즉 우 인 약 개 상 불병 즉 사

하늘이 만약에 일정한 법도를 바꾸게 되면 바람이 불지 않아도 비가 내
리고, 사람이 만약에 일정한 법도를 바꾸게 되면 병에 걸리지 않았는데도

죽게 된다.

　　　　여기서 풀이의 관건은 則이다. 통상적으로는 '~라면'이지
만 여기서는 '~인데도'로 풀어야 한다. 常은 일정한 법도를 말한다. 내
용은 간단해 별도의 풀이는 필요 없다.

　"하늘이〔天〕 만약에〔若〕 일정한 법도를〔常〕 바꾸게 되면〔改〕 바람이 불
지 않아도〔不風〕〔則〕 비가 내리고〔雨〕, 사람이〔人〕 만약에〔若〕 일정한 법
도를〔常〕 바꾸게 되면〔改〕 병에 걸리지 않았는데도〔不病〕〔則〕 죽게 된다
〔死〕."

　그만큼 사람이 살아가는 데는 일정한 도리와 이치를 따르는 것이 중
요하다는 뜻이다.

壯元詩云 國正天心順官淸民自安 妻賢夫禍少子孝父心寬
장원 시 운 국 정 천 심 순 관 청 민 자 안 처 현 부 화 소 자 효 부 심 관

　장원 급제자의 시에 나오는 말이다. "나라(의 정치)가 바르면 하늘의
마음(곧 민심)이 고분고분하고, 관리가 깨끗하면 백성들은 저절로 편안해
진다. 아내가 뛰어나면 남편의 재앙이 적을 것이요, 자식이 효도를 하면
아버지의 마음이 너그러워진다."

　　이 글은 장원 급제한 사람의 글인 듯한데 편찬자를 알 수 없는 『명현집(名賢集)』에 나온다. 내용은 평이하다.

"나라(의 정치)가[國] 바르면[正] 하늘의 마음(곧 민심)이[天心] 고분고분하고[順], 관리가[官] 깨끗하면[淸] 백성들은[民] 저절로 편안해진다[自安]. 아내가[妻] 뛰어나면[賢] 남편의 재앙이[夫禍] 적을 것이요[少], 자식이[子] 효도를 하면[孝] 아버지의 마음이[父心] 너그러워진다[寬]."

子曰 木從繩則直 人受諫則聖
자왈 목종 승즉직 인수간즉성

공자가 말했다. "나무가 먹줄을 따르면 곧아지듯이 사람은 간언을 받아들이면 빼어나게 된다."

❀　　이 말은 『공자가어』에 나온다. 그리고 이와 비슷한 표현은 『서경』 상서(商書)에서 은나라 재상 부열(傅說)이 하는 말 중에도 나온다. 앞부분은 같은데 뒷부분은 后從諫則聖이라 하여 '임금이 신하의
후 종 간 즉 성
간언을 따르면 빼어나게 된다'고 돼 있다. 먼저 본문을 풀어보자.

공자가 말했다.

"나무가[木] 먹줄을[繩] 따르면[從][則] 곧아지듯이[直] 사람이[人] 간

언을[諫] 받아들이면[受] 빼어나게 된다[聖]."

이 문맥을 보더라도 聖이라 하여 다짜고짜 거룩하다, 성스럽다고 번역하면 안 된다는 것을 알 수 있을 것이다.

먹줄은 표준이다. 표준을 따라 그을 때 직선은 곧을 수 있다. 이런 비유를 통해 간언은 곧 임금에게는 반드시 따라야 할 표준임을 강조한 것이다.

一派靑山景色幽 前人田土後人收 後人收得莫歡喜 更有收人在
일파 청산 경색 유　전인 전토 후인 수　후인 수득 막 환희　갱 유 수인 재

後頭
후두

한 줄기 푸른 산 그 경치 그윽하더니 앞사람이 가꾸는 밭과 땅을 뒷사람이 거둔다. 뒷사람은 거두게 될 것을 기뻐하지 말지니 다시 거둘 사람이 뒷머리에 있기 때문이니라.

　　　　　이것은 사람들의 소유욕에 대한 죽비 같은 시다.

"한 줄기[一派] 푸른 산[靑山] 그 경치[景色] 그윽하더니[幽] 앞사람이[前人] 가꾸는 밭과 땅을[田土] 뒷사람이[後人] 거둔다[收]. 뒷사람은[後人] 거두게 될 것을[收得] 기뻐하지[歡喜] 말지니[莫] 다시[更] 거둘 사

258

람이(收人)(有) 뒷머리에(後頭) 있기 때문이니라(在)."
<small>수인 유 후두 재</small>

더불어 자연의 영원함 앞에서 인간들의 영욕이란 한시적인 것임을 분명히 깨달으라는 경계로도 읽힌다.

蘇東坡曰 無故而得千金 不有大福必有大禍
<small>소동파 왈 무고 이 득 천금 불유 대복 필 유 대화</small>

소동파가 말했다. "아무런 연유 없이 큰 돈을 얻는다면 그것은 큰 복이 있는 것이 아니라 반드시 큰 화가 있는 것이다."

소동파(蘇東坡)는 송나라의 대표적인 시인 소식이다. 흔히 당송팔대가의 한 사람으로 불린다. 내용은 간단하다.

"아무런 연유 없이(無故)(而) 큰 돈을(千金) 얻는다면(得) 그것은 큰
<small>무고 이 천금 득</small>
복이(大福) 있는 것이 아니라(不有) 반드시(必) 큰 화가(大禍) 있는 것이
<small>대복 불유 필 대화</small>
다(有)."
<small>유</small>

부정한 돈이건 운 좋게 생긴 일확천금이건 결국 그것을 담을 그릇이 없는 사람에게는 복이 아니라 재앙이 될 수 있다는 경고다.

康節邵先生曰 有人來問卜如何是禍福 我虧人是禍人虧我是福
강절소 선생 왈 유인 래문복 여하 시 화복 아 휴 인 시 화 인 휴 아 시 복

소강절 선생이 말했다. "어떤 사람이 와서 점괘에 대해 '재앙과 복은
어떻게 봅니까'라고 물길래 나는 '내가 다른 사람을 헐뜯는 것이 재앙이
고, 남들이 나를 헐뜯는 것이 복이다'고 말해주었다."

소강절 선생이 말했다. 일단 직역하면 이렇게 된다.

"어떤 사람이 와서 점괘에 대해 '재앙과 복은 어떻게 봅니까'라고 묻
길래, 나는 '내가 다른 사람을 떨어져 나가게 하는 것이 재앙이고, 남
들이 나를 떨어져 나가게 하는 것이 복이다'고 말해주었다."

여기서 풀이의 관건은 虧다. 虧란 일반적으로 이지러지다, 떨어져 나
가다, 줄어든다는 말이다. 그리고 배신하다(背), 해를 끼치다(害)는 뜻
도 있다. 여기서는 이 모든 것들을 합쳐 깎아내리다, 헐뜯다(毁)로 볼
때 그 뜻이 다 잘 통할 수 있다.

즉 내가 다른 사람을 헐뜯는 것은 재앙을 부르는 것이고, 남들이 나
를 헐뜯는 것은 복이라는 것이다. 그 이유를 밝히는 것 자체가 곧 우
리가 여기서 虧를 '헐뜯다'로 옮긴 까닭을 설명해준다.

먼저 내가 남을 헐뜯게 될 경우 그 내용이 옳건 그르건 상대방의 원
망을 쌓이게 만든다. 그런 원망이 쌓이면 자연스레 화를 초래하게 되
는 것이 인간사다. 반면에 남이 나를 헐뜯을 때 그 사람을 원망만 한
다면 그것은 자기 손해다. 이때 그의 헐뜯는 말을 통해서도 자신을 돌

260

아본다면 그것은 곧 자기 성찰의 계기이자 자신의 다움을 넓혀갈 수 있는 자극제다. 이렇게 할 때 문맥에서도 자연스럽다.

大廈千間夜臥八尺 良田萬頃日食二升
대하 천간 야 와 팔척 양전 만경 일식 이승

큰 집이 1천 칸이라도 밤에 여덟 자 방에 눕고, 좋은 밭이 1만 이랑이라도 하루에 두 되 먹는다.

이 글은 『증광현문』에 나오는 말을 살짝 바꾼 것이다. 원래 원문은 良田萬頃日食三升 大廈千間夜臥八尺이다. 내용은 풀이 그대
양전 만경 일식 삼승 대하 천간 야 와 팔척
로다.

"큰 집이 1천 칸이라도 밤에 여덟 자 방에 눕고, 좋은 밭이 1만 이랑이라도 하루에 두 되 먹는다."

요즘식으로 말하자면 아무리 큰 부자라도 세 끼 먹지 네 끼 먹냐는 말과 같다. 즉 부유하다 해도 결국 사람이 먹고 입고 자는 것은 큰 차이 없으니 안빈낙도(安貧樂道)의 마음을 잃지 말라는 뜻이다.

久住令人賤 頻來親也疎 但看三五日 相見不如初
구주 영 인 천 빈 래 친 야 소 단 간 삼오 일 상 견 불여 초

오래 머물게 되면 사람을 값싸게 만들고, 자주 찾아오게 되면 친한 사이라도 소원해진다. 단지 사흘이나 닷새 만에 보아도 서로 보는 것이 처음만 못하다.

이 글도 『증광현문』에 나오는 말을 살짝 바꾼 것이다. "오래 머물게 되면[久住] 사람을[人] 값싸게[賤] 만들고[令=使], 자주 찾아오게 되면[頻來] 친한 사이라도[親也] 소원해진다[疎]." 여기에 보충하는 말이 이어진다. "단지[但] 사흘이나 닷새 만에[三五日] 보아도[看] 서로 보는 것이[相見] 처음[初]만 못하다[不如]." 이 두 문장은 원래 『증광현문』에서는 바로 이어지는 글이 아닌데 이렇게 연결한 것이다. 내용은 인지상정(人之常情)을 그대로 보여준다.

渴時一滴如甘露 醉後添杯不如無
갈 시 일 적 여 감로 취 후 첨 배 불여 무

목마를 때 한 방울 물은 감로수와 같고, 취한 후에 잔을 더하는 것은 안

마시는 것만 못하다.

이 글도 『증광현문』에 나오는 말을 살짝 바꾼 것이다. "목마를 때〔渴時〕 한 방울 물은〔一滴〕 감로수〔甘露〕와 같고〔如〕, 취한 후에〔醉後〕 잔을 더하는 것은〔添杯〕 안 마시는 것〔無〕만 못하다〔不如〕." 얼핏 보면 뻔한 이야기다. 그러나 이는 평범한 일상에서 때의 중요함을 찾아낸 통찰이다. 하나는 절실하게 필요한 순간이고, 또 하나는 이미 흘러넘쳐 아무것도 필요 없는 순간이다. 때에 맞게 처신하는 것의 필요성을 강조하는 말이다.

酒不醉人人自醉 色不迷人人自迷
주 불취 인 인 자취　색 불미 인 인 자미

술이 사람을 취하게 하는 것이 아니라 사람이 스스로 취하는 것이요, 여색이 사람을 헤매게 만드는 것이 아니라 사람이 스스로 헤매는 것이다.

번역만 정확히 하면 내용은 간단하다. "술이〔酒〕 사람을〔人〕 취하게 하는 것이 아니라〔不醉〕 사람이〔人〕 스스로 취하는 것이요

〔自醉〕, 여색이〔色〕 사람을〔人〕 헤매게 만드는 것이 아니라〔不迷〕 사람이
〔人〕 스스로 헤매는 것이다〔自迷〕." 매사 외부 요인을 탓하지 말고 스스
로에게서 원인과 책임을 찾아야 한다는 말이다.

公心若比私心何事不辨 道念若同情念成佛多時
공심 약 비 사심 하사 불판 도념 약 동 정념 성불 다시

공적인 마음을 만약에 사사로운 마음에 비긴다면 무슨 일인들 되지 않
을 것인가? 도(道)를 향한 마음을 만약에 정념과 똑같이 한다면 오래전
에 성불했을 것이다.

✳ 이는 유학보다는 불교에서 나온 말이다. 그러나 내용을 보
면 크게 다르지 않다. "공적인 마음을〔公心〕 만약에〔若〕 사사로운 마
음〔私心〕에 비긴다면〔比〕 무슨 일인들〔何事〕 되지 않을 것인가〔不辨〕? 도
(道)를 향한 마음을〔道念〕 만약에〔若〕 정념〔情念〕과 똑같이 한다면〔同〕
오래전에〔多時〕 성불했을 것이다〔成佛〕." 사람은 누구나 자신을 아끼고
자신의 정념에 쉽게 사로잡힌다. 반면에 공적인 마음이나 도를 향한
마음을 갖기는 쉽지 않다. 그러면 어떻게 해야 할까? 이 말은 그 방법
을 일러주고 있다. 즉 자신을 아끼듯 남을 아끼는 마음을 갖고, 정념

에 쉽게 굴복하듯이 도를 향한 마음을 기꺼이 따르는 태도를 길러야 한다는 것이다. 물론 쉽지는 않다. 그러나 이렇게 하는 것 말고 다른 방법이 없음 또한 명백한 사실이다. 쉽지 않은 과제를 던지는 말이라 하겠다.

濂溪先生曰 巧者言 拙者黙 巧者勞 拙者逸 巧者賊 拙者德 巧者凶
염계 선생 왈 교자 언 졸자 묵 교자 노 졸자 일 교자 적 졸자 덕 교자 흉

拙者吉 嗚呼 天下拙 刑政撤 上安下順 風淸弊絶
졸자 길 오호 천하 졸 형정 철 상안 하순 풍청 폐절

염계 선생이 말했다. "재주가 있는 사람은 말을 잘하고 재주가 없는 사람은 아무 말이 없으며, 재주가 있는 사람은 바쁘고 재주가 없는 사람은 한가하며, 재주가 있는 사람은 (다음을) 해치고 재주가 없는 사람은 다음을 갖추며, 재주가 있는 사람은 흉하고 재주가 없는 사람은 길하다. 아! 천하가 재주를 중시하지 않으면 형벌로 하는 정치가 사라져 위는 편안하고 아래는 고분고분해지며 풍속은 맑고 폐단은 없어질 것이다."

염계(濂溪) 선생은 주렴계(周濂溪)를 가리킨다. 이 말은 주렴계가 쓴 「졸부(拙賦)」에 나오는 말이다. 주렴계란 중국 북송의 유학자 주돈이(周敦頤, 1017~1073년)로 자는 무숙(茂叔), 호는 염계이다.

그는 과거 시험에 합격하여 벼슬길에 올랐지만 좀처럼 벼슬이 높아지지 않아 가난한 생활을 하면서 학문에만 힘썼다. 저서에 『태극도설(太極圖說)』『통서(通書)』 등이 있는데, 이 책들은 남송의 주자(朱子)에 의해 세상에 알려졌다. 그의 학문을 정호(程顥), 정이(程頤) 형제가 이어 받아 그는 송학(宋學)의 시조로 일컬어진다.

어떤 사람이 주렴계에게 "사람들이 말하기를 그대는 재주가 없다〔拙〕고 하더이다"라고 하자 주렴계는 "나는 재주가 있는〔巧〕 것을 남몰래 부끄럽게 여긴다. 세상엔 재주가 있는 사람들이 너무 많다"고 말해 주었다. 그리고 홀로 기뻐서 이 부(賦)를 지었다. 부란 시 형식의 일종이다.

"재주가 있는 사람은〔巧者〕 말을 잘하고〔言〕 재주가 없는 사람은〔拙者〕 아무 말이 없으며〔黙〕, 재주가 있는 사람은〔巧者〕 바쁘고〔勞〕 재주가 없는 사람은〔拙者〕 한가하며〔逸〕, 재주가 있는 사람은〔巧者〕 다움을 해치고〔賊〕 재주가 없는 사람은〔拙者〕 다움을 갖추며〔德〕, 재주가 있는 사람은〔巧者〕 흉하고〔凶〕 재주가 없는 사람은〔拙者〕 길하다〔吉〕. 아〔嗚呼〕! 천하가〔天下〕 재주를 중시하지 않으면〔拙〕 형벌로 하는 정치가〔刑政〕 사라져〔撤〕 위는 편안하고 아래는 고분고분해지며〔上安下順〕 풍속은 맑고〔風淸〕 폐단은 없어질 것이다〔弊絶〕."

별도의 풀이는 필요 없다. 다만 賊을 그냥 남을 해친다고 해도 되겠지만 문맥상 의미가 조금 강할 뿐만 아니라 『논어』에서는 다움〔德〕을 갉아먹는 것을 賊이라 했기에 이를 대비시켜 풀어보았다.

易曰 德微而位尊 智小而謀大 無禍者鮮矣
역 왈 덕 미 이 위 존 지 소 이 모 대 무 화 자 선 의

『주역』에 이런 말이 있다. "다움이 미미한데 지위가 높거나, 지혜는 작은데 꾀하는 바가 크면 재앙을 당하지 않는 경우가 드물다."

『주역』에 나오는 말이다.

"다움이[德] 미미한데[微而] 지위가[位] 높거나[尊], 지혜는[智] 작은데[小而] 꾀하는 바가[謀] 크면[大] 재앙을 당하지 않는 경우가[無禍者] 드물다[鮮矣]."

우리는 높은 지위[尊位-高位]에 오르려 하면서 재능[才]에만 의존하려는 경향이 있다. 물론 높은 지위에 어울리는 재능은 필수적이다. 그런데 재능이 뛰어나면 그 재능을 담아줄 수 있는 그릇, 즉 다움[德]이 반드시 뒷받침돼야 한다. 이 글을 자칫 오독해서 재능은 없어도 다움만 갖추면 된다는 식으로 이해하는 것은 옛날에도 속유(俗儒)라는 비판을 면치 못했다. 다움과 재능이 함께 하는 것[竝行], 그것이 진정한 공자의 가르침임을 명심해야 한다. 원래 이 말은 『주역』 '계사전(繫辭傳)'에 나오는 다음과 같은 말을 취사선택한 것이다.

공자가 말했다. "다움이 엷은데 지위가 높거나, 지혜는 작은데 꾀하는 바가 크거나, 역량은 작은데 맡은 바가 무거우면 (재앙에) 이르지 않는 일이 드물다[德薄而位尊 智(知)小而謀大 力小而任重 鮮不及矣]." 不及은 無禍와 같은 뜻이다.

說苑曰 官怠於宦成 病加於小愈 禍生於懈怠 孝衰於妻子 察此
설원 왈　관 태 어 환 성　병 가 어 소유　화 생 어 해태　효 쇠 어 처자　찰 차

四者 愼終如始
사자　신종 여시

『설원』에 이런 말이 있다. "관리는 지위가 성취되는 데서 게을러지고 병은 조금 나아짐에서 심해지며, 재앙은 게으름에서 생겨나고 효도는 처자식에서 시들해진다. 이 네 가지를 깊이 살펴서 삼가 끝맺기를 처음과 같이 해야 한다."

　　　『설원(說苑)』은 한나라 유향(劉向)이 편찬한 일화집이다. 유학의 이치를 일상생활 속에서 쉽게 적용할 수 있도록 사례들을 통해 보여주는 책이라 할 수 있다. 각 분야별로 재앙이 생겨나는 씨앗을 말하고 있다.

"관리는〔官〕 지위가 성취되는〔宦成〕 데서〔於〕 게을러지고〔怠〕 병은〔病〕 조금 나아짐〔小愈〕에서〔於〕 심해지며〔加〕, 재앙은〔禍〕 게으름〔懈怠〕에서〔於〕 생겨나고〔生〕 효심은〔孝〕 처자식〔妻子〕에서〔於〕 시들해진다〔衰〕. 이〔此〕 네 가지를〔四者〕 깊이 살펴서〔察〕 삼가 끝맺기를〔愼終〕 처음과 같이 해야 한다〔如始〕."

매사 오래가는 마음〔恒心〕을 유지하려면 그것을 방해하는 것들이 있기 마련이다. 결국 그것이 무엇인지를 잘 알아서 사전에 그것을 피해가는 지혜를 발휘해야만 오래갈 수 있다는 뜻이다.

器滿則溢 人滿則喪
기 만 즉 일　인 만 즉 상

그릇이 가득하면 넘치듯이 사람도 자만하면 잃게 된다.

⊛　　출처는 분명치 않다. 짧은 것으로 보아 격언이나 속담류로
보인다.

"그릇이〔器〕 가득하면〔滿則〕 넘치듯이〔溢〕 사람도〔人〕 자만하면〔滿則〕
잃게 된다〔喪〕." 양쪽에 다 滿이 있지만 앞의 것은 말 그대로 가득 찬
다는 뜻이고 뒤의 것은 비유로 교만해지거나 자만한다는 뜻이다.

尺璧非寶 寸陰是競
척 벽　비 보　촌 음 시 경

한 자의 구슬은 보배가 아니고 순간순간이야말로 앞다퉈 가지려 해야
한다.

⊛　　『천자문』에서 인용한 것이다.

"한 자의 구슬은〔尺璧〕 보배가 아니고〔非寶〕 순간순간이야말로〔寸陰〕
〔是〕 앞다퉈 가지려 해야 한다〔競〕."
짧은 시간 순간순간이 다 진정한 삶의 보배라는 말이다.

羊羹雖美 衆口難調
양갱 수 미 중구 난조

양고깃국이 비록 맛있다고는 해도 여러 사람의 입맛을 다 맞추기는 어
렵다.

❀　　출처는 분명치 않다.

"양고깃국이〔羊羹〕 비록〔雖〕 맛있다고는 해도〔美〕 여러 사람의 입맛을
〔衆口〕 다 맞추기는 어렵다〔難調〕."

풀이 자체는 어렵지 않으나 그것이 주려는 메시지가 무엇인지에 대
해서는 조금 생각해볼 필요가 있다. 우선 피상적으로는 그만큼 사람
들의 의견이 다양하다는 뜻으로 이해할 수 있다. 그러나 조금 더 나아
가 다른 사람의 의견에 너무 귀를 열지 말고 본인의 바른 생각을 잘
견지하라는 뜻으로 보는 것이 좀 더 의미 깊다.

益智書云 白玉投於泥塗 不能汚穢其色 君子行於濁地 不能染亂
익지서 운 백옥 투 어 이도 불능 오예 기색 군자 행 어 탁지 불능 염란

其心 故松柏可以耐雪霜 明智可以涉危難
기심 고 송백 가이 내 설상 명지 가이 섭 위난

『익지서』에 이런 말이 있다. "하얀 옥은 진흙탕에 내던져져도 그 빛깔을
더럽힐 수 없듯이 군자는 더러운 곳에 가더라도 (주변 사람들이) 그 마음
을 더럽게 물들이거나 어지럽힐 수 없다. 그렇기 때문에 소나무와 잣나무
가 눈과 서리를 견뎌내듯이 눈밝고 일에 밝은 사람은 위험이나 험난함을
건널 수 있다."

※　　　　이 글은 『익지서』에 나오는 말로 간단히 말하면 외부 상황
보다는 그 내면적인 자질이 중요함을 여러 각도에서 살피고 있다. 유
가에서 군자를 옥(玉)에 비유하는 것은 일반적이다. 내용은 어렵지 않
기 때문에 먼저 풀이부터 해보자.

"하얀 옥은[白玉] 진흙탕[泥塗]에[於] 내던져져도[投] 그 빛깔을[其色] 더
럽힐[汚穢] 수 없듯이[不能] 군자는[君子] 더러운 곳[濁地]에[於] 가더라
도[行] (주변 사람들이) 그 마음을[其心] 더럽게 물들이거나 어지럽힐
[染亂] 수 없다[不能]. 그렇기 때문에[故] 소나무와 잣나무가[松柏] 눈과
서리를[雪霜] 견뎌낼[耐] 수 있듯이[可以=能] 눈 밝고 일에 밝은 사람은
[明智=明知] 위험이나 험난함을[危難] 건널[涉=濟] 수 있다[可以]."

아무래도 하얀 옥이나 소나무와 잣나무는 군자의 정신세계를 비유
한 것으로 봐야 할 것 같아 둘 다 비유로 풀었다. 여기서 소나무와 잣

나무 부분은 『논어』에 나오는 다음 구절과 함께 읽으면 좀 더 깊이를 더할 수 있을 것이다. 공자는 말했다. "날씨가 추워진 뒤에야[歲寒] 소나무와 잣나무가 뒤늦게 시듦을 알 수 있다." 추사 김정희의 그림 〈세한도(歲寒圖)〉의 모티브가 된 바로 그 구절이다. 세한(歲寒)이란 날씨가 추워진다는 뜻이다. 소나무와 잣나무는 날씨가 추워지고 나서야 비로소 뒤늦게 시들어간다는 것을 알게 된다는 것이다. 이에 대해 범조우는 이렇게 풀이한다. "소인이 태평성세에서는 혹 군자와 다름이 없으니, 오직 어려움을 당하고 나서야 군자의 지키는 바를 볼 수 있다." 뜻을 끝까지 지키는 것이 그만큼 어렵고, 그런 사람들이 그만큼 적다는 것이다.

이어 明知 혹은 明智를 풀이하는 문제다. 흔히 그렇게 하듯이 '밝은 지혜를 가진 사람'으로 풀 수도 있고, 현명하고 지혜로운 사람으로 明과 智를 분리해서 풀 수도 있는데 문제는 明이나 智를 조금은 더 정확하게 풀이해야만 여기서 말하고자 하는 바가 좀 더 명확해진다.

먼저 明이다. 『논어』에서 제자 자장이 명(明)이 무엇이냐고 묻자 공자는 이렇게 답한다. "서서히 젖어드는 참소(讒訴)와 피부에 와닿는 하소연[愬]이 행해지지 않는다면 그 정사는 밝다[明]고 이를 만하다." 공정한 마음이 바로 明이다. 그래서 눈 밝다고 옮겼다. 또 번지(樊遲)라는 제자가 지(智)가 무엇이냐고 묻자 공자는 간단하게 "사람을 볼 줄 아는 것이다[知人]"라고 답한다. 일과 사람에 밝다는 뜻이다. 밝다[明]와 알다[智]의 의미를 보다 정확하게 이해하는 계기가 됐으면 한다.

入山擒虎易 開口告人難
입산 금호 이 개구 고인 난

산에 들어가 호랑이를 사로잡는 것은 쉬워도, 입을 열어 다른 사람에게
아뢰기는 어렵다.

✳ 이는 『통속편(通俗編)』 여러 문헌에 나오는데 우선 내용부
터 살펴보자.

"산에 들어가〔入山〕 호랑이를 사로잡는 것은〔擒虎〕 쉬워도〔易〕, 입을
열어〔開口〕 다른 사람에게 아뢰기는〔告人〕 어렵다〔難〕."

여기서 풀이의 관건은 '다른 사람에게 아뢰기〔告人〕'다. 흔히 남에게
아쉬운 부탁을 하는 것으로 본다. 이를 틀렸다고는 할 수 없지만 뜻을
조금 넓혀 진짜 속마음을 다른 사람에게 전하는 것으로 볼 때 의미는
좀 더 깊어진다. 즉 타인의 존재라는 것이 가까운 듯하면서도 실은 그
렇지 못하다는 것이다.

遠水不救近火 遠親不如近隣
원수 불구 근화 원친 불여 근린

"먼 데 있는 물은 가까이에서 난 불을 끄지 못하고, 먼 데 있는 친척은 가까운 이웃만 못하다.

 이 글은 중국의 처세격언집『증광현문』에 나온다. 내용만 풀이하면 별도의 풀이는 필요 없다.

"먼 데 있는 물은〔遠水〕 가까이에서 난 불을〔近火〕 끄지 못하고 〔不救〕, 먼 데 있는 친척은〔遠親〕 가까운 이웃〔近隣〕만 못하다〔不如〕."

遠親은 먼 친척보다는 먼 곳에 사는 친척 혹은 가까운 친척인데 멀어진 친척으로 봐야 문맥을 제대로 살릴 수 있다.

太公曰 日月雖明不照覆盆之下 刀刃雖快不斬無罪之人 非災橫禍
태공 왈 일월 수 명 부조 복분 지 하 도인 수 쾌 불참 무죄 지인 비재 횡화
不入愼家之門
불입 신가 지 문

태공이 말했다. "해와 달이 아무리 밝다 해도 엎어놓은 동이 속은 비출

274

수 없고, 칼날이 아무리 잘 들어도 죄 없는 사람은 벨 수 없으며, 나쁜 재
앙과 뜻밖의 화도 조심하는 집의 문은 못 들어간다."

이 글의 출전은 불분명하다. 내용은 어렵지 않다. 미리 준비된 자에게
는 외부의 상황이 어떠하건 개의할 필요가 없다는 가르침을 담고 있다.

"해와 달이〔日月〕 아무리〔雖〕 밝다 해도〔明〕 엎어놓은 동이〔覆盆〕 속은
〔之下〕 비출 수 없고〔不照〕, 칼날이〔刀刃〕 아무리〔雖〕 잘 들어도〔快〕 죄 없
는 사람은〔無罪之人〕 벨 수 없으며〔不斬〕, 나쁜 재앙과〔非災〕 뜻밖의 화
도〔橫禍〕 조심하는 집의 문은〔愼家之門〕 못 들어간다〔不入〕."

여기서 핵심은 조심〔愼〕에 있다. 앞의 두 문장도 결국은 조심으로 집
약된다.

太公曰 良田萬頃不如薄藝隨身
태공 왈 양전 만경 불여 박예 수신

태공이 말했다. "좋은 밭 1만 이랑도 하찮은 기예를 몸에 갖춘 것만 못
하다."

이 글은 중국의 처세격언집 『증광현문』에 나온다. 萬頃이
百頃으로 돼 있는 것만 다르다. 결국 만 이랑이나 백 이랑은 그다지 중
요한 것이 아니다. 이 글의 강조점은 뒤에 있다.

"좋은 밭〔良田〕 1만 이랑도〔萬頃〕 하찮은 기예를〔薄藝〕 몸에 갖춘 것
〔隨身〕만 못하다〔不如〕."

얼핏 보면 그냥 작은 기술 하나만 있어도 밥은 굶지 않는다는 우리
네 속담과 비슷하다. 그러나 좀 더 들여다보면 내 밖에 아무리 좋은
것이 있다 한들 내가 갈고닦은 나만의 세계가 훨씬 중요하다는 말로
이해될 수 있고, 그래야만 응용의 폭도 넓어진다.

性理書云 接物之要 己所不欲勿施於人 行有不得反求諸己
성리서 운 접물 지 요　기소불욕물시어인　행유부득반구제기

『성리서』에 이런 말이 있다. "외부의 일이나 사람과 관계 맺는 핵심 요
체는 자신이 하고자 하지 않는 것을 남에게 베풀지 말아야 하는 것과, 행
하였음에도 (자신이 원하는 바를) 얻지 못하였다면 이는 모두 다 (그 이유
나 원인을 상대방이 아니라) 자신에게 돌이켜 찾는 것이다."

❋ 여기서 『성리서』란 주희의 『주자대전(朱子大全)』을 가리킨다.

"외부의 일이나 사람과 관계 맺는 핵심 요체는〔接物之要〕 자신이 하고
자 하지 않는 것을 남에게 베풀지 말아야 하는 것〔己所不欲勿施於人〕
과, 행하였음에도 (자신이 원하는 바를) 얻지 못하였다면 이는 모두
다 (그 이유나 원인을 상대방이 아니라) 자신에게 돌이켜 찾는 것이다
〔行有不得反求諸己〕."

그런데 정작 接物之要, 즉 외부의 일이나 사람과 관계 맺는 핵심 요체
두 가지는 각각 『논어』와 『맹자』에 나오는 말이다. 먼저 己所不欲勿施於人
은 『논어』 '안연' 편과 '위령공' 편에 두 차례 등장한다. 우선 그 뜻부터
살펴보자. 먼저 '안연' 편이다.

중궁이 어짊〔仁〕에 관해 묻자 공자가 말했다. "문을 나서면 큰 손님을
뵈온 듯이 하고, 백성을 부릴 때는 큰 제사를 받들듯이 하며, 자신이 하
고자 하지 않는 것을 남에게 베풀지 말아야 하니〔己所不欲勿施於人〕,
(이렇게 하면) 나라에 있어도 원망함이 없으며 집안에 있어도 원망함
이 없을 것이다."

중궁이 말했다. "옹이 비록 불민하지만 그 말씀을 따르도록 노력하
겠습니다."

이어 '위령공' 편이다.

자공이 "평생토록 마음속에 간직하고 행할 만한 한마디 말씀이 있
습니까"라고 묻자 공자는 말했다. "그것은 서(恕)다. 자기가 하고자 하
지 않는 것을 남에게 베풀지 않는 것〔己所不欲勿施於人〕이다."

결국 이는 서(恕)의 의미를 풀이하는 것인데 자기 자신에게 하는 것에 비추어 적어도 자기가 싫은 것은 남에게도 해서는 안 된다는 말이다. 여기서 사람과 사람의 관계에 대한 최소한의 도의적 정의를 발견할 수 있다.

다음은 『맹자』 '이루장구'에 나오는 구절이다. 그런데 그 바로 앞에 다음과 같은 말이 먼저 나온다. 그것이 사실상 우리가 보려는 구절의 풀이 역할을 하고 있으니 먼저 살펴보자.

"다른 사람을 사랑함에도 서로 간에 친함(親-내 몸과 같이 여김)이 생겨나지 않거든 (나의) 어진 마음(仁)이 부족한 것은 아닌지를 반성하고, 사람을 다스림에도 제대로 다스려지지 않거든 (나의) 사람을 아는 능력(智-知人)이 부족한 것은 아닌지를 반성하고, 아랫사람을 예로 대함에도 상대가 그에 상응하는 답례를 해오지 않거든 (나의) 삼가는 마음(敬)이 부족한 것은 아닌지를 반성해야 한다."

그러고 나서 이렇게 말한다.

"(사람을 사랑하고 남을 다스리고 아랫사람을 예로 대하는 등의 일을) 행하였음에도 (자신이 원하는 바를) 얻지 못하였다면 이는 모두 다 (그 이유나 원인을 상대방이 아니라) 자신에게 돌이켜 찾아내야 한다(行有不得者 皆反求諸己). (이렇게 해서) 자기 자신을 바로잡으면 천하는 그런 사람에게로 돌아오게 된다."

이처럼 전후 맥락을 보게 되면 별도의 풀이는 필요 없다. 다만 주희가 인용한 구절과 『맹자』에 실린 한문 사이에 약간의 차이가 있지만 뜻에는 전혀 차이가 없다.

酒色財氣四堵墻 多少賢愚在內厢 若有世人跳得出 便是神仙不死方
주 색 재 기 사 도 장　다소 현우 재 내 상　약 유 세인 도 득 출　변 시 신선 불사방

술과 여색과 재물과 혈기, 이 넷으로 이뤄진 담장 안에 많고 적은 뛰어난 이나 어리석은 이들이 갇혀 있는데 만약에 어떤 세상 사람들이 그곳을 뛰쳐나올 수 있다면 그것은 바로 신선이 죽지 않는 방책이라 하겠다.

　　출처는 불분명한데 특히 첫째 구의 경우 옛날 중국의 여러 시들에 즐겨 인용되기도 했다. 사람들을 옭아매어 바른 길로 들어서지 못하게 하는 욕망이 어떤 것들인지를 간명하게 보여주는 말이다.

　"술과 여색과 재물과 혈기〔酒色財氣〕, 이 넷으로 이뤄진 담장〔四堵墻〕
　　　　　　　　　　　주 색 재 기　　　　　　　　　　　사 도 장
안에〔內〕 많고 적은〔多少〕 뛰어난 이나 어리석은 이들이〔賢愚〕 갇혀 있
　　내　　　　다소　　　　　　　　　　　현우
는데〔厢〕 만약에〔若〕 어떤 세상 사람이〔世人〕 그곳을 뛰쳐나올〔跳〕 수〔得
　　상　　　　약　　　　　　　세인　　　　　　　　　도　　　득
出〕 있다면〔有〕 그것은 바로〔便〕 신선이〔神仙〕 죽지 않는 방책〔不死方〕이
출　　　유　　　　　　　변　　　신선　　　　　　　불사방
라 하겠다〔是〕."
　시
　담장의 비유를 쓰고 있는데 그 담장을 이루는 재료가 바로 인간의

4대 욕망이라 할 수 있는 술과 여색과 재물과 혈기다. 여기에 갇히면 그 사람이 똑똑하고 그렇지 않고를 떠나 벗어나기가 거의 불가능하다는 말이다. 오죽하면 거기서 벗어난다면 그것은 신선이 결코 죽지 않는 처방과 같다고 말했겠는가? 그렇다고 포기하라는 말은 아닐 테고, 아마도 그만큼 어려우니 쉽게 포기하지 말고 굳센 마음으로 끝까지 도전하라는 말로 읽어야 할 것이다.

13장

立教篇
입교   편

가르침을 바로 세우다

立教篇

子曰 立身有義而孝爲本 喪紀有禮而哀爲本 戰陣有列而勇爲本 治政有理而農爲本 居國有道而嗣爲本 生財有時而力爲本

景行錄云 爲政之要曰公與淸 成家之道曰儉與勤

讀書起家之本 循理保家之本 勤儉治家之本 和順齊家之本

孔子三計圖云 一生之計在於幼 一年之計在於春 一日之計在於寅 幼而不學老無所知 春若不耕秋無所望 寅若不起日無所辦

性理書云 五教之目 父子有親 君臣有義 夫婦有別 長幼有序 朋友有信

三綱 君爲臣綱 父爲子綱 夫爲婦綱

王蠋曰 忠臣不事二君 烈女不更二夫

忠子曰 治官莫若平 臨財莫若廉

張思叔 座右銘曰 凡語必忠信 凡行必篤敬 飮食必愼節 字畫必楷正容貌必端莊 衣冠必肅整 步履必安詳 居處必正靜 作事必謀始 出言必顧行 常德必固持 然諾必重應 見善如己出 見惡如己病 凡此十四者皆我未深省 書此當座隅 朝夕視爲警

范益謙 座右銘曰 一不言朝廷利害邊報差除 二不言州縣官員長短得失 三不言衆人所作過惡之事 四不言仕進官職趨時附勢 五不言財利多少厭貧求富 六不言淫媟戲慢評論女色 七不言求覓人物干索酒食 又人附書信不可開坼沈滯 與人竝坐不可窺人私書 凡入人家不可看人文字 凡借人物不可損壞不還 凡喫飮食不可揀擇去取 與人同處不可自擇便利 凡人富貴不可歎羨詆毁 凡此數事有犯之者 足以見用意之不肖 於存心修身大有所害 因書以自警

武王問太公曰 人居世上何得貴賤貧富不等 願聞說之 欲知是矣 太公曰

富貴如聖人之德 皆由天命 富者用之有節 不富者家有十盜

武王曰 何謂十盜 太公曰 時熟不收爲一盜 收積不了爲二盜 無事燃燈寢睡爲三盜 慵懶不耕爲四盜 不施功力爲五盜 專行巧害爲六盜 養女太多爲七盜 晝眠懶起爲八盜 貪酒嗜慾爲九盜 强行嫉妬爲十盜

武王曰 家無十盜而不富者何如 太公曰 人家必有三耗 武王曰 何名三耗 太公曰 倉庫漏濫不蓋鼠雀亂食爲一耗 收種失時爲二耗 抛撒米穀穢賤爲三耗

武王曰 家無三耗而不富者何如 太公曰 人家必有一錯二誤三痴四失五逆六不祥七奴八賤九愚十强 自招其禍非天降殃

武王曰 願悉聞之 太公曰 養男不敎訓爲一錯 嬰孩不訓爲二誤 初迎新婦不行嚴訓爲三痴 未語先笑爲四失 不養父母爲五逆 夜起赤身爲六不祥 好挽他弓爲七奴 愛騎他馬爲八賤 喫他酒勸他人爲九愚 喫他飯命朋友爲十强 武王曰 甚美誠哉 是言也

子曰 立身有義而孝爲本 喪紀有禮而哀爲本 戰陣有列而勇爲本
자왈   입신 유의 이효 위본   상기 유례 이애 위본   전진 유렬 이용 위본

治政有理而農爲本 居國有道而嗣爲本 生財有時而力爲本
치정 유리 이농 위본 거국 유도 이사 위본 생재 유시 이역 위본

공자가 말했다. "몸을 세움에는 의로움이 있어야 하는데 효도가 그 뿌리요, 상(喪)을 치르는 데는 예 갖춤이 있어야 하는데 슬픔이 그 뿌리요, 전투의 진법을 갖추는 데는 대열이 있어야 하는데 용맹이 그 뿌리요, 정사를 다스리는 데는 이치가 있어야 하는데 농사가 그 뿌리요, 나라를 안정시키는 데는 도리가 있어야 하는데 세자(를 세우는 것)가 그 뿌리요, 재물을 생산하는 데는 때가 있어야 하는데 힘써 노력함이 그 뿌리다."

✱　　『공자가어』에 나오는 말을 약간 손본 것이다. 공자는 여기서 사람이 행동을 함에는 여섯 가지 뿌리[本]가 있고 이런 뿌리를 바로잡은 다음에야 군자가 될 수 있다고 말하면서 그 여섯 가지를 하나씩 열거한다.

"몸을 세움에는[立身] 의로움이 있어야[有義] 하는데[而] 효도가[孝] 그 뿌리요[爲本], 상(喪)을 치르는 데는[喪紀] 예 갖춤이 있어야[有禮] 하는데[而] 슬픔이[哀] 그 뿌리요[爲本], 전투의 진법을 갖추는 데는[戰陣] 대열이 있어야[有列] 하는데[而] 용맹이[勇] 그 뿌리요[爲本], 정사를 다스리는 데는[治政] 이치가 있어야[有理] 하는데[而] 농사가 그 뿌리요[爲本], 나라를 안정시키는 데는[居國=安國] 도리가 있어야[有道] 하는데[而] 세자(를 세우는 것)가[嗣] 그 뿌리요[爲本], 재물을 생산하는

284

데는[生財] 때가 있어야[有時] 하는데[而] 힘써 노력함이[力] 그 뿌리다[爲本]."

전체 내용은 어렵지 않다. 다만 글의 구조상 '몸을 세움=의로움=효'로 이어지는 연결 고리에 주목해 하나씩 음미할 필요가 있다. 이를 통해 우리는 비단 이 여섯 가지뿐만 아니라 다른 여러 가지 일들을 행함에 그 본질에 이르는 사고와 행동 방식을 배울 수 있다.

景行錄云 爲政之要曰公與淸 成家之道曰儉與勤
경행록 운 위정 지요 왈공 여 청 성가 지도 왈검 여 근

『경행록』에 이런 말이 나온다. "정사를 행하는 요체는 공변됨과 깨끗함이요, 집안을 잘 다스리는 도리는 검소함과 부지런함이다."

집 밖의 일과 집 안의 일을 행하는 요체 혹은 도리에 관한 통찰이다.

"정사를 행하는[爲政][之] 요체는[要] 공변됨[公]과[與] 깨끗함[淸]이요[曰], 집안을 잘 다스리는[成家][之] 도리는[道] 검소함[儉]과[與] 부지런함[勤]이다[曰]."

집 밖에서 일을 할 때는 공변됨[公]을 잊어서는 안 되고 동시에 깨끗

해야 한다(淸). 집 안에서는 무엇보다 검소하고 부지런해야 한다. 그것
은 부인이나 자식에게 본보기가 되기 때문이다.

여기서 한 가지 추가하고 싶은 대목은 깨끗함(淸)의 문제다. 깨끗함
에만 머물고 공적인 의식이 결여돼서는 안 되기 때문이다. 공적인 의식
이란 곧 다른 사람을 깊이 사랑하는(仁) 문제와 연결된다. 마침『논어』
에는 이 점을 잘 보여주는 공자의 말이 나온다.

자장이 물었다. "최자가 제나라 군주 장공을 시해하자 진문자가 말
10승(말 40필)을 소유하고 있었는데 그것을 미련 없이 버리고 제나라
를 떠나 다른 나라에 이르렀다. 진문자가 다른 나라에 이르러 말하기를
'이 사람도 우리나라 대부 최자와 같구나'라며 그곳을 떠났고 다시 또
다른 한 나라에 이르러서 말하기를 '이 사람도 우리나라 대부 최자와
같구나'하고 떠나갔으니 진문자를 어떻게 생각합니까?" 이에 공자는
다음과 같이 말했다. "깨끗하다(淸)."

이에 자장이 "어질다(仁)고 할 만합니까"라고 묻자 공자는 말했다.
"모르겠다. 어찌 그것만으로 어짊이 될 수 있겠는가?"

公이나 仁으로 나아가지 않는 깨끗함은 그 자신에게만 머물기 때문
이다.

讀書起家之本 循理保家之本 勤儉治家之本 和順齊家之本
독서 기가 지본 순리 보가 지본 근검 치가 지본 화순 제가 지본

책 읽기는 집안을 일으키는 근본이고 이치를 따르는 것은 집안을 지키는 근본이며, 부지런함과 검소함은 집안(의 재산)을 다스리는 근본이고 화목함과 고분고분함은 집안을 가지런하게 하는 근본이다.

앞의 글에서 이어져 성가(成家)의 문제를 보다 상세하게 다룬다. 내용은 어렵지 않다.

"책 읽기는〔讀書〕 집안을 일으키는〔起家〕〔之〕 근본이고〔本〕 이치를 따르는 것은〔循理〕 집안을 지키는〔保家〕〔之〕 근본이며〔本〕, 부지런함과 검소함은〔勤儉〕 집안(의 재산)을 다스리는〔治家〕〔之〕 근본이고〔本〕 화목함과 고분고분함은〔和順〕 집안을 가지런하게 하는〔齊家〕〔之〕 근본이다〔本〕."

쉬운 지혜이면서도 행하기에는 쉽지 않은 말이다.

孔子三計圖云 一生之計在於幼 一年之計在於春 一日之計在於寅
공자 삼계도 운 일생 지계 재어 유 일년 지계 재어 춘 일일 지계 재어 인

幼而不學老無所知 春若不耕秋無所望 寅若不起日無所辦
유 이 불학 노무 소지 춘 약 불경 추무 소망 인 약 불기 일무 소판

공자의 삼계도에서 말했다. "일생의 계획(을 세우는 일)은 어릴 때에 있고, 한 해의 계획(을 세우는 일)은 봄에 있으며, 하루의 계획(을 세우는 일)은 새벽에 있다. (그렇기 때문에) 어려서 배우지 않으면 나이 들어 아는 것이 없고, 봄에 밭을 갈지 않으면 가을에 거두기를 바랄 것이 없으며, 새벽에 일찍 일어나지 않으면 그날 아무것도 하는 일이 없다."

✽　　삼계도(三計圖)가 무엇인지는 알 수 없다. 다만 그 말은 인생을 살아가면서 세워야 하는 3가지 계획을 체계적으로 보여준다는 내용을 담고 있다.

첫째는 일생의 계획이고 그다음은 한 해의 계획이고 그다음은 하루의 계획이다. 더불어 아랫글과 각각 짝을 이룬다. 우선은 원문을 번역한 다음 변화를 주어 읽어보도록 하자.

"일생의 계획(을 세우는 일)은〔一生之計〕 어릴 때〔幼〕에〔於〕 있고〔在〕, 한 해의 계획(을 세우는 일)은〔一年之計〕 봄〔春〕에〔於〕 있으며〔在〕, 하루의 계획(을 세우는 일)은〔一日之計〕 새벽〔寅〕에〔於〕 있다〔在〕. (그렇기 때문에) 어려서 배우지 않으면〔幼而不學〕 나이 들어〔老〕 아는 것이〔所知〕 없고〔無〕, 봄에 밭을 갈지 않으면〔春若不耕〕 가을에〔秋〕 거두기를 바랄 것이〔所望〕 없으며〔無〕, 새벽에 일찍 일어나지 않으면〔寅若不起〕 그날〔日〕 아무것도 하는 일이〔所辦〕 없다〔無〕."

두 번째 문장은 첫 문장에서 말한 세 가지 계획의 내용을 풀어주고 동시에 원인과 결과 관계를 강조하고 있다는 점에 주목해야 한다. 따라서 이 글은 오히려 이렇게 고쳐 읽으면 뜻이 훨씬 분명해진다. 물론 문장을 읽는 맛은 조금 떨어지게 된다. 辦은 힘쓰다, 노력하다, 갖추다

288

등의 뜻을 갖고 있다.

"일생의 계획(을 세우는 일)은 어릴 때에 있으니 어려서 배우지 않으면 나이 들어 아는 것이 없고, 한 해의 계획(을 세우는 일)은 봄에 있으니 봄에 밭을 갈지 않으면 가을에 거두기를 바랄 것이 없으며, 하루의 계획(을 세우는 일)은 새벽에 있으니 새벽에 일찍 일어나지 않으면 그날 아무것도 하는 일이 없다."

일의 원인과 결과를 강조하는 점도 중요하지만 그 못지않게 매사에 미리 준비할 것을 강조하는 것 또한 이 글이 전하는 중요한 메시지다.

性理書云 五教之目 父子有親 君臣有義 夫婦有別 長幼有序 朋友有信
성리서 운 오교 지목 부자유친 군신유의 부부유별 장유유서 붕우유신

『성리서』에 이런 말이 있다. "다섯 가지 가르침의 조목은 아버지와 자식 사이에는 제 몸과 같이 여김이 있고, 임금과 신하 사이에는 의로움이 있으며, 부부 사이에는 갈라짐이 있고, 연장자와 연소자 사이에는 차례가 있고, 뜻을 같이 하는 벗들 사이에는 믿음이 있다."

별도의 설명이 필요 없는 오륜(五倫＝五教)이다. 성리학 책
오교
은 특정한 책을 가리키는 것은 아니다.

"다섯 가지 가르침의 조목은 아버지와 자식 사이에는 제 몸과 같이 여김이 있고, 임금과 신하 사이에는 의로움이 있으며, 부부 사이에는 갈라짐이 있고, 연장자와 연소자 사이에는 차례가 있고, 뜻을 같이 하는 벗들 사이에는 믿음이 있다."

그러나 여기서부터 우리는 이 다섯 가지 가르침을 하나씩 짚어봐야 한다.

三綱 君爲臣綱 父爲子綱 夫爲婦綱
삼강 군위신강 부위자강 부위부강

삼강이란 임금이 신하에게 벼리이고, 아버지가 자식에게 벼리이며, 지아비가 지어미에게 벼리이다라는 것이다.

※ 이번에는 삼강(三綱)이다. 綱이란 그물의 잡아당기는 부분으로 흔히 벼리라고 하는데 모범이나 중추가 된다는 뜻이다. 爲는 여기서는 '~에게'라는 뜻이다.

"삼강이란〔三綱〕 임금이〔君〕 신하에게〔臣〕 벼리〔綱〕이고〔爲〕, 아버지가〔父〕 자식에게〔子〕 벼리〔綱〕이며〔爲〕, 지아비가〔夫〕 지어미에게〔婦〕 벼리〔綱〕이다〔爲〕라는 것이다."

약간만 풀면 임금은 신하의 표준이 되고 아버지는 자식의 표준이
되며 지아비는 지어미의 표준이 된다는 뜻이다. 이를 마치 주종(主從)
관계처럼 풀이하는 것은 오늘날에만 맞지 않는 것이 아니라 옛날에도
바른 풀이라 할 수 없었을 것이다.

王蠋曰 忠臣 不事二君 烈女不更二夫
왕촉 왈   충신 불사 이군   열녀 불경 이부

왕촉이 말했다. "충성스러운 신하는 두 임금을 섬기지 않고, 지조가 강
한 여인은 두 지아비를 바꿔 섬기지 않는다."

왕촉(王蠋, ?~기원전 284년)은 전국시대 제(齊)나라 화읍
(畵邑) 사람으로, 연(燕)나라의 유명한 장수 악의(樂毅)가 처음 제나
라를 격파했을 때 그가 뛰어나다는 소문을 듣고 군대에 명령해 화읍
주변 30리를 포위하도록 한 다음 예의를 갖춰 만가(萬家)에 봉하고는
연나라를 돕도록 청했다. 그러나 그는 끝내 사양하고 나가지 않았다.
이에 연나라 사람들이 위협하자 나무에 목을 매 자살했다.

이런 인물이기에 그 말이 더욱 마음에 와서 닿는다.

"충성스러운 신하는[忠臣] 두 임금을[二君] 섬기지 않고[不事], 지조
충신   이군   불사

가 강한 여인은[烈女] 두 지아비를[二夫] 바꿔 섬기지 않는다[不更]."

　　보기에 따라서는 전근대 혹은 전통 사회의 가치관의 뿌리라 할 수 있는 말이다. 그러나 당시에도 이는 실로 쉽지 않은 일이었으며 그렇기 때문에 이를 몸소 실천한 왕촉 같은 인물은 두드러졌던 것이다.

忠子曰 治官莫若平 臨財莫若廉
충자 왈　치관 막약 평　임재 막약 염

　　충자가 말했다. "좋은 관리가 되는 데는 일을 공평하게 처리하는 것만 한 것이 없고, 재물에 대한 태도에는 청렴하게 하는 것만 한 것이 없다."

　　※　　충자(忠子)는 누구인지 알 수가 없다. 治官을 그냥 관직을 다스린다고 해서는 곤란하다. 그렇게 되면 마치 내용상 고위 관리가 아래 관리를 다스리는 것처럼 되기 때문이다. 그보다는 관리가 되어 관직을 잘 수행한다는 뜻으로 풀어야 한다. 즉 관직에 임해서는 공평함[平]에 힘쓰는 것만 한 것이 없다는 말이다. 莫若은 '~만한 것이 없다'는 뜻으로 莫如나 不如와 같은 의미이다.

　　臨財 또한 그냥 '재물에 임해서'라고 하면 우리말로 자연스럽지가 않다. '재물에 관한 태도'에는 정도로 풀어줘야 자연스럽다. 정리하면

이렇게 된다.

"좋은 관리가 되는 데는〔治官〕 일을 공평하게 처리하는 것만〔平〕 한
                           치관   평
것이 없고〔莫若〕, 재물에 대한 태도에는〔臨財〕 청렴하게 하는 것만〔廉〕
        막약   임재   염
한 것이 없다〔莫若〕."
        막약

張思叔 座右銘曰 凡語必忠信 凡行必篤敬 飮食必愼節 字畫必楷正
장 사숙 좌우명 왈 범 어 필 충신 범 행 필 독경 음 식 필 신절 자 획 필 해정
容貌必端莊 衣冠必肅整 步履必安詳 居處必正靜 作事必謀始 出言
용모 필 단장 의관 필 숙정 보리 필 안상 거처 필 정정 작사 필 모시 출언
必顧行 常德必固持 然諾必重應 見善如己出 見惡如己病 凡此十四者
필 고행 상덕 필 고지 연락 필 중응 견선 여 기출 견악 여 기병 범 차 십사 자
皆我未深省 書此當座隅 朝夕視爲警
개 아 미 심성 서 차 당 좌우 조석 시 위경

장사숙이 좌우명에서 말했다. "모든 말에는 반드시 진실함과 믿음이 있
어야 하고 모든 행동에는 반드시 도타움과 삼감이 있어야 한다. 마시고 먹
을 때는 반드시 조심함과 적절함이 있어야 하고 글자를 쓸 때는 반드시 해
서체로 바르게 써야 한다. 얼굴 모습과 몸가짐은 반드시 올곧고 장중해야
하고 옷매무새와 갓 쓴 모습은 반드시 엄숙하면서 가지런해야 한다. 걸음
걸이는 반드시 자연스러우면서도 세밀하게 신경을 써야 하고 평소 거처하
는 모습은 반드시 바르면서도 고요해야 한다. 일을 하려고 할 때는 반드시
처음을 잘 도모하고 말을 할 때는 반드시 그것을 실행에 옮길 수 있는지를

돌아보아야 한다. 평소의 자기다움은 반드시 굳게 지키고 어떤 일을 승낙할 때는 반드시 이중 삼중으로 겹쳐 응답해야 한다. 다른 사람의 좋은 면을 보았을 때는 자신에게서 나온 듯이 여기고 나쁜 면을 보았을 때는 자신의 병인 듯이 여겨야 한다. 무릇 이 열네 가지는 다 내가 깊이 살피지 못한 것들이어서 이를 자리 귀퉁이에다 써놓고서 아침저녁으로 보면서 경계로 삼겠다."

❋　　이 글은『소학』에 실려 있다.

장사숙(張思叔)은 송나라의 유학자인 정명도(程明道)의 제자로 이름은 역(繹)이고 사숙은 그의 자(字)다. 대체적인 내용은『논어』를 비롯한 유학의 고전에 다 담겨 있는 것인데 그것을 일상생활에서 곧장 적용할 수 있도록 잘 뽑아서 정리하였다. 모두 열네 가지인데 두 개씩 곱씹어볼 필요가 있다.

첫째, 凡에는 '무릇', '모든' 등의 의미가 있는데 여기서는 강조하는 의미에서 '모든'을 선택했다. 모든 말에는 반드시 忠信, 즉 진실함과 믿음이 있어야 하고 모든 행동에는 반드시 篤敬, 즉 도타움과 삼감이 있어야 한다고 했다. 말과 행동은 겉으로 드러나는 것이고 진실함이나 믿음, 도타움이나 삼감은 속마음이다. 겉으로 드러나는 애씀〔文〕과 그에 상응하는 마음 상태인 바탕〔質〕이 서로 합치돼야 한다는 말이다. 특히 말과 행동〔言行〕은 일상생활에서 가장 중요하기 때문에 첫머리에 왔다는 점을 염두에 둬야 한다.

둘째, 마시고 먹을 때는 반드시 愼節, 즉 조심함과 적절함이 있어야 하고 글자를 쓸 때는 반드시 楷正, 해서체로 바르게 써야 한다고 했다.

그런데 갑자기 해서체로 바르게 써야 한다는 말은 무슨 뜻일까? 이는 당나라 태종이 인재를 선발할 때 신언서판(身言書判) 네 가지를 보면서 그중에 글은 해서체로 바르게 써야 한다고 한 데서 비롯한 것이다. 해서체는 가장 표준적인 글씨체다.

셋째, 얼굴 모습과 몸가짐은 반드시 端莊, 즉 올곧고 장중해야 하고 옷매무새와 갓 쓴 모습은 반드시 肅整, 즉 엄숙하면서 가지런해야 한다고 했다. 말 그대로다.

넷째, 걸음걸이는 반드시 安詳, 즉 자연스러우면서도 세밀하게 신경을 써야 하고 평소 거처하는 모습은 반드시 正靜, 즉 바르면서도 고요해야 한다고 했다. 평소 거처할 때 가져야 하는 마음이 바로 愼獨, 즉 홀로 있더라도 늘 조심하고 삼가는 것이다. 그 삼감〔愼〕을 바르면서도 고요해야 한다〔正靜〕로 풀어낸 것이다.

다섯째, 일을 하려고 할 때는 반드시 謀始, 즉 처음을 잘 도모하고 말을 할 때는 반드시 顧行, 즉 그것을 실행에 옮길 수 있는지를 돌아보아야 한다고 했다. 일과 말에 대해서는 이미 『논어』에서 공자가 그 지침을 제시한 바 있다.

"말은 어눌하려고 애써야 하고 일을 행하는 것은 민첩하게 하라는 것이다. 말을 어눌하려고 애써야 하는 이유는 다름 아닌 실행을 염두에 둬야 하기 때문이다. 그것은 곧 일에 임함에 그 처음을 빈틈없이 준비해야 하는 것과도 통한다. 일은 어느 순간에 예측못한 일들이 생겨날 수 있기 때문에 늘 만반의 대비를 갖추지 않으면 안 된다."

여섯째, 평소의 자기다움은 반드시 固持, 즉 굳게 지키고 어떤 일을

승낙할 때는 반드시 重應, 즉 이중 삼중으로 겹쳐 응답해야 한다고 했
다. 굳게 지키라는 것은 고집스럽게 사수하라는 뜻이라기보다는 오래
갈 수 있도록 하라는 말이다. 그리고 응낙 혹은 승낙할 때에는 그 실
행 여부를 감안해 신중하게 결정하라는 말이다.

일곱째, 다른 사람의 좋은 면을 보았을 때는 자신에게서 나온 듯이 여
기고 나쁜 면을 보았을 때는 자신의 병인 듯이 여겨야 한다고 했다. 다른
사람을 통해 자신의 좋은 면을 기르고 나쁜 면을 덜어내라는 말이다.

이제 결론부다. 무릇 이 열네 가지는 다 내가 깊이 살피지 못한 것들
이어서 이를 자리 귀퉁이에다 써놓고서 아침저녁으로 보면서 경계로
삼겠다고 말한다.

范益謙 座右銘曰 一不言朝廷利害邊報差除 二不言州縣官員長短
범 익겸　좌우명 왈　일 불언 조정 이해 변보 차제　이 불언 주현 관원 장단

得失 三不言衆人所作過惡之事 四不言仕進官職趨時附勢 五不言
득실　삼 불언 중인 소작 과악 지사　사 불언 사진 관직 추시 부세　오 불언

財利多少厭貧求富 六不言淫媟戲慢評論女色 七不言求覓人物干索
재리 다소 염빈 구부　육 불언 음설 희만 평론 여색　칠 불언 구멱 인물 간색

酒食 又人附書信不可開坼沈滯 與人竝坐不可窺人私書 凡入人家
주식　우 인부 서신 불가 개탁 침체　여인 병좌 불가 규인 사서　범입 인가

不可看人文字 凡借人物不可損壞不還 凡喫飮食不可揀擇去取 與人
불가 간인 문자　범 차 인물 불가 손괴 불환　범 끽 음식 불가 간택 거취　여인

同處不可自擇便利 凡人富貴不可歎羨詆毀 凡此數事有犯之者 足以
동처 불가 자택 편리　범 인 부귀 불가 탄선 저훼　범 차 수사 유 범지 자　족이

見用意之不肖 於存心修身大有所害 因書以自警
견 용의 지 불초 어 존심 수신 대 유 소해 인 서 이 자경

범익겸이 좌우명에서 말했다.

"첫째, 조정에서는 자신과 관련된 이해관계나 변방에서 보고한 기밀 사항 그리고 관직 임명과 관계된 일에 대해서는 말을 하지 말라. 둘째, 지방 고위 관리들이 주와 현의 관리들의 장점과 단점, 잘한 일과 못한 일에 대해 말을 하지 말라. 셋째, 여러 사람들이 지어내는 허물이나 나쁜 짓에 대해 말을 하지 말라. 넷째, 관직에 나아가는 일과 시류를 좇거나 권세가에게 아부하는 것에 대해 말을 하지 말라. 다섯째, 재물이나 이익의 많고 적음은 말할 것도 없고 가난을 싫어하고 부유함을 구하는 말을 하지 말라. 여섯째, 저질스러운 농지거리나 여색에 대한 이런저런 평가의 말을 하지 말라. 일곱째, 다른 사람의 물건을 얻으려 하거나 술과 음식을 억지로 구하여 찾아다니지 말라. 또 다른 사람이 서신을 부탁하거든 뜯어봐서도 안 되고 지체해서도 안 된다. 다른 사람들과 함께 자리에 있을 때 그 사람의 사사로운 글을 몰래 엿보아서도 안 된다. 무릇 남의 집에 들어가서는 그 사람의 (사사로운) 글을 엿보아서는 안 된다. 무릇 남의 물건을 빌렸을 때에는 훼손해서도 안 되고 돌려주지 않아서도 안 된다. 무릇 음식을 먹을 때는 가려서 버리거나 취해서는 안 된다. 다른 사람들과 함께 같은 자리에 있을 때는 편리한 것만 제 맘대로 골라 해서는 안 된다. 무릇 다른 사람의 부귀를 찬란하여 부러워하거나 헐뜯고 비방해서는 안 된다. (이를 어길 경우에는) 마음을 보존하고 몸을 닦음에 크게 해로운 바가 있게 된다. 이 때문에 그것을 글로 써서 스스로를 경계하겠다."

❋　　　이 글은 『소학』에 실려 있다.

범익겸(范益謙)은 송나라 성도(成都) 화양(華陽) 사람 범충(范冲)을 가리키는데, 그는 범조우의 아들이다. 철종 소성(紹聖) 원년(1094년)에 진사가 됐다. 고종이 즉위하자 양회전운부사(兩淮轉運副使)를 역임했다. 소흥(紹興) 4년(1134년)에 종정소경겸직사관(宗正少卿兼直史館)이 돼 신종과 철종 양조(兩朝)의 실록을 중수했다. 한림시독학사(翰林侍讀學士)로 옮겼다가 얼마 뒤 용도각직학사(龍圖閣直學士)가 돼 봉사(奉祠)했다. 성격이 의리를 좋아하고 선행을 즐겨 사마광의 가속들이 그에게 의지하니 그가 잘 돌보았다고 한다.

무엇보다 이 좌우명은 우리 주변에서 흔히 저지를 수 있는 잘못에 대한 경계임과 동시에 그 뜻이 깊어 잘 음미해볼 필요가 있다. 모두 열네 가지의 해서는 안 되는 것들이다.

첫째, 조정에서는 자신과 관련된 이해관계(利害)나 변방에서 보고한 기밀 사항(邊報) 그리고 관직 임명과 관계된 일(差除)에 대해서는 말을 하지 말라고 한다. 조정은 통상적인 정무를 처리하는 곳이기 때문에 기민하고 비밀스러운 대처가 필요한 변방의 위급 사항은 혹시 알게 되더라도 입에 담지 말라는 뜻이다. 차제(差除)란 사람을 그 능력에 맞게 가려서 제수(除授-임명)한다는 말이다. 인사 사항 또한 민감한 것이기에 공공연한 자리에서는 입에 담아서는 안 된다는 뜻이다.

둘째, 지방 고위관리들이 주와 현(州縣)의 관리들의 장점과 단점, 잘한 일과 못한 일(得失)에 대해 말을 해서는 안 된다는 것이다. 이는 현지의 실상도 잘 모르면서 함부로 중앙에서 속단을 내려서는 안 된다는 경계로 읽힌다. 게다가 함부로 말할 경우 불필요한 오해를 살 수 있다.

셋째, 여러 사람들이 지어내는 허물이나 나쁜 짓(過惡)에 대해 말하지 말라고 한다. 허물은 의도하지 않은 잘못이고 나쁜 짓이란 의도된 행위라는 차이가 있다. 어떤 경우든 다른 사람의 부정적인 면을 공공연히 언급할 경우 원망을 쌓게 된다.

넷째, 관직에 나아가는 일과 시류를 좇거나 권세가에게 아부하는 것[趨時附勢]에 대해 말하지 말라고 한다. 이는 본인이 그렇다는 것이 아니라 다른 사람들이 그렇게 할 때 일체의 언급을 할 필요가 없다는 말이다.

다섯째, 재물이나 이익의 많고 적음은 말할 것도 없고 가난을 싫어하고 부유함을 구하는 말을 하지 말라고 한다. 스스로 격을 낮추는 짓이기 때문이다.

여섯째, 저질스러운 농지거리나 여색에 대한 이런저런 평가의 말을 하지 말라고 한다. 이 또한 다른 사람이 보면 격이 떨어지는 짓이다.

일곱째, 다른 사람의 물건[人物]을 얻으려 하거나 술과 음식을 억지로 구하여 찾아다니지 말라고 한다. 이상의 것들은 흔히 볼 수 있는 풍경으로 그만큼 정작 실행에 옮기기에는 쉽지 않은 항목들이다.

이번에는 이야기가 조금 더 좁혀진다. 보기에 따라서는 현대사회에도 얼마든지 적용할 수 있는 내용들이다.

여덟째, 다른 사람이 서신을 부탁하거든 뜯어봐서도 안 되고 지체해서도[沈滯] 안 된다고 한다. 즉 인편으로 편지를 부탁했을 때 당연히 그 내용을 보아서도 안 되고 즉시 전하도록 해야 한다는 것이다.

아홉째, 다른 사람들과 함께 자리에 있을 때 그 사람의 사사로운 글을 몰래 엿보아서도 안 된다고 한다.

열째, 무릇 남의 집에 들어가서는 그 사람의 (사사로운) 글을 엿보아서는 안 된다고 한다.

열하나째, 무릇 남의 물건을 빌렸을 때에는 훼손해서도 안 되고 돌려주지 않아서도 안 된다고 한다.

열둘째, 무릇 음식을 먹을 때는 가려서 버리거나 취해서는 안 된다고 한다. 편식을 해서는 안 된다는 말이다.

열셋째, 다른 사람들과 함께 같은 자리에 있을 때는 편리한 것만 제 맘대로 골라〔自擇〕해서는 안 된다고 한다.
자택

열넷째, 무릇 다른 사람의 부귀를 찬탄하여 부러워하거나 헐뜯고 비방해서는 안 된다고 한다.

이상의 여러 가지 일들을 범하는 자가 있다면 거기서 얼마든지 그 사람의 마음 씀씀이가 불초함을 볼 수 있다. 이는 곧 스스로를 경계하는 것임과 동시에 다른 사람을 살피는 지점을 보여주는 것이다.

그렇기 때문에 이를 어길 경우에는 마음을 보존하고 몸을 닦음에 크게 해로운 바가 있게 된다. 이 때문에 그것을 글로 써서 스스로를 경계하겠다고 말한다.

별도의 해설은 필요 없지만 내용 하나하나가 음미해볼 만한 것들이다.

武王問太公曰 人居世上何得貴賤貧富不等 願聞說之 欲知是矣
무왕 문 태공 왈 인 거 세상 하 득 귀천 빈부 부등 원문 설지 욕 지 시 의

太公曰 富貴如聖人之德 皆由天命 富者用之有節 不富者家有十盜
태공 왈 부귀 여 성인 지 덕 개 유 천명 부자 용지 유절 불부자 가 유 십도

주나라를 세운 무왕이 명재상 태공에게 물었다. "사람이 세상을 살아감에 어찌 귀하고 천하고 가난하고 부유한 것이 평등하지 않을 수 있는가? 바라건대 그에 대한 설명을 듣고서 이 점을 알고 싶다."

태공이 답했다. "부귀란 빼어난 이의 다음과 같아서 모두 하늘이 명한 바에 말미암지만 부자는 그것을 씀에 절도가 있고 부유하지 못한 자는 집에 열 가지 도둑이 있습니다."

❀　　주(周)나라를 세운 무왕이 명재상 태공에게 근본적인 질문을 던진다.

"사람이〔人〕 세상을〔世上〕 살아감에〔居〕 어찌〔何〕 귀하고 천하고 가난하고 부유한 것이〔貴賤貧富〕 평등하지 않을〔不等〕 수 있는가〔得〕? 바라건대〔願〕 그에 대한 설명을〔說之〕 듣고서〔聞〕 이 점을〔是〕 알고 싶다〔欲知〕〔矣〕."

태공이 답했다.

"부귀란〔富貴〕 빼어난 이의 다움〔聖人之德〕과 같아서〔如〕 모두〔皆〕 하늘이 명한 바〔天命〕에 말미암지만〔由〕 부자는〔富者〕 그것을 씀에〔用之〕 절도가 있고〔有節〕 부유하지 못한 자는〔不富者〕 집에〔家〕 열 가지 도둑이〔十盜〕 있습니다〔有〕."

부자가 되고 귀하게 되는 것은 사람의 힘으로 어쩔 수 없지만 그럼에도 부자와 부자가 아닌 자의 차이를 보면 스스로 절제하는지 그렇지 못한지의 차이가 있다는 짧지만 강한 통찰이다.

武王曰 何謂十盜 太公曰 時熟不收爲一盜 收積不了爲二盜 無事
무왕 왈 하위 십도 태공 왈 시숙 불수 위 일도 수적 불료 위 이도 무사

燃燈寢睡爲三盜 慵懶不耕爲四盜 不施功力爲五盜 專行巧害爲六盜
연등 침수 위 삼도 용라 불경 위 사도 불시 공력 위 오도 전행 교해 위 육도

養女太多爲七盜 晝眠懶起爲八盜 貪酒嗜慾爲九盜 强行嫉妬爲十盜
양녀 태다 위 칠도 주면 나기 위 팔도 탐주 기욕 위 구도 강행 질투 위 십도

무왕이 묻는다. "무엇을 일러 열 가지 도둑이라 하는가?"

태공이 답했다. "때 맞춰 익은 곡식을 거둬들이지 않는 것이 첫째 도둑
이요, 거두어 쌓는 일을 마치지 않는 것이 둘째 도둑이요, 일 없이 등불
을 켜놓은 채 잠드는 것이 셋째 도둑이요, 게으름을 피우며 밭을 갈지 않
는 것이 넷째 도둑이요, 일에 공력을 쏟지 않는 것이 다섯째 도둑이요, 오
로지 교활하고 해로운 일만 하는 것이 여섯째 도둑이요, 딸을 기르는 것이
너무 많은 것이 일곱째 도둑이요, 대낮에 잠자고 나태하게 일어나는 것이
여덟째 도둑이요, 술을 탐하고 욕심을 부리는 것이 아홉째 도둑이요, 심
하게 질투하는 것이 열째 도둑입니다."

앞 글에 이어져 무왕과 태공의 문답이 계속된다. 이 자체
가 풀이이기 때문에 별도의 풀이는 필요 없다.

무왕이 묻는다.

"무엇을 일러(何謂) 열 가지 도둑이라 하는가(十盜)?"
　　　　　　하위　　　　　　　　　　　　　　　　십도

태공이 답했다.

"때 맞춰 익은 곡식을(時熟) 거둬들이지 않는 것이(不收) 첫째 도둑
　　　　　　　　　시숙　　　　　　　　　　　불수

〔一盜〕이요〔爲〕, 거두어 쌓는 일을〔收積〕 마치지 않는 것이〔不了〕 둘째 도
둑〔二盜〕이요〔爲〕, 일 없이〔無事〕 등불을 켜놓은 채〔燃燈〕 잠드는 것이
〔寢睡〕 셋째 도둑〔三盜〕이요〔爲〕, 게으름을 피우며〔慵懶〕 밭을 갈지 않
는 것이〔不耕〕 넷째 도둑〔四盜〕이요〔爲〕, 일에 공력을〔功力〕 쏟지 않는 것
이〔不施〕 다섯째 도둑〔五盜〕이요〔爲〕, 오로지 교활하고 해로운 일〔巧害〕
만 하는 것이〔專行〕 여섯째 도둑〔六盜〕이요〔爲〕, 딸을 기르는 것이〔養女〕
너무 많은 것이〔太多〕 일곱째 도둑〔七盜〕이요〔爲〕, 대낮에 잠자고〔晝眠〕
나태하게 일어나는 것이〔懶起〕 여덟째 도둑〔八盜〕이요〔爲〕, 술을 탐하
고〔貪酒〕 욕심을 부리는 것이〔嗜慾〕 아홉째 도둑〔九盜〕이요〔爲〕, 심하게
〔强行〕 질투하는 것이〔嫉妬〕 열째 도둑〔十盜〕입니다〔爲〕."

  이 중에서 딸을 너무 많이 낳아 기르는 것이 도둑이라 한 대목이 눈
에 걸리기는 한다.

武王曰 家無十盜而不富者何如 太公曰 人家必有三耗 武王曰 何名
무왕 왈 가 무 십도 이 불부자 하여 태공 왈 인가 필유 삼모 무왕 왈 하명
三耗 太公曰 倉庫漏濫不蓋鼠雀亂食爲一耗 收種失時爲二耗 抛撒
삼모 태공 왈 창고 누람 불개 서작 난식 위 일모 수종 실시 위 이모 포살
米穀穢賤爲三耗
미곡 예천 위 삼모

  무왕이 물었다. "집에 열 가지 도둑이 없는데도 부유하지 못한 자는 어

째서인가?"

태공이 답했다. "그런 사람의 집에는 반드시 세 가지 낭비가 있습니다."

무왕이 묻는다. "세 가지 낭비란 무엇을 말하는 것인가?"

태공이 답했다. "창고가 새거나 넘치는데도 덮지를 않아서 쥐와 참새들이 어지러이 먹어대는 것이 첫 번째 낭비입니다. 곡식을 거두고 씨 뿌리는데 때를 잃는 것이 두 번째 낭비입니다. 곡식을 버리고 흩어지게 하여 곡식을 더럽고 천하게 여기는 것이 세 번째 낭비입니다."

❋　　　다시 무왕이 묻는다.

"집에〔家〕 열 가지 도둑이〔十盜〕 없는데도〔無~而〕 부유하지 못한 자는〔不富者〕 어째서인가〔何如〕?"

태공이 답했다.

"그런 사람의 집에는〔人家〕 반드시〔必〕 세 가지 낭비가〔三耗〕 있습니다〔有〕."

무왕이 묻는다.

"세 가지 낭비란〔三耗〕 무엇을 말하는 것인가〔何名=何謂〕?"

태공이 답했다.

"창고가〔倉庫〕 새거나 넘치는데도〔漏濫〕 덮지를 않아서〔不蓋〕 쥐와 참새들이〔鼠雀〕 어지러이 먹어대는 것이〔亂食〕 첫 번째 낭비〔一耗〕입니다〔爲〕. 곡식을 거두고 씨 뿌리는 데〔收種〕 때를 잃는 것이〔失時〕 두 번째 낭비〔二耗〕입니다〔爲〕. 곡식을 버리고 흩어지게 하여〔抛撒米穀〕 곡식을 더럽고 천하게 여기는 것이〔穢賤〕 세 번째 낭비〔三耗〕입니다〔爲〕."

일상에서의 작은 잘못들이 큰 손실을 이룬다는 뜻이다.

武王曰 家無三耗而不富者何如 太公曰 人家必有一錯二誤三痴
무왕 왈 가 무 삼모 이 불부자 하여   태공 왈 인가 필유 일착 이오 삼치

四失五逆六不祥七奴八賤九愚十强 自招其禍非天降殃
사실 오역 육불상 칠노 팔천 구우 십강   자초 기화 비천 강 앙

무왕이 물었다. "집에 세 가지 낭비가 없는데도 부유하지 못한 자는 어째서인가?"

태공이 답했다. "그런 사람의 집에는 반드시 첫째 그릇됨이 있고, 둘째 어긋남이 있고, 셋째 고집스러움이 있고, 넷째 잃어버림이 있고, 다섯째 거스름이 있고, 여섯째 상서롭지 못한 일이 있고, 일곱째 아둔함이 있고, 여덟째 비천함이 있고, 아홉째 어리석음이 있고, 열째 뻔뻔스러움이 있어 그 재앙을 스스로 불러들이는 것이지 하늘이 재앙을 내려주는 것이 아닙니다."

다시 무왕이 물었다.

"집에[家] 세 가지 낭비가[三耗] 없는데도[無~而] 부유하지 못한 자는[不富者] 어째서인가[何如]?"
가   삼모   무 이   불부자   하여

태공이 답했다.

"그런 사람의 집에는[人家] 반드시[必] 첫째 그릇됨이[一錯] 있고, 둘째 어긋남이[二誤] 있고, 셋째 고집스러움이[三痴] 있고, 넷째 잃어버림이[四失] 있고, 다섯째 거스름이[五逆] 있고, 여섯째 상서롭지 못한 일이[六不祥] 있고, 일곱째 아둔함이[七奴] 있고, 여덟째 비천함이[八賤] 있고, 아홉째 어리석음이[九愚] 있고, 열째 억지로 함이[十强] 있어 그
인가   필   일착   이오   삼치   사실   오역   육불상   칠노   팔천   구우   십강

재앙을〔其禍〕 스스로 불러들이는 것이지〔自招〕 하늘이〔天〕 재앙을〔殃〕
내려주는 것이〔降〕 아닙니다〔非〕."

武王曰 願悉聞之 太公曰 養男不敎訓爲一錯 嬰孩不訓爲二誤 初迎
무왕 왈 원실문지 태공 왈 양남 불 교훈 위 일착 영해 불훈 위 이오 초영

新婦不行嚴訓爲三痴 未語先笑爲四失 不養父母爲五逆 夜起赤身爲
신부 불행 엄훈 위 삼치 미어 선소 위 사실 불양 부모 위 오역 야기 적신 위

六不祥 好挽他弓爲七奴 愛騎他馬爲八賤 喫他酒勸他人爲九愚 喫
육불상 호 만 타궁 위 칠노 애 기 타마 위 팔천 끽 타주 권 타인 위 구우 끽

他飯命朋友爲十強 武王曰 甚美誠哉 是言也
타반 명 붕우 위 십강 무왕 왈 심 미성 재 시언 야

무왕이 물었다. "바라건대 그것들을 다 듣고 싶소."

태공이 답했다. "아들을 기르면서 가르쳐 일깨우지 않는 것이 첫째 그
릇됨이요, 어린아이를 일깨워주지 않는 것이 둘째 어긋남이요, 처음에 신
부를 맞아들여 엄한 일깨움을 행하지 않는 것이 셋째 고집스러움이요,
(윗사람이) 말하기 전에 먼저 웃는 것이 넷째 잃어버림이요, 부모를 봉양
하지 않는 것이 다섯째 거스름이요, 밤에 알몸으로 일어나는 것이 여섯째
상서롭지 못한 일이요, 다른 사람의 활을 당기기를 좋아하는 것이 일곱
째 아둔함이요, 남의 말을 타기를 좋아하는 것이 여덟째 비천함이요, 남
의 술을 얻어먹으면서 다른 사람에게 권하는 것이 아홉째 어리석음이요, 남
의 밥을 얻어먹으면서 벗에게 명하는 것이 열째 뻔뻔스러움입니다."

무왕은 "참으로 아름답고 진실하도다, 이 말씀이여!"라고 했다.

태공의 답이 다소 추상적이었기에 무왕은 그 열 가지의 내용에 대해 자세한 풀이를 요구했다.

"바라건대〔願〕 그것들을 다〔悉〕 듣고 싶소〔聞之〕."

이에 태공이 하나하나 풀어서 답을 해준다.

"아들을 기르면서〔養男〕 가르쳐 일깨우지 않는 것이〔不教訓〕 첫째 그릇됨이요〔一錯〕, 어린아이를〔嬰孩〕 일깨워주지 않는 것이〔不訓〕 둘째 어긋남이요〔二誤〕, 처음에 신부를〔新婦〕 맞아들여〔初迎〕 엄한 일깨움을〔嚴訓〕 행하지 않는 것이〔不行〕 셋째 고집스러움이요〔三痴〕, (윗사람이) 말하기 전에〔未語〕 먼저 웃는 것이〔先笑〕 넷째 잃어버림이요〔四失〕, 부모를〔父母〕 봉양하지 않는 것이〔不養〕 다섯째 거스름이요〔五逆〕, 밤에〔夜〕 알몸으로〔赤身〕 일어나는 것이〔起〕 여섯째 상서롭지 못한 일이요〔六不祥〕, 다른 사람의 활을〔他弓〕 당기기를〔挽〕 좋아하는 것이〔好〕 일곱째 아둔함이요〔七奴〕, 남의 말을〔他馬〕 타기를〔騎〕 좋아하는 것이〔愛〕 여덟째 비천함이요〔八賤〕, 남의 술을〔他酒〕 얻어먹으면서〔喫〕 다른 사람에게〔他人〕 권하는 것이〔勸〕 아홉째 어리석음이요〔九愚〕, 남의 밥을〔他飯〕 얻어먹으면서〔喫〕 벗에게〔朋友〕 명하는 것이〔命〕 열째 뻔뻔스러움입니다〔十強〕."

무왕은 이를 듣고서 "심히〔甚〕 아름답고 진실하도다〔美誠哉〕, 이 말씀〔是言〕이여〔也〕!"라고 했다.

14장

治政篇
치정　편

정사를 다스리다

治政篇

明道先生曰 一命之士苟有存心於愛物 於人必有所濟

宋太宗御製云 上有麾之 中有乘之 下有附之 幣帛衣之 倉廩食之 爾俸爾祿 民膏民脂 下民易虐 上天難欺

童蒙訓曰 當官之法 唯有三事 曰淸 曰愼 曰勤 知此三者 知所以持身矣

當官者 必以暴怒爲戒 事有不可 當詳處之 必無不中 若先暴怒 只能自害 豈能害人

事君如事親 事官長如事兄 與同僚如家人 待群吏如奴僕 愛百姓如妻子 處官事如家事 然後能盡吾之心 如有毫末不至 皆吾心有所未盡也

或問 簿佐令者也 簿所欲爲 令或不從奈何 伊川先生曰 當以誠意動之 今令與簿不和 便是爭私意 令 是邑之長 若能以事父兄之道 事之 過則歸己 善則唯恐不歸於令 積此誠意 豈有不動得人

劉安禮 問臨民 明道先生曰 使民各得輸其情 問御吏 曰 正己以格物

抱朴子曰 迎斧鉞而正諫 據鼎鑊而盡言 此謂忠信也

明道先生曰 一命之士苟有存心於愛物 於人必有所濟
명도 선생 왈 일명 지 사 구 유 존심 어 애물 어 인 필 유 소제

명도 선생이 말했다. "처음 명을 받은 선비가 진실로 외부의 일이나 사물을 아끼는 마음을 잘 보존한다면 사람을 대함에(도) 반드시 구제하는 바가 있을 것이다."

이 글은 『소학』에 실려 있다.

명도(明道) 선생이란 송나라 유학자 정호를 가리킨다. 동생 정이와 함께 이정자(二程子)로 알려졌다. 인종(仁宗) 가우(嘉祐) 연간에 진사가 되었다. 호현(鄠縣)과 상원(上元)의 주부(主簿)에 올랐다. 신종 희녕(熙寧) 초에 태자중윤(太子中允)과 감찰어사리행(監察御史裏行)에 올랐다. 여러 차례 신종이 부를 때마다 마음을 바르게 하고 욕심을 억누르며 어진 이를 발탁하고 인재를 기를 것을 강조했다. 나중에 저작좌랑(著作佐郎)이 되었지만 왕안석의 신법과 뜻이 맞지 않자 자청하여 첨서진영군판관(簽書鎭寧軍判官)으로 나갔다가 부구지현(扶溝知縣)으로 옮겼다. 철종이 즉위하자 불러 종정승(宗正丞)이 되었는데 나가기 전에 죽었다. 영종(寧宗) 가정(嘉定) 중에 시호가 내렸다. 일찍이 동생과 함께 주돈이에게 공부하고 이학(理學)의 기초를 닦았다. 학문적 태도는 만물일체관에 입각하여 혼일적(渾一的)으로 천지의 생의(生意)를 체험하는 데 있었다.

"처음 명을 받은 선비가〔一命之士〕 진실로〔苟〕 외부의 일이나 사물
일명 지 사   구

을 아끼는[於愛物] 마음을 잘 보존함이[存心] 있다면[有] 사람을 대함에
(도)[於人] 반드시[必] 구제하는 바가[所濟] 있을 것이다[有]."

처음 명을 받았다는 것은 벼슬길에 처음 나섰다는 뜻이다. 이때 진
정으로 일이나 사물을 정성을 다해 사랑하고 아낀다면 그 마음이 그
대로 사람에게도 옮겨져 남을 구제해주는 바가 있게 된다는 뜻이다.
마음 씀의 이치에 관한 통찰이라 하겠다.

宋太宗御製云 上有麾之 中有乘之 下有附之 幣帛衣之 倉廩食之
송 태종 어제 운 상유 휘지 중유 승지 하유 부지 폐백 의지 창름 식지

爾俸爾祿 民膏民脂 下民易虐 上天難欺
이봉 이록 민고 민지 하민 이학 상천 난기

송나라 태종이 글을 지어 말했다. "위에는 지휘하는 이가 있고 중간에
는 그것을 갖고 다스리는 이가 있고 아래에는 그것을 따르는 이가 있다.
예물로 받은 비단으로 옷을 지어 입고 곳간에 있는 곡식으로 먹을 것을 삼
으니 너희들의 봉록은 백성들을 짜낸 기름이다. 아래에 있는 백성은 학대
하기 쉽지만 저 위에 있는 하늘은 속이기 어렵다."

❀　　이 글은 원래 중국 5대(代) 10국(國) 시대 때 후촉(後蜀)의
임금 맹창(孟昶)이 지은 것인데 송나라 태종이 그중에서 뒤의 열여섯

자를 써서 지방 수령을 경계시킨 것이다.

"위에는〔上〕 지휘하는 이가〔麾之〕 있고〔有〕 중간에는〔中〕 그것을 갖고 다스리는 이가〔乘之〕 있고〔有〕 아래에는〔下〕 그것을 따르는 이가〔附之＝從之〕 있다〔有〕. 예물로 받은 비단으로〔幣帛〕 옷을 지어 입고〔衣之〕 곳간에 있는 곡식으로〔倉廩〕 먹을 것을 삼으니〔食之〕 너희들의 봉록은〔爾俸爾祿〕 백성들을 짜낸 기름이다〔民膏民脂〕. 아래에 있는 백성은〔下民〕 학대하기 쉽지만〔易虐〕 저 위에 있는 하늘은〔上天〕 속이기 어렵다〔難欺〕."

선정을 베풀지 않으면 천벌을 받을 것이라는 취지다.

童蒙訓曰 當官之法 唯有三事 曰淸 曰愼 曰勤 知此三者 知所以
동몽훈 왈 당관 지 법 유유 삼사 왈청 왈신 왈근 지차 삼자 지 소이

持身矣
지신 의

『동몽훈』에 이런 말이 있다. "관직을 맡은 사람이 지켜야 할 법은 오로지 세 가지 일이 있으니 깨끗하라, 신중하라, 부지런하라는 것이다. 이 세 가지를 안다면 몸가짐을 잘하는 방법을 아는 것이다."

❋   『동몽훈(童蒙訓)』은 송나라 여본중(呂本中, 1084~1145년)이 지은 일종의 격언집이다. 여본중은 기거사인(起居舍人)을 거쳐 중

서사인(中書舍人) 겸 시강(侍講), 권직학사원(權直學士院)을 지냈다. 일찍이 상서하여 국세를 회복할 계책을 올렸다. 진회(秦檜)가 재상이 되어 사사롭게 권력을 남용하자 제목(除目)을 봉해 돌려주었다. 조정(趙鼎)과 서로 가까웠는데 진회의 미움을 사서 탄핵을 받고 파직당했다. 양시(楊時)와 유초(游酢), 윤돈(尹焞)을 사사했으며, 유안세(劉安世), 진권(陳瓘)에게도 배웠다. 시를 잘 써 황정견(黃庭堅)과 진사도(陳師道)의 구법(句法)을 터득했다. 쇄소응대(灑掃應對)의 일이 훈고(訓詁)보다 우선한다며 하학상달(下學上達)의 학문을 강조했다.

當은 맡다[掌=主管]는 뜻이다. 持身은 몸가짐을 잘한다는 뜻이다. 나머지는 별도의 풀이가 필요 없다.

"관직을 맡은 사람이 지켜야 할 법은[當官之法] 오로지[唯] 세 가지 일이[三事] 있으니[有] 깨끗하라[淸], 신중하라[愼], 부지런하라[勤]는 것이다[曰]. 이[此] 세 가지를[三者] 안다면[知] (그 사람은 이미) 몸가짐을 잘하는[持身] 방법을[所以] 아는[知] 것이다[矣]."

當官者 必以暴怒爲戒 事有不可 當詳處之 必無不中 若先暴怒 只
당관 자 필 이 폭노 위 계 사 유 불가 당 상 처지 필 무 부 중 약 선 폭노 지
能自害 豈能害人
능 자해 기 능 해인

관직을 맡은 사람은 반드시 갑자기 성내는 것 혹은 사납게 성내는 것을

314

경계로 삼아야 한다. 그래서 일에 문제가 있거든 마땅히 그것을 자세히 알아보고 나서 처리를 한다면 반드시 사안에 적중하지 않는〔不中〕 일이 없을 것이다. (그런데) 만약에 먼저 갑자기 성을 내거나 사납게 성낸다면 이는 다만 스스로를 해칠 뿐 어찌 다른 사람들에게 영향이라도 미칠 수 있겠는가?

　　✻　　관직을 맡은 사람은 권한을 갖고 있다. 권한을 갖고 있다는 것은 그것만으로도 다른 사람들이 두려워한다. 그런데 이런 사람들이 이유도 없이 갑자기 화를 내거나 하면 일반인들은 두려움에 쌓일 수밖에 없다. 동시에 정당한 이유 없이 화를 낸다는 것은 곧 자기 통제에 실패하고 있음을 만천하에 드러내는 것이다. 이 점을 왜 경계해야 하는지 또 그러려면 어떻게 해야 하는지를 아주 짤막하면서도 본질적으로 보여주는 구절이다.

　"관직을 맡은 사람은〔當官者〕 반드시〔必〕 갑자기 성내는 것 혹은 사납게 성내는 것〔暴怒〕을〔以〕 경계로〔戒〕 삼아야 한다〔爲〕. 그래서 일에〔事〕 문제가〔不可〕 있거든〔有〕 마땅히〔當〕 그것을 자세히 알아보고 나서〔詳〕 처리를 한다면〔處之〕 반드시〔必〕 사안에 적중하지〔中〕 않는 일이 없을 것이다〔無不〕. (그런데) 만약에〔若〕 먼저〔先〕 갑자기 성을 내거나 사납게 성낸다면〔暴怒〕 이는 다만〔只〕 스스로를 해칠 뿐〔能自害〕 어찌〔豈〕 다른 사람들에게 영향이라도 미칠 수 있겠는가〔能害人〕?"

　맨 마지막의 豈能害人은 그냥 직역해서 "어찌 능히 다른 사람을 해칠 수 있겠는가"라고 옮기면 문맥에 어울리지 않는다. 이는 '어찌 다른 사람에게 화를 내서 미치려고 했던 그 영향을 제대로 행사할 수 있겠는가'라는 뜻으로 풀어서 보아야 한다.

事君如事親 事官長如事兄 與同僚如家人 待群吏如奴僕 愛百姓如
사 군 여 사 친　사 관 장 여 사 형　여 동 료 여 가 인　대 군 리 여 노 복　애 백 성 여

妻子 處官事如家事 然後能盡吾之心 如有毫末不至 皆吾心有所未盡也
처 자　처 관 사 여 가 사　연 후 능 진 오 지 심　여 유 호 말 부 지　개 오 심 유 소 미 진 야

임금 섬기기를 어버이 섬기듯이 하고 상관 섬기기를 형 섬기듯이 하며,
동료들과 함께 지내기를 집안사람처럼 하고 여러 아래 관리들을 대하기
를 자기 집 종 대하듯이 하며, 백성을 아끼기를 처자식 아끼듯이 하고 공
무를 처리하기를 자기 집안일 처리하듯이 하고 나면 능히 내 마음을 다할
수 있다. 만약에 털끝만큼이라도 끝까지 다하지 못했다면 다 내 마음에
다하지 못한 바가 있는 것이다.

❀　　여기서 중요한 것은 미루어 헤아림(推)이다. '~처럼 하라'는
추
것이 그것이다. 더불어 끝까지 열렬함(誠)을 잊어서는 안 된다는 것을
성
강조하며 끝을 맺고 있다.
임금 섬기기를(事君) 어버이 섬기(事親)듯이 하고(如) 상관 섬기기를
사군　　　　　사친　　　　여
(事官長) 형 섬기(事兄)듯이 하며(如), 동료들과(同僚) 함께 지내기를(與)
사 관장　　　사형　　　여　　　동료　　　　　여
집안사람(家人)처럼 하고(如) 여러 아래 관리들을(群吏) 대하기를(待) 자
가인　　　여　　　　　　군리　　　　　대

기 집 종 대하〔奴僕〕듯이 하며〔如〕, 백성을〔百姓〕 아끼기를〔愛〕 처자식 아
끼〔妻子〕듯이 하고〔如〕 공무를〔官事=公務〕 처리하기를〔處〕 자기 집안일
처리하〔家事〕듯이 하고〔如〕 나면〔然後〕 능히〔能〕 내 마음을〔吾之心〕 다할
수 있다〔盡〕. 만약에〔如=若〕 털끝만큼이라도〔毫末〕 끝까지 다하지 못했
다면〔不至〕 다〔皆〕 내 마음에〔吾心〕 다하지 못한 바가〔所未盡〕 있는 것이
다〔有〕.

　여기서 자기 집 종 대하듯이 한다는 것은 막 대한다는 뜻이 아니라
살갑게 대해준다는 말이다. 모든 것은 외부나 다른 사람이 아니라 내
마음에서 비롯되며 그것을 끝까지 밀고 가는 것 또한 내 마음이라는
뜻이다.

或問 簿佐令者也 簿所欲爲 令或不從奈何 伊川先生曰 當以誠意
혹 문　부 좌 령 자 야　부 소 욕 위　영 혹 부 종 내 하　이 천 선 생 왈　당 이 성 의
動之 今令與簿不和 便是爭私意 令 是邑之長 若能以事父兄之道
동 지　금 영 여 부 불 화　변 시 쟁 사 의　영　시 읍 지 장　약 능 이 사 부 형 지 도
事之 過則歸己 善則唯恐不歸於令 積此誠意 豈有不動得人
사 지　과 즉 귀 기　선 즉 유 공 불 귀 어 영　적 차 성 의　기 유 부 동 득 인

　어떤 사람이 물었다. "부(簿)란 수령이나 현령을 보좌하는 자인데 부가
하고자 하는 바를 수령이나 현령이 혹시 따라주지 않을 경우 어찌해야 합
니까?"

이천 선생이 말했다. "마땅히 열렬한 뜻으로 그 수령이나 현령을 움직여야 할 것이다. 지금 수령이나 현령과 부가 서로 불화하는 것은 곧 사사로운 뜻을 다투기 때문이다. 수령이나 현령은 이 고을의 장이니 만약에 능히 부형을 섬기는 도리로 그를 섬겨 허물이 있으면 자기에게로 돌리고 좋은 일이나 잘한 것은 오직 수령이나 현령에게 돌아가지 않을까 봐만 걱정하여 이런 열렬한 뜻이 쌓이게 된다면 어찌 다른 사람을 움직여 그 마음을 얻지 못하겠는가?"

🌸 　어떤 사람이 물었다. "부란[簿] 수령이나 현령을 보좌하는 자[佐令者]인데[也] 부가[簿] 하고자 하는 바를[所欲爲] 수령이나 현령이[令] 혹시[或] 따라주지 않을 경우[不從] 어찌해야 합니까[奈何]?"

이천(伊川) 선생이 말했다. "마땅히[當] 열렬한 뜻[誠意]으로[以] 그 수령이나 현령을 움직여야 할 것이다[動之]. 지금[今] 수령이나 현령과 부가[令與簿] 서로 불화하는 것은[不和] 곧[便] 사사로운 뜻을[私意] 다투기[爭] 때문이다[是]. 수령이나 현령은[令] 이 고을의 장이니[是邑之長] 만약에[若] 능히[能] 부형을 섬기는 도리[事父兄之道]로[以] 그를 섬겨[事之] 허물이 있으면[過則] 자기에게로 돌리고[歸己] 좋은 일이나 잘한 것은[善則] 오직[唯] 수령이나 현령에게[於令] 돌아가지 않을까 봐만[不歸] 걱정하여[恐] 이런[此] 열렬한 뜻이[誠意] 쌓이게 된다면[積] 어찌[豈] 다른 사람을 움직여 그 마음을 얻지 못하겠는가[有不動得人]?"

劉安禮 問臨民 明道先生日 使民各得輸其情 問御吏 日 正己以
유안례　문　임민　명도　선생　왈　사민　각득　수　기정　문　어리　왈　정기　이

格物
격물

유안례가 백성에게 임하는 도리를 물었다. 명도 선생은 이렇게 말했다.
"백성들로 하여금 각자 그 속마음을 실어 나를 수 있게 해주는 것이다."

이어 아래 관리들을 다스리는 도리를 묻자 이렇게 말했다. "자신을 바르게 하여 외부를 바로잡아야 한다."

유안례(劉安禮)는 송나라 때 사람이다. 그가 정명도에게 백성에게 임하는 도리〔臨民〕를 물었다. 이에 명도 선생은 '백성들로 하여금〔使民〕 각자〔各得〕 그 속마음을〔其情〕 실어 나를〔輸=表〕 수 있게 해주는 것'이라고 말한다. 즉 속마음을 드러내어 표현할 수 있게 해주어야 한다는 것이다. 이어 아래 관리들을 다스리는 도리를 묻자 "자신을 바르게 하여〔正己〕〔以〕 외부를 바로잡아야 한다〔格物〕"고 말한다. 즉 솔선수범하라는 것이다. 『소학』에도 실려 있다.

抱朴子曰 迎斧鉞而正諫 據鼎鑊而盡言 此謂忠臣也
포박자 왈 영 부월 이 정간 거 정확 이 진언 차 위 충신 야

『포박자』에 이런 말이 나온다. "도끼로 맞더라도 바르게 간언해야 하고 솥에 던져져 삶기는 형을 당하더라도 남김없이 말해야 한다. 이런 사람을 일러 충성스러운 신하라고 한다."

❀　　내용이 조금은 극단적이다. 포박자(抱朴子)는 진(晋)나라 사람 갈홍(葛洪)이 엮은 책의 이름이자 그의 호이기도 하다. 충언(忠言)을 해야 함을 극단적으로 강조한 말이라 하겠다. 迎은 도끼의 형벌을 당하게 된다는 말이다. 據도 같은 뜻이다.

"도끼로〔斧鉞〕 맞더라도〔迎〕〔而〕 바르게 간언해야 하고〔正諫〕 솥에 던져져 삶기는 형을〔鼎鑊〕 당하더라도〔據〕〔而〕 남김없이 말해야 한다〔盡言〕. 이런 사람을〔此〕 일러〔謂〕 충성스러운 신하〔忠臣〕이라고 한다〔也〕."

15장

治家篇
치가   편

집안을 다스리다

治家篇

司馬溫公曰 凡諸卑幼 事無大小 毋得專行 必咨稟於家長

待客 不得不豐 治家 不得不儉

太公曰 痴人畏婦 賢女敬夫

凡使奴僕 先念飢寒

子孝雙親樂 家和萬事成

時時防火發 夜夜備賊來

景行錄云 觀朝夕之早晏 可以卜人家之興替

文仲子曰 婚娶而論財 夷虜之道也

司馬溫公曰 凡諸卑幼 事無大小 毋得專行 必咨稟於家長
사마온공 왈 범 제 비유 사 무 대소 무득 전행 필 자품 어 가장

사마온공이 말했다. "모든 손아래 사람들은 일의 크고 작음에 상관없
이 자기 마음대로 해서는 안 되고 반드시 집안 어른에게 물어보아야 한다."

내용은 어렵지 않다. "모든[凡] 손아래 사람[卑幼]들은[諸]
일[事]의 크고 작음에[大小] 상관없이[無] 자기 마음대로 해서는[專行]
안 되고[毋得] 반드시[必] 집안 어른[家長]에게[於] 물어보아야 한다
[咨稟]."

待客 不得不豊 治家 不得不儉
대객 부득 불풍 치가 부득 불검

손님을 접대할 때는 풍성하지 않으면 안 되고, 집안을 다스릴 때는 검소
하지 않으면 안 된다.

✳   이 또한 간단하다. "손님을 접대할 때는〔待客〕 풍성하지 않
으면 안 되고〔不得不豊〕, 집안을 다스릴 때는〔治家〕 검소하지 않으면 안
된다〔不得不儉〕."

太公曰 痴人畏婦 賢女敬夫
태공 왈 치인 외 부 현녀 경 부

태공이 말했다. "어리석은 사람은 아내를 두려워하고, 뛰어난 여인은
지아비를 공경한다."

✳   『증광현문』에 나오는 말이다. 내용은 간단하다.
"어리석은 사람은〔痴人〕 아내를 두려워하고〔畏婦〕, 뛰어난 여인은
〔賢女〕 지아비를 공경한다〔敬夫〕."
단조로운 표현이지만 지혜가 깊다. 여기에는 공과 사의 문제가 깔려
있다. 어리석은 사람은 사사로움으로 아내를 두려워한다는 뜻이다. 그
리고 뛰어난 여인은 공적인 차원에서 지아비를 공경한다는 말이다. 이
점이 핵심이다.

凡使奴僕 先念飢寒
범 사 노복 선 염 기한

무릇 하인을 부릴 때에는 먼저 굶주림과 추위부터 생각하라.

내용은 간단하다. 무릇〔凡〕 아랫사람을〔奴僕〕 부릴 때에는
〔使〕 윗사람으로서의 권세와 위엄을 휘두르기에 앞서〔先〕 상대방의 어려
운 처지부터〔飢寒〕 고려하라는〔念〕 뜻이다. 이런 마음을 다른 가족 구성
원에게 그대로 미루어 헤아리면 집안은 다스려지지 않을 수 없을 것이다.

子孝雙親樂 家和萬事成
자효 쌍친 낙 가화 만사 성

자식이 부모에게 효도하면 즐겁고, 집안이 화목하면 모든 일이 이루어
진다.

내용은 간단하다. 자식이〔子〕 부모에게〔雙親〕 효도하면〔孝〕

즐겁고〔樂〕, 집안이 화목하면〔家和〕 모든 일이〔萬事〕 이루어진다〔成〕는
말이다.

時時防火發 夜夜備賊來
시시 방 화발   야야 비 적래

수시로 불이 나는 것을 막고, 밤마다 도둑이 들어오는 것을 막아라.

말 그대로다. "수시로〔時時〕 불이 나는 것을〔火發〕 막고〔防〕,
밤마다〔夜夜〕 도둑이 들어오는 것을〔賊來〕 막아라〔備〕."

景行錄云 觀朝夕之早晏 可以卜人家之興替
경행록 운 관 조석 지 조안   가이 복 인가 지 흥체

『경행록』에서 말했다. "아침저녁에 빨리 나오고 늦게 나오는 것을 살펴
서 그 사람의 집안이 흥하고 쇠함을 점칠 수 있다."

✴　　　이는 공자가 늘 강조하는 사사로움을 통해 그 사람됨을 살펴 핀다는 省其私의 전형이다. 『경행록』에 나오는 말이다.
_{성기사}

　"아침저녁에(朝夕) 빨리 나오고 늦게 나오는 것(早晏)을 살펴서(觀) 그
_{조석} 　　　　　　　　_{조안}　　　　_관

사람의 집안이(人家)(之) 흥하고 쇠함을(興替) 점칠(卜) 수 있다(可以)."
_{인가}　_지　　　　　　　_{흥체}　　_복　　　_{가이}

　이때 점칠 수 있다는 것은 쉽게 알 수 있다는 말이다.

文仲子曰 婚娶而論財 夷虜之道也
문중자 왈 혼취 이 논재 이로 지 도 야

　문중자가 말했다. "혼인하고 장가드는 데 재물을 논하는 것은 오랑캐의 도리이다."

　✴　　　문중자(文仲子)는 수나라의 왕통(王通)을 가리킨다. "혼인하고 장가드는 데(婚娶)(而) 재물을 논하는 것은(論財) 오랑캐의 도리
_{혼취} _이　　　　　_{논재}

(夷虜之道)이다(也)." 별도의 풀이가 필요 없다.
_{이로 지 도}　_야

16장

安義篇
안의   편

우러나서 의로움을 행하다

安義篇

顏氏家訓曰 夫有人民而後有夫婦 有夫婦而後有父子 有父子而後有兄弟
一家之親 此三者而已矣 自玆以往 至于九族 皆本於三親焉 故於人倫爲重也
不可不篤

莊子曰 兄弟爲手足 夫婦爲衣服 衣服破時 更得新 手足斷處 難可續

蘇東坡云 富不親兮 貧不疎 此是人間大丈夫 富則進兮 貧則退 此是人間
眞小輩

顔氏家訓曰 夫有人民而後有夫婦 有夫婦而後有父子 有父子而後
안씨 가훈 왈 부유 인민 이후 유부부 유 부부 이후 유 부자 유 부자 이후

有兄弟 一家之親 此三者而已矣 自茲以往 至于九族 皆本於三親焉
유 형제 일가 지친 차 삼자 이이의 자자 이왕 지우 구족 개 본 어 삼친 언

故於人倫爲重也 不可不篤
고 어 인륜 위중 야 불가 부독

『안씨가훈』에서 말했다. "무릇 백성들이 있고 난 이후에야 부부가 있
고, 부부가 있고 난 이후에야 부자가 있으며, 부자가 있고 난 이후에야 형
제가 있다. 한 집안에서 제 몸과 같이 여겨야 할 것은 이 세 가지뿐이다.
이로부터 나아가 구족(九族)에 이르기까지 모두 이 삼친(三親)에 뿌리를
두는 것이니 그 때문에 인륜에서 가장 중요한 것이므로 도탑게 하지 않으
면 안 된다."

※   『안씨가훈(顔氏家訓)』은 남북조 후기의 유명한 학자였던
안지추(顔之推)의 작품이다. 안지추는 양(梁), 제(齊), 주(周), 수(隋) 등
의 나라를 떠돌며 살았다. 자신이 몸소 겪은 여러 경험을 유가 사상에
바탕을 두고 저술하였는데 이 작품이 바로 『안씨가훈』이다.

이 글을 읽기에 앞서 주목해야 할 점은 글의 미루어 헤아림[推]이다.
즉 선후(先後)와 경중(輕重)을 감안하며 읽을 때라야 이 글의 의미는
살아난다.

"무릇[夫] 백성들이[人民] 있고[有] 난 이후에야[而後] 부부가[夫婦] 있
고[有], 부부가[夫婦] 있고[有] 난 이후에야[而後] 부자가[父子] 있으며
[有], 부자가[父子] 있고[有] 난 이후에야[而後] 형제가[兄弟] 있다[有].

한 집안에서〔一家〕〔之〕 제 몸과 같이 여겨야 할 것〔親〕은 이〔此〕 세 가지〔三者〕뿐이다〔而已矣〕.

이로부터〔自玆〕 나아가〔以往〕 구족에〔九族〕 이르기까지〔至于〕 모두〔皆〕 이 삼친에〔於三親〕 뿌리를 두는〔本〕 것이니〔焉〕 그 때문에〔故〕 인륜에서〔於人倫〕 가장 중요한 것〔爲重〕이므로〔也〕 도탑게 하지 않으면 안 된다〔不可不篤〕."

눈여겨봐야 할 것은 제 몸과 같이 여김〔親〕의 출발점은 남녀가 만나는 부부라고 말하고 있다는 점이다. 공자가 편찬한 『시경』과 『예기』도 그 첫 출발이 바람직한 부부의 모습이라는 점을 염두에 둘 필요가 있다.

莊子曰 兄弟爲手足 夫婦爲衣服 衣服破時 更得新 手足斷處 難可續
장자 왈 형제 위 수족 부부 위 의복 의복 파 시 갱 득신 수족 단처 난 가속

장자가 말했다. "형제는 손발이고 부부는 의복이니 의복이 다 떨어지면 다시 새롭게 갈아입을 수 있지만 손발이 끊어지면 다시 잇기가 어렵다."

정작 『장자』에 이 말은 나오지 않는다. 내용상으로도 장자의 정신에 맞지 않는 것 같다.

"형제는〔兄弟〕 손발〔手足〕이고〔爲〕 부부는〔夫婦〕 의복〔衣服〕이니〔爲〕

의복이[衣服] 다 떨어지면[破時] 다시[更] 새롭게 갈아입을 수 있지만
[得新] 손발이[手足] 끊어지면[斷處] 다시 잇기가[可續] 어렵다[難]."

물론 그냥 읽으면 부부의 정보다 형제의 피가 더 가깝다는 말이다.
그러나 그렇게 읽으면 수준 낮은 도덕 이야기에 그친다. 오히려 부부
의 정에 빠지다 보면 형제의 정을 잊을 수 있기 때문에 그 점을 일깨
워주기 위한 가르침 정도로 이해할 때 의미가 깊다.

蘇東坡云 富不親兮 貧不疎 此是人間大丈夫 富則進兮 貧則退
소동파 운 부 불친 혜 빈 불소   차시 인간 대장부   부 즉 진 혜 빈 즉 퇴
此是人間眞小輩
차시 인간 진 소배

소동파가 말했다. "부자라고 해서 가까이 하지 않고 가난하다고 해서
멀리 하지 않는 것, 이것이야말로 사람 중에서 대장부다. (반대로) 부자면
그에게 나아가고 가난하면 그에게서 물러나는 것, 이것이야말로 사람 중
에서 진짜 소인배다."

소동파는 부자와 가난한 자를 대하는 태도를 통해 사내
대장부와 소인배를 나눴다.

"부자라고 해서[富] 가까이 하지 않고[不親兮] 가난하다고 해서[貧]
부   불친 혜   빈

멀리 하지 않는 것[不疎], 이것이야말로[此是] 사람 중에서[人間] 대장부다[大丈夫]. (반대로) 부자[富]면[則] 그에게 나아가고[進兮] 가난하면[貧則] 그에게서 물러나는 것[退], 이것이야말로[此是] 사람 중에서[人間] 진짜[眞] 소인배다[小輩]."

17장

遵禮篇
준례   편

예를 잘 따르다

遵禮篇

子曰 居家有禮 故長幼辨 閨門有禮 故三族和 朝廷有禮 故官爵序 田獵有禮 故戎事閑 軍旅有禮 故武功成

子曰 君子有勇而無禮 爲亂 小人有勇而無禮 爲盜

曾子曰 朝廷莫如爵 鄉黨莫如齒 輔世長民莫如德

老少長幼 天分秩序 不可悖理而傷道也

出門如見大賓 入室如有人

若要人重我 無過我重人

父不言子之德 子不談父之過

子曰 居家有禮 故長幼辨 閨門有禮 故三族和 朝廷有禮 故官爵序
자왈 거가 유례 고 장유 변 규문 유례 고 삼족 화 조정 유례 고 관작 서

田獵有禮 故戎事閑 軍旅有禮 故武功成
전렵 유례 고 융사 한 군려 유례 고 무공 성

공자가 말했다. "집에 거처함에 예가 있으니 그 때문에 윗사람과 아랫사람이 구별이 되고, 내실에 예가 있으니 그 때문에 삼족이 화목하게 되고, 조정에 예가 있으니 그 때문에 벼슬의 차례가 있게 되고, 사냥에 예가 있으니 그 때문에 전쟁에도 법도가 있게 되고, 군대에 예가 있으니 그 때문에 무공이 이루어진다."

이 글은 『예기』 '중니연거(仲尼燕居)'에 나오는 글을 기본으로 한 것이다. 해당 분야별로 거기에 맞는 예가 있다는 것이다.

"집에 거처함에[居家] 예가 있으니[有禮] 그 때문에[故] 윗사람과 아랫사람이[長幼] 구별이 되고[辨], 내실에[閨門] 예가 있으니[有禮] 그 때문에[故] 삼족이[三族] 화목하게 되고[和], 조정에[朝廷] 예가 있으니[有禮] 그 때문에[故] 벼슬의[官爵] 차례가 있게 되고[序], 사냥에[田獵] 예가 있으니[有禮] 그 때문에[故] 군사의 일에[戎事] 잘된 훈련이 있게 되고[閑], 군대에[軍旅] 예가 있으니[有禮] 그 때문에[故] 무공이[武功] 이루어진다[成]."

三族은 부모, 형제, 자손을 말하기도 하고 친계, 모계, 처계를 말하기도 한다. 광의의 가족이다. 閑은 훈련이 잘 된다[習]는 뜻이다.

子曰 君子有勇而無禮 爲亂 小人有勇而無禮 爲盜
자왈 군자 유용 이 무례 위란 소인 유용 이 무례 위도

공자가 말했다. "군자가 용맹하면서 예가 없으면 난을 일으키고, 소인이 용맹하면서 예가 없으면 도둑이 된다."

이는 공자가 자주 했던 말이다. 『논어』 '태백 2'에서 공자는 勇而無禮則亂이라고 말한다. 군자에 해당하는 경우다. 또 '태백 5'에서는 好勇疾貧亂也, "용맹을 좋아하면서 가난을 싫어하면 난을 일으키게 된다"고 말한다. '양화 8'에서는 好勇不好學其蔽也亂, "용맹을 좋아하면서 예를 배우기를 좋아하지 않으면 그 폐단은 난을 일으키는 것"이라고 말한다. '양화 23'에서는 자로가 "군자는 용맹을 숭상합니까"라고 묻자 공자는 "군자는 의로움을 숭상한다. 군자가 용맹하면서 의로움이 없으면 난을 일으키고 소인이 용맹하면서 의로움이 없으면 도둑이 된다(君子義以爲上 君子有勇而無義 爲亂 小人有勇而無義 爲盜)"라고 답한다. 여기서 의로움을 예로 바꾸면 우리가 살펴볼 문장이 된다.

공자가 말했다. "군자가(君子) 용맹하면서(有勇而) 예가 없으면(無禮) 난을 일으키고(爲亂), 소인이(小人) 용맹하면서(有勇而) 예가 없으면(無禮) 도둑이 된다(爲盜)."

여기서 군자와 소인은 일종의 인간형이라는 개념으로 봐야 한다. 완성된 인격으로서의 군자라고 할 경우에는 '군자가 난을 일으킨다'는 말 자체가 자기 모순이기 때문이다.

曾子曰 朝廷莫如爵 鄕黨莫如齒 輔世長民莫如德
증자 왈 조정 막여 작 향당 막여 치 보세 장민 막여 덕

증자(맹자)가 말했다. "조정에서는 벼슬자리만 한 것이 없고, 고향 마을에서는 연로함이 가장 귀하고, 세상을 돕고 백성을 기르는 데는 다움만 한 것이 없습니다."

※　『맹자』'공손추장구'에 나오는 맹자의 말이다. "(내가 말한 것이) 어찌 이것을 말한 것이겠습니까? 증자(曾子)께서 말씀하시기를 '진나라와 초나라의 부유함은 (내가) 미칠 바가 못 되지만 그들이 부유함으로 할(以) 수 있는 것을 나는 어진 행위(仁)로 할 수 있고, 그들이 작위로써 할 수 있는 것을 나는 의리(義)로써 할 수 있으니 내가 어찌 그들만 못하겠습니까?'라고 하였습니다. 이(夫) 어찌(豈) 증자께서 불의를 말씀하셨겠습니까? 이것도 어쩌면(或) 하나의 도리인 것입니다. 천하에 모두가 인정하는 귀함(達尊)이 세 가지가 있으니 벼슬자리(爵)가 그 하나요, 연로함(齒)이 또 하나요, 다움(德)이 또 하나입니다. 조정에서는 벼슬자리만 한 것이 없고, 고향 마을(鄕黨)에서는 연로함이 가장 귀하고, 세상을 돕고 백성을 기르는 데(輔世長民)는 다움(德)만 한 것이 없습니다. 어찌 (임금이) 그 하나(인 지위)를 갖고 있다고 해서 (내가 가진) 나머지 둘(연로함과 다움)을 우습게 여길 수 있겠습니까?" 즉 맹자는 증자를 인용해 자신은 모두가 인정하는 세 가지 귀함(達尊) 중에 둘을 갖고 있고 왕은 하나인 벼슬자리(爵)만을 갖고 있을

뿐이라고 반박한 것이다. 어쩌면 자신이 훨씬 더 존귀할 수 있다는 주장이다.

즉 이 말은 증자의 말이 아니라 맹자가 증자의 말을 인용한 다음에 그것을 풀어내며 했던 자신의 말이다.

"조정에서는〔朝廷〕 벼슬자리〔爵〕만 한 것이 없고〔莫如〕 고향 마을〔鄕黨〕에서는 연로함〔齒〕이 가장 귀하고〔莫如〕, 세상을 돕고 백성을 기르는 데〔輔世長民〕는 다움〔德〕만 한 것이 없습니다〔莫如〕."

老少長幼 天分秩序 不可悖理而傷道也
노소 장유 천분 질서 불가 패리 이 상도 야

늙은이와 젊은이, 어른과 아이는 하늘이 나눠서 정한 차례이니 이치를 어겨서도 안 되고 도리를 해쳐서도 안 된다.

※ 출전은 알 수가 없다. 유가의 일반적인 강조점이다.

"늙은이와 젊은이〔老少〕, 어른과 아이는〔長幼〕 하늘이 나눠서 정한〔天分〕 차례이니〔秩序〕 이치를 어겨서도〔悖理〕 안 되고〔不可〕 도리를 해쳐서도〔傷道〕 안 된다〔不可〕."

340

出門如見大賓 入室如有人
출문 여 견 대빈   입실 여 유인

문을 나서면 큰 손님을 뵈온 듯이 하고 방에 들어와서는 (설사 혼자 있더라도) 다른 사람이 있는 듯이 하라.

삼가는 마음[敬=愼獨]을 강조하는 것인데 앞 문장은 『논어』 '안연 2'에 나온다. 전체 문맥은 다음과 같다.

중궁이 어짊에 관해 묻자 공자가 말했다. "문을 나서면 큰 손님을 뵈온 듯이 하고, 백성을 부릴 때는 큰 제사를 받들듯이 하며, 자신이 하고자 하지 않는 것을 남에게 베풀지 말아야 하니, (이렇게 하면) 나라에 있어도 원망함이 없으며 집 안에 있어도 원망함이 없을 것이다."

중궁이 말했다. "옹이 비록 불민하지만 그 말씀을 따르도록 노력하겠습니다."

이런 내용을 다시 압축한 것이 出門如見大賓 入室如有人이다.
출문 여 견 대빈   입실 여 유인

"문을 나서면[出門] 큰 손님을[大賓] 뵈온[見] 듯이 하고[如], 방에 들어와서는[入室] (설사 혼자 있더라도) 다른 사람이 있는 듯이[有人] 하라[如]."

예(禮)의 기본 정신 중의 하나가 바로 제사를 지낼 때 마치 앞에 조상이 계신 듯이[如在] 하는 것이다. 이를 확대해 집 밖으로 나서거나 집 안에 홀로 머물게 될 때에도 늘 삼감을 잃지 않는 것, 그것이 예다.

若要人重我 無過我重人
약 요 인 중 아 무 과 아 중 인

만약에 남들이 나를 중하게 여기기를 기대한다면 내가 (먼저) 남들을 중하게 여기는 것보다 더한 것은 없다.

❀ 이것은 바로 앞에서 본 『논어』 '안연 2'에서 공자가 한 말 중에 "자신이 하고자 하지 않는 것을 남에게 베풀지 말아야 하니〔己所不欲勿施於人〕"와 거의 비슷한 내용이다.
기소불욕물시어인
"만약에〔若〕 남들이〔人〕 나를〔我〕 중하게 여기기를〔重〕 기대한다면〔要〕
약   인   아   중   요
내가〔我〕 (먼저) 남들을〔人〕 중하게 여기는 것〔重〕보다 더한 것은 없다
아   인   중
〔無過〕." 要는 바란다〔願〕는 뜻이고, 無過는 不如와 같은 뜻이다. 여기서
무과 요   원   무과 불여
핵심은 내가 먼저 그렇게 해야 한다는 점이다.

342

父不言子之德 子不談父之過
부 불언 자 지 덕 자 부담 부 지 과

아버지는 자식의 좋은 점을 말해서는 안 되고, 자식은 아버지의 나쁜 점을 말해서는 안 된다.

❀　　내용은 간단하다.

"아버지는〔父〕 자식의 좋은 점〔子之德〕을 말해서는 안 되고〔不言〕, 자식은〔子〕 아버지의 나쁜 점〔父之過〕을 말해서는 안 된다〔不談〕."

얼핏 보면 부모와 자식 사이에 불평등한 윤리 같지만 부모와 자식의 나이를 감안한다면 그 의미는 보다 깊다. 둘 다 자식을 경계시키는 것이다.

18장

言語篇
언어   편

제대로 말을 하다

言語篇

劉會曰 言不中理 不如不言

一言不中 千語無用

君平曰 口舌者 禍患之門 滅身之斧也

利人之言 煖如綿絮 傷人之語 利如荊棘 一言利人 重值千金 一語傷人 痛
如刀割

口是傷人斧 言是割舌刀 閉口深藏舌 安身處處牢

逢人且說三分話 未可全抛一片心 不怕虎生三個口 只恐人情兩樣心

酒逢知己千鍾少 話不投機一句多

劉會曰 言不中理 不如不言
유회 왈 언 부중 이 불여 불언

유회가 말했다. "이치에 맞지 않는 말을 하려면 아예 하지 않는 게 낫다."

❀ 　유회(劉會)가 어떤 인물인지를 알 수가 없다. 내용은 간단하다. 말이 이치에 적중하지 않으면 말을 안 하느니만 못하다는 것이다. 말맛을 살려 옮기면 이렇게 된다.

"이치에[理] 맞지 않는[不中] 말을 하려면[言] 아예 하지 않는 게[不言] 낫다[不如]."

一言不中 千語無用
일언 부중 천어 무용

한마디 말이 (이치나 사안에) 맞아떨어지지 않으면 천 마디 말은 쓸데가 없다.

❀ 　바로 앞의 것과 비슷한 취지다. 오히려 눈길을 끄는 것은

中이다. '사안에 맞아떨어지다', '본질에 적중하다'라는 의미다. 사실 중용(中庸)도 가운데 중이 아니라 사안에 적중해[中] 그것을 오래 유지하는 것[庸=常]인데 한문 좀 한 사람들조차 중용은 균형 운운한다. 물론 틀린 말이다.

"한마디 말이[一言] (이치나 사안에) 맞아떨어지지 않으면[不中] 천 마디 말은[千語] 쓸데가 없다[無用]."

그만큼 말을 할 때는 현실성을 감안해 신중하게 해야 한다는 뜻이다.

君平曰 口舌者 禍患之門 滅身之斧也
군평 왈 구설 자 화환 지문 멸신 지부 야

군평이 말했다. "입과 혀라는 것은 재앙과 우환이 들어오는 문이요, 몸을 망치는 도끼와도 같다."

✽　　무서운 말이다. 군평(君平)은 한나라 사람인데 상세한 정보는 없다.

"입과 혀[口舌]라는 것은[者] 재앙과 우환이 들어오는 문이요[禍患之門], 몸을 망치는 도끼[滅身之斧]와도 같다[也]."

은유를 직유로 풀었다. 이와 관련해 공자의 말을 하나 덧붙이고자 한다. 『논어』 '헌문 4'에서 공자는 이렇게 말한다.

"나라에 도리가 있을 때는 깎아지른 듯이 말하고 행동해야 하지만 나라에 도리가 없을 때는 깎아지른 듯이 행동하되 말은 공손해야 한다〔邦有道危言危行 邦無道危行言孫〕."

두 글을 함께 음미하면 좋은 뜻을 얻을 수 있을 것이다.

利人之言 煖如綿絮 傷人之語 利如荊棘 一言利人 重値千金 一語
傷人 痛如刀割

다른 사람을 이롭게 해주는 말은 따듯하기가 햇솜과 같고, 다른 사람을 아프게 하는 말은 날카롭기가 가시와도 같다. 한마디 말이 다른 사람을 이롭게 해주는 것은 소중함이 천금과 같고, 한마디 말이 다른 사람을 아프게 하는 것은 아프기가 칼로 베는 것과 같다."

말의 쓰임의 빛과 그림자를 극명하게 보여주는 격언이다.
"다른 사람을 이롭게 해주는 말은〔利人之言〕 따듯하기가〔煖〕 햇솜

〔綿絮〕과 같고〔如〕, 다른 사람을 아프게 하는 말은〔傷人之語〕 날카롭기
가〔利〕 가시〔荊棘〕와 같다〔如〕. 한마디 말이 다른 사람을 이롭게 해주는
것은〔一言利人〕 소중함이〔重〕 천금〔千金〕과 같고〔值〕, 한마디 말이 다른
사람을 아프게 하는 것은〔一語傷人〕 아프기가〔痛〕 칼로 베는 것〔刀割〕
과 같다〔如〕."

口是傷人斧 言是割舌刀 閉口深藏舌 安身處處牢
구 시 상인 부 언 시 할설 도 폐구 심 장설 안신 처처 뇌

입은 사람을 상하게 하는 도끼요, 말은 혀를 베는 칼이니 입을 막고 혀
를 깊숙이 감추면 몸이 편안해져 가는 곳마다 견고할 것이다.

❀　　　여기서 是는 '옳다'나 '이것'을 뜻하는 것이 아니라 영어로
be동사에 해당한다. '~이다'라는 뜻이다. 뜻은 앞의 문맥에서 계속 이
어진다.

"입은〔口〕 사람을 상하게 하는 도끼〔傷人斧〕요〔是〕, 말은〔言〕 혀를 베는
칼〔割舌刀〕이니〔是〕 입을 닫고〔閉口〕 혀를 깊숙이 감추면〔深藏舌〕 몸이
안전해져〔安身〕 가는 곳마다〔處處〕 든든할 것이다〔牢〕."
牢은 흔히 짐승의 우리나 중죄수를 가두는 감옥인데 여기서는 견고

하다[固]는 뜻이다.

逢人且說三分話 未可全抛一片心 不怕虎生三個口 只恐人情兩樣心
봉인 차 설 삼 분 화 미가 전포 일편 심 불파 호생 삼개 구 지 공 인정 양양 심

  사람을 만날 때는 장차 말을 10분의 3만 말하고 진짜 속마음을 전부 털어놓아서는 안 된다. 호랑이 세 마리의 입을 두려워 말고 오직 사람의 두 개의 모습을 가진 마음을 두려워하라.

  말을 조심해야 하는 이유는 여러 가지가 있지만 여기서는 결국 다른 사람이 자기 생각처럼 자신을 대하지 않는다는 점에 주목하고 있다는 점에서 의미심장하다.
  "사람을 만날 때는[逢人] 장차[且] 말을[說] 10분의 3만 말하고[三分話] 진짜 속마음을[一片心] 전부 털어놓아서는[全抛] 안 된다[未可]. 호랑이[虎生] 세 마리의 입을[三個口] 두려워 말고[不怕] 오직[只] 사람의[人情] 두 개의 모습을 가진 마음을[兩樣心] 두려워하라[恐]."
  호랑이 세 마리의 입이란 세 마리 호랑이라는 뜻이고, 사람의 두 개의 모습을 가진 마음이란 인간 마음의 이중성을 뜻한다. 참으로 무서운 조언이다.

酒逢知己千鍾少 話不投機一句多
주 봉 지기 천종 소 화 불 투기 일구 다

술은 나를 알아주는 벗을 만났을 때는 천 잔도 적지만 말은 그 적절한
시점이 아닐 때는 한마디도 많다."

결국은 말을 해야 할 때는 반드시 하고, 해서는 안 되는 상
황에서는 단 한마디도 해서는 안 된다는 경계의 가르침이다.

"술은〔酒〕 나를 알아주는 벗을〔知己〕 만났을 때는〔逢〕 천 잔도〔千鍾〕
적지만〔少〕 말은〔話〕 그 적절한 시점이 아닐 때는〔不投機〕 한마디도
〔一句〕 많다〔多〕."

무릎을 치게 하는 격언이다.

19장

交友篇
교우   편

벗과 사귀다

子曰 與善人居 如入芝蘭之室 久而不聞其香 卽與之化矣 與不善人居 如入鮑魚之肆 久而不聞其臭 亦與之化矣 丹之所藏者赤 漆之所藏者黑 是以君子必愼其所與處者焉

家語云 與好人同行 如霧露中行 雖不濕衣 時時有潤 與無識人同行 如厠中坐 雖不汚衣 時時聞臭

子曰 晏平仲善與人交 久而敬之

相識滿天下 知心能幾人

酒食兄弟千個有 急難之朋一個無

不結子花 休要種 無義之朋 不可交

君子之交 淡如水 小人之交 甘若醴

路遙知馬力 日久見人心

子曰 與善人居 如入芝蘭之室 久而不聞其香 卽與之化矣 與不善人
자왈 여 선인 거 여입 지란 지실 구이 불문 기향 즉 여지화의 여 불선인

居 如入鮑魚之肆 久而不聞其臭 亦與之化矣 丹之所藏者赤 漆之
거 여입 포어 지사 구이 불문 기취 역 여지화의 단지 소장 자적 칠지

所藏者黑 是以君子必愼其所與處者焉
소장 자흑 시이 군자 필 신기 소여처 자 언

공자는 말했다. "좋은 사람과 함께 지내는 것은 마치 지초(芝草)와 난초의 방에 들어간 것과 같아서 오래 있다 보면 그 향기는 못 맡지만 곧 그 향기에 동화된다. (마찬가지로) 좋지 못한 사람과 함께 지내는 것은 마치 생선 가게에 들어간 것과 같아서 오래 있다 보면 그 냄새는 못 맡지만 역시 그 냄새에 동화된다. 붉은 모래를 품은 자는 붉어지고 검은 칠을 품은 자는 검어진다. 이 때문에 군자는 반드시 그 더불어 함께 지내는 자를 신중히 골라야 한다."

이는 『공자가어』에 나오는 말이다. 한마디로 환경의 중요성을 강조하는 말이다. 내용은 어렵지 않다.

"좋은 사람(善人)과 함께(與) 지내는 것은(居) 마치 지초(芝草)와 난초의 방에(芝蘭之室) 들어간 것(入)과 같아서(如) 오래 있다 보면(久而) 그 향기는(其香) 못 맡지만(不聞) 곧(卽) 그 향기에 동화된다(與之化矣). (마찬가지로) 좋지 못한 사람(不善人)과 함께(與) 지내는 것은(居) 마치 생선 가게에(鮑魚之肆) 들어간 것(入)과 같아서(如) 오래 있다 보면(久而) 그 냄새는(其臭) 못 맡지만(不聞) 역시(亦) 그 냄새에 동화된다(與之化

矣〕. 붉은 모래를 품은 자는〔丹之所藏者〕붉어지고〔赤〕검은 칠을 품은
　　　의
자는〔漆之所藏者〕검어진다〔黑〕. 이 때문에〔是以〕군자는〔君子〕반드시
　　칠지소장자　　　　　흑　　　　　시이　　　　　　군자
〔必〕그 더불어 함께 지내는 자를〔其所與處者〕신중히 골라야 한다〔愼〕
　필　　　　　　　　　　　기소여처자　　　　　　　　　　신
〔焉〕."
　언

　　본인의 의지도 중요하지만 동시에 자신을 어떤 환경에 노출시키느
냐도 스스로 어떤 사람이 될 것인가에 있어 대단히 중요한 지혜라는
말이다.

家語云 與好人同行 如霧露中行 雖不濕衣 時時有潤 與無識人同行
가어 운 여 호인 동행　여 무로 중행　수 불습 의　시시 유윤　여 무식인 동행
如厕中坐 雖不汚衣 時時聞臭
여 측 중좌　수 불오 의　시시 문취

　『공자가어』에 이런 말이 있다. "좋은 사람과 함께 길을 가면 마치 안개
와 이슬 속을 가는 것과 같아서 비록 옷은 젖지 않더라도 때때로 촉촉함
이 있게 된다. 무식한 자와 함께 길을 가면 마치 뒷간 안에 앉아 있는 것
과 같아서 비록 옷을 더럽히지 않더라도 때때로 악취를 맡게 된다."

　　✳　　　　이것도 『공자가어』에 나오는 말이다. 문장구조도 앞 글의
전반부와 거의 비슷하다.

"좋은 사람[好人]과[與] 함께 길을 가면[同行] 마치 안개와 이슬[霧露] 속을[中] 가는 것[行]과 같아서[如] 비록[雖] 옷은[衣] 젖지 않더라도[不濕] 때때로[時時] 촉촉함이 있게 된다[有潤]. 무식한 자[無識人]와[與] 함께 길을 가면[同行] 마치 뒷간[厠] 안에[中] 앉아 있는 것[坐]과 같아서[如] 비록[雖] 옷은[衣] 더럽히지 않더라도[不汚] 때때로[時時] 악취를 맡게 된다[聞臭]."

취지는 앞의 것과 거의 비슷하다.

子曰 晏平仲善與人交 久而敬之
자왈　안평중 선 여 인 교 구 이 경 지

공자는 말했다. "안평중은 사람들과 잘 사귀었다. 사이가 오래되어도 삼가는 마음을 잃지 않았기 때문이다."

『논어』 '공야장 16'이다. 안평중(晏平仲)은 제(齊)나라의 대부로 이름은 영(嬰)이다. 안평중은 사람과 사귀기를 잘한다고 평가된다. 그 이유는 오래가면서도 공경하는 마음을 잃지 않기 때문이다. 그러니 친구 사귐 하나만 보아도 그 사람이 군자인지 아닌지 알 수 있다.

"안평중은[晏平仲] 사람들[人]과[與] 잘[善] 사귀었다[交]. 사이가 오래

되어도〔久而〕 삼가는 마음을 잃지 않았기 때문이다〔敬之〕.”

　여기서 중요한 것은 안평중이라는 인물 자체가 아니라 공자가 긍정적 평가를 내릴 때 그 기준이 무엇인가 하는 것이다. 벗을 사귐에 久而敬之, 즉 오래가면서도 벗을 공경하는 마음을 잃지 않는 것이다. 초지일관(初志一貫)은 어떤 일을 할 때의 자세일 뿐만 아니라 사람과의 사귐에서도 결코 가벼이 해서는 안 되는 지침이다.

相識滿天下 知心能幾人
상식　만천하　지심 능 기인

　서로 알고 지내는 사람은 천하에 가득하지만 자기 마음을 알아주는 사람은 제대로 몇 사람이나 될까?

※　　『증광현문』에 나오는 말이다. 내용은 짧고 간단하지만 통찰이 깊다.

　“서로 알고 지내는 사람은〔相識〕 천하에 가득하지만〔滿天下〕 자기 마음을 알아주는 사람은〔知心〕 제대로〔能〕 몇 사람이나 될까〔幾人〕?”

酒食兄弟千個有 急難之朋一個無
주식 형제 천개 유 급난 지 붕 일개 무

술과 음식을 함께할 형제 같은 사람은 천 명이나 돼도 급하고 어려울 때 함께할 벗은 하나도 없다.

※　　너무 심하다 싶을 정도로 위선을 가차 없이 깨트리는 경구다. "술과 음식을 함께할 형제 같은 사람은 천 명이나 돼도 급하고 어려울 때 함께할 벗은 하나도 없다."

이는 실제로 그렇다기보다는 이렇다는 것을 명심하고서 제대로 된 친구 한 명을 사귀는 데 온 정성을 쏟으라는 뜻으로 해석할 수 있다.

不結子花 休要種 無義之朋 不可交
불 결자 화 휴 요종 무의 지 붕 불가 교

열매를 맺지 못하는 꽃은 심으려고 애쓰지 말고, 의리가 없는 친구와는 사귀어서는 안 된다.

子는 열매를 뜻한다. 休는 하지 말라〔勿〕는 뜻이다.

"열매를 맺지〔結子〕 못하는〔不〕 꽃은〔花〕 심으려고 애쓰지〔要種〕 말고〔休〕, 의리가 없는 친구와는〔無義之朋〕 사귀어서는 안 된다〔不可交〕."

君子之交 淡如水 小人之交 甘若醴
군자 지 교 담 여 수 소인 지 교 감 약 예

군자가 사람을 사귀는 것은 물처럼 담백하고, 소인이 사람을 사귀는 것은 단술처럼 달콤하다.

이와 비슷한 내용은 『장자』나 『예기』에도 실려 있다.

"군자가 사람을 사귀는 것은〔君子之交〕 물〔水〕처럼〔如〕 담백하고〔淡〕, 소인이 사람을 사귀는 것은〔小人之交〕 단술〔醴〕처럼〔若〕 달콤하다〔甘〕."

如와 若은 모두 '~처럼'이라는 뜻이다.

路遙知馬力 日久見人心
노 요 지 마 력 일 구 견 인 심

길을 멀리 가보아야 말의 힘을 알게 되듯이 세월이 오래 흘러야 사람의
마음을 보게 된다.

『증광현문』에 나오는 말이다. 짧지만 의미심장한 경구다.

"길을[路] 멀리 가보아야[遙=遠=遐] 말의 힘을[馬力] 알게 되듯이[知]
세월이[日] 오래 흘러야[久] 사람의 마음을[人心] 보게 된다[見]."

그만큼 사람의 마음을 알기는 어렵다는 뜻이기도 하다.

20장

婦行篇
부행   편

여성의 행실

婦行篇

益知書云 女有四德之譽 一曰婦德 二曰婦容 三曰婦言 四曰婦工也

婦德者 不必才名絶異 婦容者 不必顏色美麗 婦言者 不必辯口利詞 婦工者 不必技巧過人也

其婦德者 淸貞廉節 守分整齊 行止有恥 動靜有法 此爲婦德也 婦容者 洗浣塵垢 衣服鮮潔 沐浴及時 一身無穢 此爲婦容也 婦言者 擇師而說 不談非禮 時然後言 人不厭其言 此爲婦言也 婦工者 專勤紡績 勿好葷酒 供具甘旨以奉賓客 此爲婦工也

此四德者 婦人之大德也 爲之甚易 務之在正 依此而行 是爲婦節

太公曰 婦人之禮 語必細

賢婦令夫貴 佞婦令夫賤

家有賢妻 夫不遭橫禍

賢婦和六親 佞婦破六親

益知書云 女有四德之譽 一曰婦德 二曰婦容 三曰婦言 四曰婦工也
익지서 운 여유 사덕 지예 일왈 부덕 이 왈 부용 삼 왈 부언 사 왈 부공 야

『익지서』에서 말했다. "여성에게는 네 가지 다움[德]을 칭찬한다. 첫째
는 여성다움이고, 둘째는 여성다운 용모이고, 셋째는 여성다운 언어 사용
이고, 넷째는 여성으로서의 기예다."

여성에게 필요한 네 가지 덕목을 말한다.

"여성에게는[女] 네 가지 칭찬할 다움[四德之譽]이 있다[有]. 첫째는
[一曰] 여성다움이고[婦德], 둘째는[二曰] 여성다운 용모이고[婦容], 셋
째는[三曰] 여성다운 언어 사용이고[婦言], 넷째는[四曰] 여성으로서의
기예다[婦工][也]."

이는 남성에게도 마찬가지로 요구되는 것들이다. 그런 점에서는 『논
어』'계씨 10'에 있는 공자의 다음과 같은 말이 도움이 된다.

"군자는 아홉 가지 염두에 두어야 할 것이 있다. 볼 때는 눈 밝음을
먼저 생각하고, 들을 때는 귀 밝음을 먼저 생각하고, 얼굴빛은 온화
함을 먼저 생각하며, 몸가짐을 할 때는 공손함을 먼저 생각하며, 말할
때는 진실함을 먼저 생각하며, 섬길 때는 공경함을 먼저 생각하며, 의
심스러울 때는 물음을 먼저 생각하며, 분할 때는 어려움을 먼저 생각
하며, 얻음을 보면 의리를 먼저 생각해야 한다[君子有九思 視思明 聽思
군자 유 구사 시 시 명 청 사
聰 色思溫 貌思恭 言思忠 思思敬 疑思問 忿思難 見得思義]."
총 색 사 온 모 사 공 언 사 충 사 사 경 의 사 문 분 사 난 견득 사 의

婦德者 不必才名絶異 婦容者 不必顔色美麗 婦言者 不必辯口利詞
부덕 자 불필 재명 절이 부용 자 불필 안색 미려 부언 자 불필 변구 이사

婦工者 不必技巧過人也
부공 자 불필 기교 과인 야

여성다움이란 반드시 재주나 이름이 크게 뛰어나야 할 필요가 없고, 여성다운 용모란 반드시 얼굴이 아름답고 고와야 할 필요가 없으며, 여성다운 언어 사용이란 반드시 말주변이 좋고 똑 부러지게 말을 해야 할 필요가 없고, 여성으로서의 기예란 반드시 손재주가 남보다 나아야 할 필요는 없다.

앞에서 이어지며 뒤로도 계속된다.

"여성다움[婦德]이란[者] 반드시 재주나 이름이[才名] 크게 뛰어나야 할[絶異] 필요가 없고[不必], 여성다운 용모[婦容]란[者] 반드시 얼굴이[顔色] 아름답고 고와야 할[美麗] 필요가 없으며[不必], 여성다운 언어 사용[婦言]이란[者] 반드시 말주변이 좋고[辯口] 똑 부러지게 말을 해야 할[利詞] 필요가 없고[不必], 여성으로서의 기예[婦工]란[者] 반드시 손재주가[技巧] 남보다 나아야 할[過人] 필요는 없다[不必][也]."

아직 본격적인 설명이 나오지는 않았다.

其婦德者 淸貞廉節 守分整齊 行止有恥 動靜有法 此爲婦德也
기 부덕 자 청정염절 수분 정제 행지 유치 동정 유법 차 위 부덕 야

婦容者 洗浣塵垢 衣服鮮潔 沐浴及時 一身無穢 此爲婦容也 婦言者
부용 자 세완 진구 의복 선결 목욕 급시 일신 무예 차 위 부용 야 부언 자

擇師而說 不談非禮 時然後言 人不厭其言 此爲婦言也 婦工者 專勤
택사 이 설 부담 비례 시 연후 언 인 불염 기언 차 위 부언 야 부공 자 전근

紡績 勿好葷酒 供具甘旨 以奉賓客 此爲婦工也
방적 물호 훈주 공구 감지 이봉 빈객 차 위 부공 야

그래서 여성다움이란 맑고 곧고 깨끗하며 절개가 있고 분수를 지키며 몸가짐이 가지런하고 행동거지에 부끄러움이 있고 움직임과 마음 씀에 법도가 있는 것이니 이를 일러 여성다움이라고 한다.

여성다운 용모란 먼지나 때를 깨끗이 빨아서 옷차림을 깨끗하게 하고 목욕을 때에 맞게 하여 한 몸에 더러움이 없도록 하는 것이니 이를 일러 여성다운 용모라고 한다.

여성다운 언어 사용이란 모범이 될 만한 것을 잘 골라 말을 하며 예의에서 벗어난 것은 말하지 않고 때가 된 다음에야 말을 해 사람들이 그 말을 싫어하지 않으니 이를 일러 여성다운 언어 사용이라 한다.

여성으로서의 기예란 오직 길쌈을 부지런히 하고 냄새나는 채소와 술을 좋아하지 않으며 맛있는 음식을 잘 갖춰 손님을 받드는 것이니 이를 일러 여성으로서의 기예라고 한다.

앞에서 이어지며 뒤로도 계속된다.

"그래서[其] 여성다움[婦德]이란[者] 맑고 곧고 깨끗하며 절개가 있고
기   부덕   자

〔淸貞廉節〕 분수를 지키며〔守分〕 몸가짐이 가지런하고〔整齊〕 행동거지
에〔行止〕 부끄러움이 있고〔有恥〕 움직임과 마음 씀에〔動靜〕 법도가 있는
것이니〔有法〕 이를 일러〔此爲〕 여성다움〔婦德〕이라고 한다〔也〕.

여성다운 용모〔婦容〕란〔者〕 먼지나 때를〔塵垢〕 깨끗이 빨아서〔洗浣〕
옷차림을〔衣服〕 깨끗하게 하고〔鮮潔〕 목욕을〔沐浴〕 때에 맞게 하여
〔及時〕 한 몸에〔一身〕 더러움이 없도록 하는 것이니〔無穢〕 이를 일러〔此
爲〕 여성다운 용모〔婦容〕라고 한다〔也〕.

여성다운 언어 사용〔婦言〕이란〔者〕 모범이 될 만한 것을 잘 골라
〔擇師〕 말을 하며〔而說〕 예의에서 벗어난 것은〔非禮〕 말하지 않고〔不談〕
때가 된〔時〕 다음에야〔然後〕 말을 해〔言〕 사람들이〔人〕 그 말을〔其言〕 싫
어하지 않으니〔不厭〕 이를 일러〔此爲〕 여성다운 언어 사용〔婦言〕이라 한
다〔也〕.

여성으로서의 기예〔婦工〕란〔者〕 오직 길쌈을 부지런히 하고〔專勤
紡績〕 냄새나는 채소와 술을 좋아하지 않으며〔勿好葷酒〕 맛있는 음식
을 잘 갖춰〔供具甘旨〕 손님을 받드는 것이니〔以奉賓客〕 이를 일러〔此爲〕
여성으로서의 기예〔婦工〕라고 한다〔也〕."

此四德者 婦人之大德也 爲之甚易 務之在正 依此而行 是爲婦節
차 사덕 자 부인 지 대덕 야 위지 심이 무지 재정 의차 이행 시 위 부절

이 네 가지 다움이란 것은 부인 된 자의 큰 다움이니 행하기 아주 쉽고

그것에 힘쓰는 것은 (오직) 바르게 하는 데 달려 있다. 이것에 입각해 행한다면 그것이 바로 여성의 예절이다.

❋ 결론이다.

"이[此] 네 가지 다움[四德]이란 것은[者] 부인 된 자[婦人]의[之] 큰 다움[大德]이니[也] 그것을 행하는 것은[爲之] 아주 쉽고[甚易] 그것에 힘쓰는 것은[務之] (오직) 바르게 하는 데 달려 있다[在正]. 이것에 입각해[依此] 행한다면[而行] 그것이[是] 바로 여성의 예절[婦節]이다[爲]."

太公曰 婦人之禮 語必細
태공 왈 부인 지 례 어 필 세

태공이 말했다. "부인의 예절에서 말은 반드시 가늘어야 한다."

❋ 태공이 말했다. "부인의 예절에서[婦人之禮] 말은[語] 반드시[必] 가늘어야 한다[細]." 말소리가 작아야 한다[微]는 말이다.

賢婦令夫貴 佞婦令夫賤
현부 영부귀 영부영부천

뛰어난 지어미는 지아비를 귀하게 만들고, 간사스러운 지어미는 지아비를 천하게 만든다.

뛰어난 지어미는〔賢婦〕 지아비를〔夫〕 귀하게〔貴〕 만들고〔令
=使〕 간사스러운 지어미는〔佞婦=惡婦〕 지아비를〔夫〕 천하게〔賤〕 만든다〔令〕.

家有賢妻 夫不遭橫禍
가 유 현처 부 부조 횡화

집안에 뛰어난 아내가 있으면 그 남편은 뜻밖의 재앙을 만나지 않는다.

집안에〔家〕 뛰어난 아내가〔賢妻〕 있으면〔有〕 그 남편은〔夫〕
뜻밖의 재앙을〔橫禍=橫厄〕 만나지 않는다〔不遭=不遇〕.
실은 이 말은 뒤집어도 마찬가지다.

賢婦和六親 佞婦破六親
현부 화 육친　영부 파 육친

뛰어난 지어미는 온 가족을 화목하게 만들고, 간사스러운 지어미는 온 가족(의 화목)을 깨트린다.

六親이란 부모, 형제, 처자를 가리킨다. 그러나 넓은 의미에
육친
서는 모든 친척들과의 관계라고 해도 무방하다.

뛰어난 지어미는〔賢婦〕 온 가족을〔六親〕 화목하게 만들고〔和〕, 간사스
현부　　　　　　육친　　　　　　　　　　화
러운 지어미는〔佞婦〕 온 가족(의 화목)을〔六親〕 깨트린다〔破〕.
영부　　　　　　　　육친　　　　　　과

명심보감

초판 1쇄 2017년 10월 20일
초판 4쇄 2021년 1월 30일

지은이 | 이한우
펴낸이 | 송영석

주간 | 이혜진
기획편집 | 박신애 · 김단비 · 심슬기 · 김다정
외서기획편집 | 정혜경
디자인 | 박윤정 · 기경란
마케팅 | 이종우 · 김유종 · 한승민
관리 | 송우석 · 황규성 · 전지연 · 채경민

펴낸곳 | (株)해냄출판사
등록번호 | 제10-229호
등록일자 | 1988년 5월 11일(설립일자 | 1983년 6월 24일)

04042 서울시 마포구 잔다리로 30 해냄빌딩 5 · 6층
대표전화 | 326-1600 **팩스** | 326-1624
홈페이지 | www.hainaim.com

ISBN 978-89-6574-636-2

파본은 본사나 구입하신 서점에서 교환하여 드립니다.

이 도서의 국립중앙도서관 출판예정도서목록(CIP)은 서지정보유통지원시스템 홈페이지(http://seoji.nl.go.kr)와
국가자료공동목록시스템(http://www.nl.go.kr/kolisnet)에서 이용하실 수 있습니다.(CIP제어번호:2017025263)